株洲历史文化建筑

株洲市住房和城乡建设局 编

中国建筑工业出版社

图书在版编目（CIP）数据

株洲历史文化建筑 / 株洲市住房和城乡建设局编 .— 北京：中国建筑工业出版社，2019.9
　ISBN 978-7-112-24011-1

Ⅰ.①株… Ⅱ.①株… Ⅲ.①古建筑—介绍—株洲 Ⅳ.① K928.71

中国版本图书馆 CIP 数据核字（2019）第 151757 号

　　本书系统展示了株洲全境的历史文化建筑，分为十个篇章：炎帝文化、书院文化、桥梁文化、城墙塔楼、寺观殿宇、宗祠牌坊、红色建筑、古镇民居、工业文化、激越。涉及的文化地标建筑 130 余处，蔚为大观。起笔以农耕文化开篇，落笔以工业文化收官，继之以"激越"的尾声，全景式展示株洲历史文化建筑发展概貌。

责任编辑：毕凤鸣　封　毅
责任校对：芦欣甜

株洲历史文化建筑
株洲市住房和城乡建设局　编

*

中国建筑工业出版社出版、发行（北京海淀三里河路 9 号）
各地新华书店、建筑书店经销
北京富诚彩色印刷有限公司印刷

*

开本：880×1230 毫米　1/16　印张：18　字数：371 千字
2019 年 9 月第一版　2019 年 9 月第一次印刷
定价：**268.00 元**
ISBN 978-7-112-24011-1
　　（34308）

版权所有　翻印必究
如有印装质量问题，可寄本社退换
（邮政编码 100037）

株洲历史文化建筑 编委会

主　　编：何安国

副 主 编：颜春成　颜三元　席道合

执行主编：颜春成

编　　辑：吴晓芬　余佳成　殷　伟
　　　　　刘亚欢　姚军辉　王　龙

摄　　影：殷　伟　刘亚欢

设　　计：李羽中

序一 ——— 株洲历史文化建筑

序一

守护好株洲的历史文化瑰宝

■武吉海

阳卫国市长邀请我为《株洲历史文化建筑》作序，我欣然接受。

株洲是一座当代新城，建市于20世纪50年代，因现代工业、交通枢纽而崛起。株洲完美地融合了红色文化、工业文化和农耕文化。

保护传承好株洲城乡留存的大量宝贵历史文化遗产，对于延续城市文化根脉、传承城市文化记忆具有重要作用。城市的其他资源或许会逐渐枯竭，但传统文化资源在传承与发展中将更加熠熠生辉。

株洲市委、市政府在推进新型工业化和高质量发展的同时，重视城市的文化建设，重视弘扬炎帝文化和红色文化，重视城市历史文化建筑的保护和传承，在建设生态宜居、富裕文明城市过程中努力留住历史记忆，留住"乡愁"，着力打造城市可持续发展品牌，这是具有远见之举。

株洲市住房和城乡建设局主编的《株洲历史文化建筑》一书，以图文并茂的方式展示了株洲的历史文脉和城市风貌。这本书提示我们，应当珍惜和守护好先祖和当代留下的文化遗产，珍惜和弘扬好优秀的中华文化传统，以我们这一辈人的努力实现经济社会文化的可持续发展，使子孙后代永续受益。

这是一本值得品读的好书。

（作者系原湖南省政协副主席）

序二

为株洲历史文化建筑立此存照

■聂鑫森

岁月悠悠，我不觉年过古稀。自少及老，读书、写作之外，最让我兴趣盎然的首推旅游。而寻山访水中最让我钟情的，是叩访形形色色的古建筑，楼、台、城、阁、堂、榭、亭、轩、寺、桥、塔、庭、宫殿、陵墓、书院、戏楼……为之流连忘返，梦绕神牵。自家藏书中，不少是关于古建筑的著述，常读常新。在许多年前，也曾撰写关于古建筑探微的专著，如《触摸古建筑》之属，交湖南美术出版社、中国建筑工业出版社付梓面世。

己亥春日，细雨霏霏，市住房和城乡建设局的同志送来《株洲历史文化建筑》一书的版样，嘱为作序。我因对古建筑的兴趣而与市住房和城乡建设局的同志多有交集，深感他们腹笥丰厚与办事干练。能为此书作序幸甚矣哉。

著名古建筑学专家梁思成在《中国建筑史》一书中说："中国建筑既是延续了两千余年的一种工程技术，本身已造成一个艺术系统，许多建筑物便是我们文化的表现，艺术的大宗遗产。"这个"艺术系统"的主导思想：其一，体现一种伦理道德观念，让人尊德守序，去恶存善；其二，体现一种"天人合一"、人与自然和谐相处的意蕴。株洲的历史文化建筑又何尝不是如此。

此中的炎帝陵始建于北宋，而其历史文化的起始，则可追溯到六千年之前。炎帝先于黄帝，炎帝陵则是名正言顺的"神州第一陵"。历朝历代的修复与扩建，特别是1986年后，炎帝陵依古制的全盘规划与精心打造，强化的是中华民族皆为炎黄子孙，炎帝的八大功绩激励我们开拓进取，奋然前行。

这本书画册是首次系统地展示株洲全境的历史文化建筑，分为十个篇章：炎帝文化、书院文化、桥梁文化、城墙塔楼、寺观殿宇、宗祠牌坊、红色建筑、古镇民居、工业文化、激越。涉及的文化地标建筑130余处，蔚为大观。正如"编者手记"所称："起笔以农耕文化开篇，落笔以工业文化收官，继之以激越的尾声全景式展示株洲历史文化建筑发展概貌，这样一个体系布局，一方面顾及年代的大致顺序，即从古代到现代，另一方面也有株洲特色方面的考量，与株洲从农耕时代到新型工业化、城镇化发展的历史脉络相吻合。"我很赞赏这种编辑思路，安国先生及他的编辑团队，有着宽阔的文化视野，又注重实地的考察与调研，群策群力，方有此丰饶的收获。

细读书画册，她不只是草草安置照片再加上简略的说明文字，而是既精选建筑物的华美照片，又着意设置了"历史沿袭""古风鉴赏""典故轶事"三大块漂亮文字，以文衬图，图文并茂，读照片的直观印象之外，还让人获得很多关于历史、地理、建筑、民俗、美学、文学诸多方面的信息，殊为不易。画册中的"红色建筑"与"工业文化"，尤为珍贵，照片和文字，令人铭记革命岁月的金戈铁马，中华人民共和国成立初期的钢鸣铁响，不忘初心，为实现"强市梦""强国梦"，作出自己的贡献。

我很欣赏"株洲历史文化建筑"这个提法。著名学者钱正坤所著《世界建筑史话》，称世界建筑分为两大类：东方建筑和西方建筑；东方建筑是以中国建筑为中心，主要指的是古建筑。以时间界定，古建筑一般是指清代（含清代）以前的建筑物，大多是以中国传统法式所构建，尔后时间又延伸到民国。而列入此书的建筑物，有的是久远岁月的遗存，即便修复也是"修旧如旧"；有的是部分为原物，再依原有的形制予以或大或小的扩建；有的是只存在于典籍中，原物已无，是依原制而复建的。还有一部分是属于现代建筑的范畴，如"田心机厂老建筑""田心机厂联合厂房"，还有早几年炎陵创建的"红军标语博物馆"。故编者说："本书所承担的任务主题是挖掘宣传株洲境内蕴涵历史文化传承意义的建筑实体。"一语中的，简单明了，既为读者释疑，也为此书的意旨准确定位，令人击节。

列入此中的建筑物及所在地，我大多造访过。此次重读照片与文字，俨然故地重游，喜何以堪！我相信，这本书画册一经面世定会广受欢迎。一个城市文化品位的提升，在于持之以恒的文化传承、积累和弘扬。《株洲历史文化建筑》的出版，便是此中的一个亮点。市委、市政府领导高度重视，全力支持，并提出指导性意见，体现了他们为文化强市身体力行的表率作用，我作为一个老市民，深以为感。

是为序

己亥仲春于株洲城南无暇居

（作者系中国作协会员、湖南省文史研究馆馆员。曾任湖南省作协副主席，名誉主席）

编者手记

一

本书名称：编一本书，起什么书名是由书的主题使然，编写株洲历史建筑书籍，就书的主题问题有过讨论，是凸显"株洲历史建筑文化"，还是彰显"株洲历史文化建筑"？文字表述顺序不同就有不同的解读，前者研究的是历史建筑中所含的文化因子，包括历史学、建筑学、建筑环境、美学等诸多方面，而后者宣传的是含有历史文化元素的建筑物。显然，根据编者单位职能，本书所承担的任务主题是挖掘宣传株洲境内蕴涵历史文化传承意义的建筑实体。通过建筑语言阐述本市从农耕文化到现代工业文化的发展历程。它的故事、情感、精神，催生了本书的名称：株洲历史文化建筑。浏览株洲这些历史文化名片，我们在接受历史文化洗礼的同时，仿佛也感受到先人智慧和情感的力量。

二

主题阐述：根据本书的基本定义，全书以各个历史建筑为载体，以传播儒家文化、传统美德、工匠精神、治家理念、理想信念等文化传承作为贯穿书画册全篇的主线，通过图文呼应的手法，全方位展示具有株洲特色的历史文化建筑。

三

体系重点：全书共分十个篇章，分别为：炎帝文化、书院文化、桥梁文化、城墙塔楼、寺观殿宇、宗祠牌坊、红色建筑、古镇民居、工业文化、激越。起笔以农耕文化开篇，落笔以工业文化收官，继之以"激越"的尾声，全景式展示株洲历史文化建筑发展概貌。这样一个体系布局，一方面顾及年代的大致顺序，即从古代到现代，另一方面也有株洲特色方面的考量，与株洲从农耕时代到新型工业化、城镇化发展的历史脉络相吻合。本书在把握结构体系方面突出了两个重点：一是凸显从农耕文化到现代工业文化的蜕变，二是凸显古镇民居尤其是株洲历史文化名镇名村浑厚的人文底蕴和璀璨的文化传承。

四

架构设置：每个篇章的建筑物，设置了三个板块内容，即：历史沿袭、古风鉴赏、典故轶事。"历史沿袭"主要记载建筑起始、沿袭，复建或重建年代、成因及保护现状。古风鉴赏和典故轶事则通过建筑本身过程、细部或建筑背后的故事和传说，彰显其文化特色和传承。

五

编者点评：在编辑编写过程中，为点明主题特色，增强可读性，编者根据某些独特的历史建筑和古镇民居，分别从艺术、历史和传承价值的视角，抒发了一些感悟、评论，意在帮助读者进一步洞察其精髓，是否恰当，由读者评说。

六

资料取舍：根据主题定义要求，资料选取的原则：一是坚持尊重历史，就是历史上曾有此建筑，即使后代修复、重建、扩建或迁建，也只是一种历史的延伸，这种建筑理所当然在选取之列。当然有个别特例，如红军标语博物馆虽然是当代建筑，但是其承担的核心内容是一段历史，所以也在选取之列。二是坚持文化导向，就是这个历史建筑具有历史价值或人文价值，有在古风鉴赏和典故轶事里展示其文化传承的内容。三是尽可能做到有观赏性，基于此种考虑，对一些已经损毁、破败的历史建筑和墓葬碑林，本书没有收列。

七

资料整合：本书资料来源得益于茶陵县、攸县和石峰区委宣传部；各县市区城乡建设局、文物局等单位；湖南省和株洲市有关媒体、书刊及热心人士提供。在收集近百万文字资料的基础上，编者根据本书章节主题所需，选取其中近20万文字资料进行编写、编辑。有的一篇稿件或一段文字来源于多篇资料的节选，因篇幅所限，书中仅对公开出版物的摘选资料和热心人士供稿作了索引说明，其他摘选出处未能表述，敬请谅解。

八

美中不足：在浩瀚的资料海洋中摘选主题所需文稿，是一项极其繁重、细致的工作，板块中的"古风鉴赏"和"典故轶事"，除一小部分外，大部分并无现成文稿，更多的是编者从回忆和建筑实体介绍资料中剥离出来的，因此，在编著中必须不放过原稿中的每一个细节。比如在福祖桥介绍中，七个寡妇卖田土筹资解决建设资金的困难；在古镇民居陈家大屋建设中，房主陈石城严格规定施工人员每担只能挑四块砖，一是为了保证青砖的棱角不被碰损，二是严格控制建设速度，保证工程质量。类似这样的细节，文字不多，但却体现了"奉献精神"和"工匠精神"的文化价值。编者就直接将其剥离到"典故轶事"之中，但由于时间紧迫，编者视角和鉴赏水平所限，许多资料在辨析、分类方面仍存在争议，虽然不能说是粗制滥造，但至少是美中不足，请读者理解、包涵。

九

致敬感谢：本书采编工作自始至终在中共株洲市委、市人民政府领导支持指导下进行，也得到了一些名家的点拨，在此一并表示致敬和感谢。

目录

守护好株洲的历史文化瑰宝 / 武吉海 ………………………… 005
为株洲历史文化建筑立此存照 / 聂鑫森 ………………………… 006
编者手记 ………………………………………………………… 008
目　　录 ………………………………………………………… 010

第一篇　炎帝文化

炎帝陵建筑群 …………………………………………………… 016
神农大殿 ………………………………………………………… 018
圣火台 …………………………………………………………… 020
咏丰台 …………………………………………………………… 021
炎帝祭祀 ………………………………………………………… 022
炎帝陵 …………………………………………………………… 024
神农坛 …………………………………………………………… 028

第二篇　书院文化

洣泉书院 ………………………………………………………… 032
洣江书院 ………………………………………………………… 034
石山书院 ………………………………………………………… 036
渌江书院 ………………………………………………………… 038
兰谊学校 ………………………………………………………… 040
遵道中学 ………………………………………………………… 042
文庙大成殿 ……………………………………………………… 044

第三篇　桥梁文化

渌江桥 …………………………………………………………… 048
镇南桥 …………………………………………………………… 050
铁江桥　横岭桥 ………………………………………………… 051
接龙桥 …………………………………………………………… 052
福祖桥 …………………………………………………………… 056
明月桥 …………………………………………………………… 058
太平桥 …………………………………………………………… 059
南滨桥 …………………………………………………………… 060

第四篇　城墙塔楼

古城墙 …………………………………………………………… 064
古铁犀 …………………………………………………………… 066
分袂亭 …………………………………………………………… 068
笔支塔 …………………………………………………………… 072

湘山宝塔	074
燕子贤塔	075
镇龙塔	076
财源塔	077
仙庾塔	078
起元塔	079
文明四塔	080

第五篇 寺观殿宇

资福寺	084
空灵寺	088
云岩寺	090
屏山寺	092
泗洲寺	094
孝肃公庙	095
宝源禅寺	096
西山天符殿	098
宝宁寺	100
阳升观	106
灵龟寺	108
三元宫	110
包孝肃公庙	112
李畋殿	113
皇雩仙	114
白云寺	116
南岳宫	118
湘山寺	120
龙山寺	121
仙庾庙	124
上林寺	125
龙门寺	126
关王庙	127
禹王宫	128

第六篇 宗祠牌坊

朱氏宗祠	132
张氏祠堂	133
陈氏家庙	134
谭氏家庙	136
龙氏牌坊	138
龙氏祠堂	140
上云桥颜氏家庙	142

目录

小车贺氏总祠 …… 144
蔡氏家庙 …… 145
香山刘氏宗祠 …… 146
漕泊洪氏家庙 …… 147
南田夏氏宗祠 …… 148
吴氏宗祠 …… 149
彭氏牌坊 …… 150
叶氏宗祠 …… 151
泗汾刘氏祠 …… 152
潘氏宗祠 …… 153

第七篇 红色建筑

茶陵县委大院 …… 156
工农兵政府 …… 158
南岸列宁室 …… 160
列宁学校 …… 161
江家试馆 …… 162
红军标语博物馆 …… 163
叶家祠——毛泽东主持连队建党旧址 …… 164
万寿宫——毛泽东朱德首晤之地 …… 165
朱家祠 …… 166
文昌庙——中共攸县地方执行委员会旧址 …… 168
东冲兵工厂 …… 169
东富寺——毛泽东考察湖南农民运动旧址 …… 170
先农坛——毛泽东考察湖南农民运动旧址 …… 172
伏波庙——毛泽东考察湖南农民运动旧址 …… 174
梁公祠——醴陵南四区苏维埃革命活动旧址 …… 176
中共八叠支部旧址 …… 177
秋瑾故居 …… 178
李立三故居 …… 180
耿传公祠 …… 181
陈明仁故居 …… 182
谭震林旧居 …… 183
杨得志故居 …… 184
何孟雄故居 …… 185

第八篇 古镇民居

茶陵古城 …… 188
渌田古镇 …… 200
名相世族祠——刘氏家庙 …… 202

西冲高楼	204
兄弟联登	205
蔡仪故居	206
大夫弟	208
官家桥亭	209
搭水桥	210
朱亭古镇	212
朱亭码头	214
朱亭古镇牌楼村	216
西草坪村	222
双元村	226
泉坪村	230
氵山村	236
万家大屋	244
陈家大屋	246

第九篇 工业文化

331 建设村	252
南华幼儿园	254
苏联专家楼	256
消防瞭望塔	257
凤凰山防御工事旧址	258
601 招待所旧址	259
株洲自来水厂	260
株洲电厂	262
永利水塔与神农阁	264
田心机厂老建筑——党委办公大楼	266
田心机厂老建筑——铁道部株洲总机厂筹备处	267
田心机厂老建筑——粤汉铁路株洲总机厂联合厂房	268

第十篇 激越

今日新颜	272
株洲神农城	274
神农塔	276
神农广场	277
神农大剧院	278
神农太阳城	280
炎帝像	281
神农湖	282

后记

资料来源索引

第一篇

【炎帝文化】

以炎帝陵古建筑为载体的炎帝文化，**是中华文化之根**。

炎帝和他所带领的原始氏族先民，在长期的生产和实践中，开拓创新，勤奋耕耘，为中华文明的孕育和中华民族的形成准备了最初的物质、文化基础。在炎帝神农氏时代形成的炎帝文化是中华民族文化的直接源泉和重要组成部分，富有强大的生命力和广泛的包容性。

炎帝神农氏"始作耒耜，教民耕种；遍尝百草，发明医药；日中为市，首辟市场；治麻为布，制作衣裳；削桐为琴，练丝为弦；弦木为弧，剡木为矢；耕而作陶，治制斤斧；建屋造房，台榭而居"，他带领先民所开创的农耕文化、医药文化、工业文化、市场文化、火文化和原始艺术等，是炎帝文化外延的具体内容，已成为中华民族的宝贵文化遗产。

株洲是炎帝文化的发祥地，株洲历史文化建筑无一不浸透了炎帝农耕文化的乳汁。

气势磅礴，大气恢弘的炎帝陵建筑群，向世人展示出神农炎帝为人类作出的伟大功绩。炎帝精神的鼓舞，炎帝文化的传承，助推了株洲跨越性的发展，催生了株洲的华丽蜕变，为了彰显株洲炎帝文化生生不息的传承格局，我们将以炎帝文化为标签的炎帝神农大殿等历史建筑群，作为翻开株洲历史文化建筑画卷的开篇之作。

历史沿袭

在湖南省株洲市炎陵县的一个小山沟里，藏匿着一片金碧辉煌的宫殿建筑群。这里山环水绕，古树参天，被誉为"神州第一陵"的株洲炎帝陵，就坐落在这一片风水宝地之中。洣水环流，景色秀丽……走进炎帝陵，人们仿佛置身世外桃源。在这里，历史与人文交织，时光在一座座殿宇间静止。

炎帝是远古时期的部落首领，也称为神农氏。传说炎帝是农耕和医药的发明者，是他把中国带入了农耕社会。正因如此，人们把炎帝和黄帝一起尊为华夏人文始祖。

炎帝陵始建于北宋乾德五年，至今已有1000多年的历史。北宋皇帝在150多年的时间里，曾经祭陵50多次。随着历代王朝的兴衰更替，株洲炎帝陵也是历尽沧桑，屡建屡毁，屡毁屡建。

新中国成立后，炎帝陵被列为湖南省重点文物保护单位。1954年除夕之夜，因香客祭祀时香烛失火，引燃殿内彩旗，致使炎帝陵正殿和行礼亭被焚毁。"文化大革命"期间，陵殿及其附属建筑又遭破坏，除陵墓外，全部夷为平地。

炎帝陵殿被毁坏以后，重新修复炎帝陵殿已成为广大炎黄子孙的强烈愿望。党的十一届三中全会以后，修复条件日趋成熟。1986年6月28日，由酃县人民政府主持，陵殿修复工程正式破土动工，到1988年10月胜利竣工。重修后的炎帝陵殿，规模较前稍有扩大，整个建筑占地面积3836平方米。分为五进：第一进为午门，第二进为行礼亭，第三进为主殿，第四进为墓碑亭，第五进为墓冢。大殿之外修复了咏丰台、天使馆、鹿原亭等附属建筑。整个建筑金碧辉煌，重檐翘角，气势恢弘，富有民族传统风格。

进入21世纪，炎帝陵景区进一步扩建，新建自然、人文景观20多处，主要有炎帝陵殿、御碑园、皇山碑林、天使公馆、圣火台、神农大殿、朝觐广场、神农大桥、白鹭亭、崇德坊、鹿原陂、龙脑石、龙爪石、洗药池、邑有圣陵等自然景观。

2018年11月8日上午，由湖南省委宣传部、省委网信办、省文化和旅游厅共同主办，红网承办的湖南文化地标（2018）推选活动在湖南音乐厅举行授牌仪式。"湖南十大文化地标（2018）"名单发布：株洲市炎帝陵景区入选，并排在第一位！作为"中华民族的人文圣地""全球华人的精神家园"，炎帝陵是海内外炎黄子孙寻根谒祖、旅游观光以及爱国主义教育的胜地。

炎帝陵建筑群

株洲历史文化建筑

016
017

坐落于炎陵县鹿原陂的神农大殿留给人们的是气势恢弘的庄严印象：清代风格，古朴典雅，远古文化，是集寻根谒祖、旅游观光、科研考察和进行爱国主义教育于一体的综合性圣殿。

神农大殿　炎帝文化　株洲历史文化建筑

神农大殿

株洲历史文化建筑

圣火台

火，是人类文明的重要源动力，也是先民们心中的圣物，圣火台是一座神圣的建筑，它位于神农大殿南龙珠山，与咏丰台祭祀大道相对。底座铺设花岗岩石板，外护正方形花岗岩栏板，取天圆地方之意。体积为31立方米褐红色火石，正面刻有朱红像形体"炎"字，犹如燃烧的火炬。

圣火台 — 咏丰台 — 炎帝文化 — 株洲历史文化建筑

咏丰台

风调雨顺，人寿年丰。这是咏丰台赋予其天人合一的人文精神。咏丰台，位于龙珠大道中段，龙珠山南侧，与朝觐广场踏步相连，与圣火台相望，东西宽23米，南北长26米，台中立2米高、正方形身宽1米的花岗岩石碑一座。看似简单的建筑背负着亿万生民的厚望。

株洲历史文化建筑

古风鉴赏

炎帝祭祀 是历代世人对炎帝丰功伟绩继承和缅怀的一整套祭祀仪式。最初的祭祀活动主要有三种：祭天、祭祖、祭神。在三祭活动中，封禅、蜡祭和傩舞则为原始祭祀文化中固有的祭祀形式。如：蜡祭是古代先民在腊月里庆贺农业丰收的报酬之礼，是农耕文化的重要礼仪。据载：蜡祭前夕，虔诚的先民从各地集结到此，举行盛大的傩舞表演。傩舞源于驱疫除鬼的舞蹈，常常由骠悍健美的青壮年男女为主领舞，他们戴着与氏族图腾、族徽标志有关的面具，伴随着傩乐领衔起舞，以祈求来年风调雨顺、人寿年丰、平安吉祥的心愿。

历史价值 据《酃县志》记载："西汉时已有陵"。而祭祀活动，则从炎帝崩葬鹿原陂后，从未间断过。从开先的蜡祭、傩舞等开始，经过世代演变，距今已有几千年的历史。各个时期的时代背景，生产力发展水平，都对其祭典文化产生过深刻的影响，因此，炎帝陵祭祀文化总会打上时代的烙印。诚如此，加强对各个时期的炎帝陵祭祀文化的研究，有助于我们用唯物主义的观点更好地认识和掌握中华五千年发展史，有助于我们将中华民族的优秀文化传统实现更好的传承。

文化价值 为缅怀炎帝始祖而开展的各式各样祭祀活动，它的仪式、音乐、舞蹈等方方面面均来自于人们对自然、社会的认知，这种认知通过祭祀活动形成了全社会的共识。因为炎帝文化源自于炎帝首创，是他开启农耕文化、医药文化、工业文化、商贸文化，创造民族音乐，并为此开展了大量社会生产实践活动。通过蜡祭、傩舞等各类表现形式，就是再现炎帝的丰功伟绩，这些源于生活而创造的各类祭祀活动无疑都具有极高的文化价值。正是这些蕴含丰富的文化内涵的祭祀活动，使炎帝陵祭典成为华人世界令人瞩目的代表性祭典活动，极具开发潜力。

社会价值 炎帝精神即坚忍不拔的开拓精神、百折不挠的创新精神、自强不息的进取精神、大公无私的奉献精神。这些都是中华民族精神的精髓。炎黄子孙祭奠炎帝，表达的就是华夏后裔对炎帝精神的敬仰之情。因为，只有通过扩大炎帝陵祭典的社会影响力，才能进一步弘扬爱国主义精神，增强民族凝聚力，增强炎黄子孙的归属感，激发炎黄子孙同心协力，为实现国家的繁荣昌盛、中华民族的伟大历史复兴而努力奋斗。

炎帝祭祀

株洲历史文化建筑

典故轶事

在炎陵县鹿原陂这片古老的土地上，炎帝教民耕种、发明医药、日中为市、织麻为布、削桐为琴。为中华民族的生存、繁衍和发展作出了不朽的功绩，亦为后世人类做出了巨大贡献。人们在认识自然、改造自然的同时，世世代代传承着炎帝精神。许多先民因崇拜敬仰炎帝，不但用史料记载了炎帝身后事，而且创造出有关炎帝神农氏生前许许多多、优美动听的民间传说，其数量之多、分布之广、影响之深、流传之久，凝结成体量庞大的非物质文化遗产。现就炎帝身后事史料记载和生前传说略举一二。

【炎帝陵史话】

有关炎帝神农氏崩葬鹿原陂的历史，据《酃县志》记载："西汉时已有陵"。但由于西汉末年，绿林赤眉军兴，邑人担心炎帝陵遭人发掘，遂将陵墓夷为平地。宋王朝建立后，宋太祖赵匡胤奉炎帝为感生帝，遂遣使遍访天下古陵，于乾德五年（公元967年）在茶陵县南100里之康乐乡（原塘田乡，现鹿原镇）鹿原陂觅得炎帝陵墓，"爰即立庙陵前，肖像而祀"。同时，诏禁樵采，置守陵五户，专司管理陵庙职事。据罗泌《路史》记载，宋代炎帝陵附近尚存古墓200余坟，均为炎帝神农氏妃后亲宗子属之陵墓。可见当时的炎陵山已经得到人们的认可，成为炎帝"神灵之栖托之幽宫"。

炎帝陵自宋太祖乾德五年（公元967年）建庙之后，迄今已有千余年历史，无论历代王朝对炎帝庙怎样修葺，炎帝陵殿的建制如何变化，人们对中华民族始祖——炎帝神农氏的崇敬之情却世代相传。自古以来，这里的老百姓就称鹿原陂为"炎陵山"，又叫"天子坟"。

【午　门】

炎帝陵

【行礼亭】

【陵　殿】

【炎帝传说二三事】

炎帝神农氏所处为原始社会由母系氏族社会向父系氏族社会过渡的时代，是人类社会文明初始阶段。炎帝神农氏的一生活动大部分时间在中国南方，关于炎帝神农氏的口头传说，也印证了史籍的记载。

三个母亲

相传炎帝的母亲叫女登。一天晚上，一个令她大喜过望的梦反复萦绕其心头：一轮太阳徐徐下落在自己的怀里，她感到又温暖又舒服。带着这种温暖的梦境日复一日，女登竟然感觉自己怀孕了，和别的女子不一般的是她这怀孕历经两年，而到生产之日却生下一个红肉球，红肉球在地上滚了几滚之后自动裂开，中间坐着一个胖乎乎的男孩。女登见了，非常高兴，连忙把他抱在怀里，用兽皮包好，取名叫石年。在男孩长到一岁多的时候，有一天，女登和大家一起去采果实，把孩子放在一块大石头上，让他晒太阳，谁知时间一长，孩子睡着了。这时，一只大老鹰飞过来，翅膀拍打之下，老鹰感知山头生灵正在受热，为此，它落在石头上，专为孩子遮荫扇凉，孩子醒来后大声哭闹。接着，山鹿也跑过来，为孩子喂奶。孩子歇着荫凉，喝着鹿奶，又甜甜地睡着了。此后，每当女登离开孩子时，鹰和鹿都会很快过来照护。人们都公认鹰和鹿也是炎帝的母亲。由于孩子得到三个"母亲"的精心养育，他快速成长，聪明过人。炎帝长大成人后，额头生得蛮宽，嘴巴长得蛮大，身长九尺八寸，粗壮结实，力大无比。

炎帝去世之后，为了纪念炎帝的三个母亲，人们雕刻石鹰、石鹿，安放在炎帝墓冢两旁和炎帝同享祭祀。宋乾德五年（公元967年）修建炎帝庙时，将石鹰、石鹿移放于主殿前方的左右侧，至今未变动。人们还在老鹰憩息的山岭修建了"帝母祠"，祭祀炎帝母亲，香火不绝。

神农石洞

相传，在鹿原陂住着一个氏族部落，这个氏族部落的首领叫少典。少典的妻子是娇氏的女儿，名女登。一日，玉皇大帝和王母娘娘在瑶池设蟠桃宴会，宴请8个龙子带领天兵天将降妖凯旋。七龙子喝高了，回来后就把洞门打开透气睡觉，洞门也忘了关。第二天醒来，他发现洞口睡着一个美丽的姑娘，七龙子酒后失控，就和姑娘做起云雨之事，女登却仍然在梦中恍惚着，她梦见一个自称是七龙子的英俊小伙子正和自己亲热。女登一觉醒来，还清清楚楚地记得梦中的情景，不觉感到脸上发热。自此以后，女登每天都要到洞口去坐一坐，试着能和这龙子碰面，但一直未能如愿。有一天女登干脆便直接往洞内深处走，想看个究竟，但却越走越亮，洞内各种家什，一应俱全，是一个居住的好地方。这一场景，触发了女登的心事：她和少典成亲好几年了，却没有给生个一男半女，自己也感觉很难为情，于是，萌发着换个环境住的想法。女登自忖虽然发生那次难以启齿的梦，但回想起来还是很美好。于是她和丈夫少典商量要搬到这个曾经带给自己美梦的地方住，或许也是想重温旧梦，或许是想早日圆生子的梦，经不住女登执意缠绵，少典顺遂了她的意愿，他们真的住进石洞里了。而女登不久也真的怀孕了。不料十月怀胎之后，女登竟然生下一个8斤重的肉球，女登似

炎帝陵

有触动,但却大惑不解。少典则气得发抖,举起石刀准备把肉球劈开,不料就在此时,肉球却自己在地上滚动起来,"砰"的一声,裂开口子,亮出一道闪亮的红光,随即跳出一个胖小子,迎风长高5尺。少典和女登都乐了,女登为他起名"石年"。这个石年,就是后来的炎帝神农,这个洞,后来就叫"神农石洞"。

开创五谷

远古时期,人们都是吃飞禽走兽的肉和山上的野果生活着。到了炎帝神农时期,人口开始增多,炎帝心想,鸟兽总会越吃越少,而草木的果子,一年四季变换,周而复始重生,可以源源不断。要是能把那些最壮实的草木拿来种植,就可以年年有新的收成,就不愁食物短缺了。后来,他又发现一些植物的果子掉在地上,可以直接发芽长大。于是,他试着从山上砍来一些木料,削成启土锄地的工具,把土翻好后,他又专门从野地里采集了一些植物的种籽,开始试种起来。不久,这些种籽按时令破土而出,春夏枝深叶茂,到了秋天,收到了多几倍的收成。炎帝高兴极了,不久,就叫身边的五位大臣,带领百姓按土地的高、燥、湿、肥等情况,划分地段,大面积种植。人类由此进入了刀耕火种时代。这就是五谷的由来。

【墓碑亭】

古风鉴赏

　　神农坛，总建筑面积2550余平方米，其中祈福广场占地面积500余平方米。位于株洲市天元区神农城神农塔的南面山体，是供大家寻根谒祖、祈福迎祥的圣地，成为大家感受炎帝文化的又一平台。

　　神农坛掩映在山林之中，设计理念是"大道无形"，因为任何形式的建筑都不能诠释炎帝的伟大功绩，所以整个建筑是没有形状的。同时，神农坛朝向也与炎帝陵神农大殿的朝向完全一致，前者是祈福圣地，后者则是祭祀福地，两者遥相呼应。

　　来到神农坛，首先要登过一段台阶，这段台阶名为"天梯"，中间还有由汉白玉铺成的"御路石"，书写福、禄、寿、喜、财五个大字。拾阶而上，来到祈福广场，广场左侧是焚香台，正前方是神农坛主体建筑，由著名金石书画家李立题写的"神农坛"牌匾悬挂在正大门上方。

　　进入神农坛大殿，两侧是四个辅殿。大殿内，瓷砖地板均为定制，内镶铜条，还有32根大柱，也由厚厚的铜皮包住，庄严肃穆的气氛油然而生。大殿墙面上安放主神中华始祖像，辅殿墙面上，则安放辅神智慧、聚财、食草、丰收像。此外，辅殿还设置了20000盏祈福灯，由市民供奉，为家人朋友祈福，为祖国家园祝福。神农坛内有一座百福钟，钟上刻着一百个福字，且写法各不相同，游客祈福时可以敲响这个钟。大殿内还有一个鼓，游客也可以击鼓。祈福的方式多样，虔诚的游客可以击鼓九通，鸣金九响，还可以焚香许愿，敬献花篮。置身神农坛，气氛肃穆，能感受到心灵的洗礼。

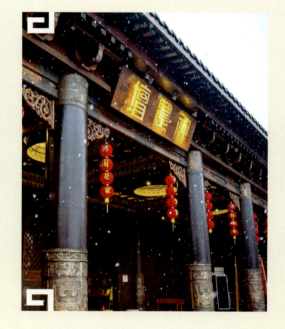

神农坛

株洲历史文化建筑

第二篇

【书院文化】

纵观历史,书院、文庙是文化的高地,是进行学术探索和人文交流的殿堂,古代社会更是朝廷培养人才参加科举的圣地,历览前贤,不少著名的学术与文化名人,都是在这个圣洁平台上奋蹄而起。

于国家而言,文化是灵魂,教育是根本;于个人而言,读书则是塑造人生、砺志成才的通关之路。我国之所以在千年历史长河中学风浓厚,文脉相承,儒风鼎盛,涌现出一代代科学家、政治家、思想家、文学家、教育家、艺术家。都源自于智慧和精神的助推力量,而生发这一助推力量的源泉在于书院、文庙和学苑的长盛不衰。

书院文化,之所以成为历朝历代认同的普世价值:首先,源自于它为读书人提供了唯一的上升通道,它是古代科举制度的产物,它是在封建社会制度与体系环境下,建立起一种自由灵动的生活化的教育教学模式,其开放包容的文化学术精神又为它增添了有别于官学、私学的特点和魅力。其次,它是中华文化传承的一个重要载体。从古至今书院一直起着不可代替的文化传承与学术交流和创新的作用。正因为如此,我们对书院文化的内核必须发扬光大,必须以吸收辉煌华夏五千年的文化精粹及中国古代书院的智能教育为己任。通过书院文化建设、发展与传承,实现传统文化的传承、光大与创新。

当下,古代书院的历史作用已经被现代高等大学所替代,这些书院历史上优秀的文化与人文精神,也已经由现代大学很好地传承与弘扬。古代书院在传教育人、繁荣学术、探索交流、传承与弘扬优秀中华民族传统文化,进行科举殿试等方面发挥了极其重要的作用。整合书院历史与文化传承精髓,对于促进今天的教育事业和人才培养有着很大的借鉴作用和现实意义。随着改革开放的深入进行,民族文化尊严和自豪感复苏,书院文化荟萃了华夏文化的精髓,它是民族文化之根,复兴书院文化已从认知走向了共识,这也是各地修复书院建筑、振兴书院文化现实意义之所在。

不管时空怎么转变,世界怎么改变,在书院中孕育的"忠、孝、廉、节"理念与"格物、致知、诚意、正心、修身、齐家、治国、平天下"的儒家思想。孝道为先、厚德载物、修身养性、坚韧不拔、勇往直前、奋发图强的文化传承,永远都是国人的精神食粮。

株洲,除了"火车拉来的城市"这一称谓,也是名副其实的书香之地。历朝历代共有100余座书院出现在株洲,目前仍存的书院及书院遗址有10余处。今天,我们到四所书院和几所民国学府来一次"求学之旅"吧。

历史沿袭

洣泉书院位于炎陵县霞阳镇新市街，始建于宋代嘉定年间，原名黄龙书院，是距今有1000多年历史的千年学府。现存的洣泉书院属于典型的江南祠堂建筑，保持着清同治时期的建筑风格。乾隆十八年（1753年），书院由知县周仁魁重修，并更名为烈山书院，取炎帝诞生地之意。知县赵宗文增修书房，并最早将书院改名"洣泉书院"。据说，赵宗文见水发源于罗霄山脉西麓的枝山脉，自东南流向西北，纵贯全境，认为"山下出泉，泉为水源，学者诚能如泉水之涓涓不息，则百川学海无可不至"，故将书院易名"洣泉书院"，以此勉励诸生。1984年，酃县人民政府重新公布洣泉书院为市级文物保护单位，并公布其保护范围和建设控制地带。1996年，省人民政府公布洣泉书院为省级文物保护单位。1997年，县政府对洣泉书院全面维修，并更新陈列内容。

2002年，对洣泉书院主体建筑的瓦面重新翻盖。2003年，完成书院前坪道路水泥硬化，维修、油漆陈列室廊柱。

1971年在这里建立了"中国工农红军革命活动炎陵纪念馆"。现为全国重点文物保护单位和全国爱国主义教育基地。

洣泉书院

古风鉴赏

　　现洣泉书院是一座土木结构、三进两厢式建筑，建筑面积1486平方米，有天井11个、大小房间58间。书院院门赫然高悬着"洣泉书院"的匾额，大门两边挂的"莫叹山城书院小，缘移楚地圣贤多"的对联，中厅门首高悬一块木匾"魁星点斗"为道光年间大清翰林孔继勋在此讲学时所题。二进门的两旁原有一副长联（"凤凰楼，名烈山，洣清泉，芳名雅颂乾坤，玄万代宗师神祖武；圣科第，贤政要，仁勋俊，彩馨驰龙飞凤，舞千秋业士裕后坤"），书院数次易名，但最终复名为洣泉书院。

　　有资料显示，自宋至清，炎陵考取进士11人，举人43人，贡生374人，其中大部分都在洣泉书院就读过。

典故轶事

　　道光五年（1825年），知县沈道宽将院址迁至北城外校射场（今高尚坪）后命名为"鄜湖书院"，同治二年（1863年），邑绅万典佳将书院迁回原址并复名洣泉书院。三进大成殿门联"苦读诗有责，豪饮酒无榷"是清代鄜县知县沈道宽所题。整个书院坐北朝南、古朴幽静，校舍之间有走廊相环，天井相通，院前四根大圆木柱威武挺立于两侧，气势非凡，院内古树苍绿青翠，后院有花坛，鱼池装饰别有一番情趣。

　　除了历经沧桑延续的近千年文脉，洣泉书院还罕见地经受过红色革命的洗礼。1928年3月，为声援鄜县（今炎陵）"三月暴动"，毛泽东率工农革命军第一军第一师第一团攻克鄜县城。革命军团部设在洣泉书院，毛泽东在这里住宿和办公。同年4月，为策应朱德、陈毅率领的南昌起义和湘南起义部队向井冈山转移，毛泽东在这里部署并指挥了城西接龙桥阻击战。

洣江书院位于茶陵洣水街1号，狮子山（今茶陵县第一中学校园内）、文江和洣水之滨。

洣江书院由时任茶陵知州的林廷玉倡建，创建于1504年（明弘治十七年），已历500余年。书院屡遭兵祸，多次荒废，曾三易其址，几经改造扩建，最终依弘治旧制建于原址。书院规制相当完整，规模非常宏大。

为更好地发掘茶陵书院文化，茶陵县于2010年6月启动洣江书院复建工程。洣江书院复建工程属于仿古建筑，采用中轴递进，左右对称的空间格局。工程总用地5054平方米，2012年5月份竣工，正式对外开放。

洣江书院

古风鉴赏

◆ 洣江书院,没有岳麓书院的名气,也没有白鹿洞书院的学术地位,但它和茶陵历史上存在的其他37所书院一道,塑造了这座古城最深厚的文化底蕴,被看做这座古城的文化根系。推开洣江书院厚重的木门,"吱呀"声仿佛将时光带回大明朝。

◆ 洣江书院不是茶陵历史上创办最早的书院,但却是茶陵规模和影响最大的一所州立书院,这与它的倡办者不无关系。"吾命亨而达,则措诸事业,以裨天下国家;或蹇而穷也,则亦可以敦厚风化,以善一乡一邑。"明弘治十七年(1504年),茶陵知州林廷玉,被贬到茶陵的第二年,就以匡正民风士习的办学主张,倾力倡办了洣江书院。

◆ 500多年后,讲堂上的太师椅仍在,物是人非,但静静地聆听楼内的风声,将耳朵和身体尽量贴近墙壁,似乎可以听到来自青灯黄卷的读书声。林廷玉捧着圣贤书,坐在太师椅,面对一双双渴望功名的童生眼睛,不断强调反对章寻句摘,倡行经世致用:"后世科举之学兴,为士者章寻句摘,以应一时之求,故其辞藻虽富而大旨或略;雕琢虽工,而所谓向上一着罔或深究……此实世教关系,固有识者之所深虑也。"

◆ 林廷玉讲学并非一时兴起,从他撰写的《洣江书院记》中得知,他不属师儒之列,身为知州,却"日服深衣幅巾,集诸生讲解其中,寒暑不辍。喜吟咏,意之所到,掀髯长歌,与俊髦赓和,忘其身之为吏欤。"

◆ 在洣江书院南墙设茶陵进士廊,全长五百余米,廊内共镶有大理石碑九十七块,石碑上刻有自唐天复元年(公元901年)至清光绪三十年(1904年)间茶陵县127位进士的生平及名录诗文。其中既有历代进士的手迹,也有当代二十多位著名书画家用正、草、隶、篆多种书体挥洒而就的茶乡文化的精品力作。

典故轶事

● 173年前,湖南历史上第二个状元在洣江书院诞生。

● 进入洣江书院右侧的修德斋,时间往前推进至清朝道光年间,来自乡下的萧锦忠衣不蔽体,走进这座远离乱世的楼阁,吃着果腹的粗食,拥着《四书》《五经》,品咂着书中的甘味,在不倦的诵读、沉浸、痴迷中,获取文化的快乐和难言的苦涩。

● 十年寒窗,萧锦忠刻苦读书,因家中贫困无银钱买书,他就用手抄录,所学的经史书本,全是他一手抄成,订成册。萧锦忠每日抄数十张纸,苦学不辍。清道光十二年(1832年),29岁的萧锦忠终于考取举人。而后在京客居十余年,道光二十五年开科,萧锦忠终于考取状元,官授翰林院修撰。

● 茶陵士子萧锦忠状元高中,填补了湖南两百余年的状元空白,成为湖南历史上第二个状元,湖湘为之轰动。省会长沙唱戏庆贺,北京湖南同乡会唱戏庆贺一个月。茶陵民众创办书院的热情陡然高涨,茶陵书院的发展也由此达到鼎盛。受萧锦忠雁塔题名的激励而创办的书院,17年间多达14所。

历史沿袭

攸县历史上先后有石山书院、紫麟书院、凤山书院、湘南书院、东山书院等20多个书院，其中石山书院创办于南北朝时期（南齐），是我国最早的民间书院。

石山书院又名光石山书院，原址位于攸县莲塘坳镇的阳升观。公元498年，南齐司空老臣张毦辞官南游，沿攸水而进南水，追寻到现今的攸县莲塘坳镇凉江的阳升观村麒麟山这块福地，先后创办石山书院、慧光书院和白马溪书院，开馆授徒，其徒弟除攸县、茶陵等地儒士外，还有不少来自江西。

2014年，石山书院复制移建到攸县县城文化园内。移建而成的石山书院总建筑面积有1500平方米，为仿古园林建筑风格，主体分为"大成殿""大讲堂""御碑亭""学碑轩""攸县书院史陈列室""攸县科举史陈列室""藏经阁""劝善斋"和"山长斋"9个部分。2015年1月26日揭牌对公众开放。目前，书院内陈列了包括线装书、历史文献、石刻、雕像、浮雕等在内的700余件本土文化展品。书院内，四壁悬挂有世界最大木刻版《道德经》，为祖籍攸县的著名书法家贺京沙手书。

石山书院

古风鉴赏

◆ 传统观点认为，唐玄宗时代的丽正、集贤书院是最早使用"书院"名称的机构。湖南大学岳麓书院教授、湖南省书院研究会副会长邓洪波认为，创办于南齐（公元479～502年）的攸县石山（光石山书院），早于唐朝的名曰丽正、集贤的官办书院（公元718～725年），是中国最早的民间书院，自石山书院开始，攸县有紫鳞书院、凤山书院、东山书院等众多书院。攸县渌田"兄弟联登"的主人蔡思穆、蔡思和、明万历后期大仆寺卿蔡槐庭、现代红军将领蔡会文以及文艺家蔡仪都是从书院走出来的人才。

◆ 据邓洪波教授《中国书院史》一书考证，石山书院为南齐司空张岊隐居后的读书之所，创立时间最迟可推断为南梁初期，比开元六年（公元718年）所建的洛阳丽正书院早了200年。2012年7月，一块刻于乾隆二十九年（1764年）的石碑被发现，碑文上关于张岊的记载，佐证了邓洪波教授的推断。

◆ 石山书院历代都有重修，故址在今攸县莲塘坳镇凉江的阳升观大觉寺的左侧。

典故轶事

● 1154年，南宋著名词人、书法家张孝祥与著名学者易祓，闻阳升观之名，同来游览。张孝祥见学院所在地风景极美而书兴大发，挥笔写下"阳升之观，真人之居，天下第一山"几个大字。两人还联袂写下"张司空石山书院"等数块匾额，相当引人注目。

历史沿袭

  渌江书院坐落于醴陵市仙岳山街道书院社区，三面环山，面向渌水，与瓷城繁华街区隔江相望，环境幽静，历史悠久，是醴陵古代所办七所书院中存在时间最长、规模最大、影响最深远的书院。

  渌江书院创立于清乾隆十八年（1753年），原址在醴陵城东青云山下朱子祠右侧。道光九年（1829年）县令陈心炳倡捐，迁建于城西靖兴山（西山）宋淳祐年间的原西山书院遗址之上。建头门、讲堂、内厅三进合院，左右各设三斋。又移建至始于唐代的靖兴寺及李卫公祠的左阜。光绪十九年（1893年）傍寺又增建宋名臣祠；与靖兴寺一并作渌江书院斋舍。自此，院、祠、寺三位一体沿用至今。现除北侧斋舍因山洪冲毁于1927年重建为学生宿舍楼外，其余建筑群均保存较完整，总建筑面积已达4123平方米。

  渌江书院有自己独特的办学思想和教学方式，并有名人掌教的传统。这里文星朗耀，名硕辈出。宋代著名教育家、理学家朱熹曾两次寓醴，在书院的前身学宫讲学，至今存有纪念他讲学的石刻画像。明代著名哲学家、教育家王守仁也曾在此讲学。晚清军事家左宗棠曾在书院任过山长。近现代很多名人，如辛亥革命活动家宁太一，民主革命先烈刘揆一，著名学者傅熊湘，以文词著称的卜世藩，曾任北平（现北京）中国大学校长的袁家普，与蔡锷举义遥相策应功震长岳的肖昌炽，北伐军前敌总指挥部参谋长张翼鹏，写出中国第一部《帝国主义压迫中国史》的刘彦，无产阶级革命家李立三、著名将军左权、陈明仁……都曾在这里求学。渌江书院为振兴文教、培植英才作出了贡献。

  渌江书院已成为展示湖湘文化的一扇重要窗口，享有"醴陵文化摇篮"的美誉。1982年，渌江书院曾作全面修葺。2013年3月，渌江书院被列为全国重点文物保护单位。

渌江书院

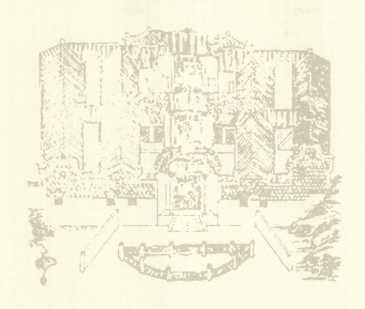

古风鉴赏

◆ 醴陵渌江书院以宋、元、明三朝学宫（现文庙大成殿）所在地作基础，原书院办在城内，或许因为车来人往、熙熙攘攘而影响学习缘由，1825年迁建到西山。建筑风格仍以江南四合院模式：书院坐北朝南，依次为头门、讲堂、内厅；内厅两侧设书斋寝舍。迁建后的渌江书院依古制仍然建设了考棚，是当年学生们参加考试时的地方，这在当时全省属于比较现代的书院建筑。

◆ 渌江书院留存丰富的文献资料和文物古迹，现存的碑石上有各式各样的镌刻，包括醴陵人士为朱熹绘制的画像，朱熹自题绝句，现代历史人物于佑任、林森、黄自元等墨宝字迹。还有红拂墓、宁太一墓；保存完好的规模较大的清代科举考棚等。

典故轶事

● 渌江书院历来都是名流执掌，其中最有名的当属左宗棠、陈梦元等人。左宗棠为第十届山长，在渌江书院主讲过。两江总督陶澍回安化，途经醴陵，看到官绅请左宗棠写的一副门联后大喜过望，即驱车书院见左宗棠。左回访之间，陶留宿相谈甚欢，并与之预定儿女亲家。渌江书院是左宗棠的潜龙之地。至咸丰十年，昔日书院山长成为清廷名将。一日，他率军过醴陵，威风凛凛，满城文官武将列队欢迎，左宗棠春风满面，微微点头，当他发现迎候队伍中有当年的学生时，连忙下车握手，并携手同行十余里，追忆往事，谈笑风生。后来左宗棠总督曾致函书院，邀学生们前往共事，可见左宗棠对书院和学生感情之深。

历史沿袭

兰谊学校早期建筑群位于醴陵市左权镇清安铺村。1942年由时任福建省政府主席的刘建绪捐资兴建。它坐西朝东，由三栋砖木结构的二层楼房和一栋门楼组成，是具有古典欧式建筑风格的民国建筑。学校总占地面积为5622.7平方米。

学校的正面为一栋高耸的牌楼式门楼。"兰谊学校"四字镶嵌在门楼正中。从门楼进入校园内，可见三栋楼成品字形鼎立其间。中间一栋是两层的大礼堂。大礼堂正面外墙为欧式仿古罗马凯旋门装饰，气势雄伟，上书"大礼堂"三字。大礼堂的左前方和右前方各有一栋教学楼，其结构和面积均相同，红砖墙体，木制门窗。

2011年1月，兰谊学校早期建筑群被列为湖南省省级文物保护单位。

古风鉴赏

兰谊学校由当时长沙有名的建筑师设计，有着厚重的历史文化价值。学校倡导"兴教救国"的理念，在建筑布局方面，通过错落有致的花坛、雕塑、碑石，传达学校建筑主人的思想和信仰。三栋楼房，品字形矗立，显示其雄厚的兴教意蕴。我们今天看到的兰谊学校虽是旧址修缮，但仍以当时建筑原貌示人，湖湘大地遍燃抗日烽火，在抗日救国的同时，醴陵人仍然不忘举起兴教救国大旗，是湖南屈指可数的民国时期的学校建筑。科技教育强则国家强，它印证了国人知耻而后勇的大智慧。

典故轶事

刘建绪，醴陵人，抗战期间任国民党陆军上将，他在长沙创办复兴银行期间，从银行拨专款建设兰谊中学，1942年8月正式建成开学。作为抗战期间建造的一所新式学校，它采用新式的教学方法，开设的课程与当代中学几乎相同。1944年6月，醴陵沦陷，校舍被日军作为驻军地，遭到严重破坏。1949年7月，醴陵解放后，兰谊学校由县人民政府接管。1997年10月，美籍华人、刘建绪的儿子刘立回乡参观，捐资修缮校旧址，恢复校名"兰谊学校"。

兰谊学校

历史沿袭

遵道中学旧址位于风景优美的醴陵市第一中学校园内。始建于清光绪三十二年（1906年），是美国中华遵道会开办的教会学校。最初为小学，1921年成立中学，附设高小部。1951年，遵道中学与湘东中学、县立中学合并为醴陵市第一中学。旧址现存一栋教工住宅和一个井亭。井亭为中式建筑风格，名为"潜亭"，系砖木结构的六角亭。2011年1月，遵道中学旧址被列为湖南省省级文物保护单位。

古风鉴赏

遵道中学旧址整座建筑呈红色，坐东朝西，占地面积337.4平方米。单体，二层楼式，砖木结构。整个建筑面阔四间，进深二间，每层有房间8间。红砖砌墙，硬山顶，小青瓦盖面。该楼正门前面有石砌踏步。踏步顶端连接宽敞的回廊，回廊以方形砖柱为支撑，顶部及窗户均为弧形拱状卷顶，基脚为半地下式弧形卷顶，独具特色。遵道中学是清末美国传教士在中国开办的教会学校之一，由美国人按照耶鲁大学教学楼式样设计，具有典型的美式建筑风格。该校曾培养了一大批人才，在湖南教育史上具有较大影响。

典故轶事

湖南和平解放时，其中心人物程潜、陈明仁，共产党地下联络组长余志宏，穿针引线者李明灏，均为国共双方的谈判代表，而这些为国建功立业的风云人物，都是从遵道学校走出来的莘莘学子，使湖南幸免了一场战争的灾难。遵道中学也因此而与这些历史名人一起成为红色书院文化的一道靓丽风景。

遵道中学

历史沿袭

文庙大成殿位于醴陵市东正街186号。文庙，又名孔庙。原建于醴陵城区青云山梯云阁下。清乾隆八年，知县段一骖将其由青云山下迁建于何家码头今址。清同治十三年（1874年）和光绪四年（1878年），先后经两次规模较大的改扩建，增辟广场围以短垣，气势愈为宏伟。其中文庙总占地2500平方米，砖木石结构，正面大成门并列五门，门前台基宽约3.5米。进大成门过前厅为庭院，经庭院登石阶达大成殿，台基高1.2米。石阶中心原有以整块花岗巨石雕成蟠状云龙。

文庙大成殿系文庙的主要建筑之一，也是文庙建筑群中唯一保存至今的重要建筑。1982年，文庙大成殿被醴陵县人民政府列为县级文物保护单位。2008年12月，文庙大成殿被列为株洲市市级文物保护单位。

典故轶事

● **文庙驻军** 1918年，南北战争兵连祸结，文庙常为军队所驻扎。北军肆虐醴陵城，文庙内泮池、棂星门、石栏、石柱的东西庑殿、鼓格、栏杆等，都毁于兵祸。

● **毛泽东来文庙讲课及演讲** 1927年1月，毛泽东、杨开慧等人在醴陵考察农民运动，考察期间先在文庙大成殿对学员宣讲，后在文庙前坪召开了一个万人大会，作生动的演讲报告。毛泽东同志后来在湖南农民运动考察报告中作了精彩记载："信八字望走好运，信风水望坟山贯气。今年几个月光景，土豪劣绅贪官污吏一齐倒台了。难道这几个月以前土豪劣绅贪官污吏还大家走好运，大家坟山都贯气，这几个月忽然大家走坏运，坟山也一齐不贯气了吗？土豪劣绅形容你们农会的话是：'巧得很啰，如今是委员世界呀，你看，厕尿都碰了委员。'的确不错，城里、乡里、工会、农会、国民党、共产党无一不有执行委员，确实是委员世界。但这也是八字坟山出的吗？巧得很！乡下穷光蛋八字忽然都好了！坟山也忽然都贯气了！神明吗？那是很可敬的。但是不要农民会，只要关圣帝君、观音大士，能够打倒土豪劣绅吗？那些帝君、大士们也可怜，敬了几百年，一个土豪劣绅不曾替你们打倒！现在你们想减租，我请问你们有什么法子，信神呀，还是信农民会？"

毛泽东的这次演讲把马克思主义在醴陵的传播推向了一个高潮，为后来醴陵党组织创建起到了历史性的作用。与会的有醴陵民众和训练班七百多师生以及全县各区农协委员长和公法团负责人。这次演讲，反响很大，给醴陵人民极大的鼓舞，为醴陵接下来的农民运动指明了方向。

文庙大成殿

古风鉴赏

◆ 文庙大成殿散发着浑厚的古韵气息，表现有二：一是沉淀了悠久斑斓的学术文化：文庙大成殿面积为408.5平方米，为重檐歇山式顶，檐角高翘，盖琉璃瓦。四周回廊宽约3.5米。殿内祀至圣先师孔子，两侧配祀复圣颜子、述圣子思子、宗圣曾子、亚圣孟子及12位先贤。正殿东西两庑，分别祀先贤、先儒各30余人，并设礼乐器库所。大成殿后建崇圣祠，祀孔子先世五代神位，配祀几位先贤、先儒。大成门内前厅左右夹室设名宦、乡贤、忠义、节孝4祠。二是显现出强烈的思古情怀，文庙建筑本身有上千年历史，是醴陵地域文化的独特而靓丽的名片！虽然由于兵连祸结，人为毁坏，醴陵文庙所有建筑设施及文化装饰多不复存在，但其文脉清晰，据《民国醴陵县志》载："醴陵立学始于何年，无可考"；元大德十年（1306年），知州张思敬重建儒学，教授陈震可曾作记纪事。其址即今醴陵一中青云山下，背山面河。早在南宋时期，理学大师朱熹两度在醴陵学宫讲学，曾留下"朱子亭"和"瑞渌池"（又称"渌水池"即古代渌江八景之一"圣池瑞渌"）等遗迹。南宋杨大异为重修撰《渌水池记》称："惟醴之渌水（此处指瑞渌池），独发秀于泮宫"。"泮宫"即学宫，后文又说池之"湮没"已"几百年而未之复"。乾隆十八年（1753年），知县管乐以原学宫创建渌江书院，前列考棚，文庙与县学从此正式分离，不再共处。

第三篇 桥梁文化

桥梁文化 —— 株洲历史文化建筑

古桥都是横卧在山水之间，田园之上，以迷人魅力和悠久的历史吸引世人观光旅游，赢得世人崇怀永记。株洲现有30余座古桥，各类古桥都具有各自的历史故事和文化特色，其中最负盛名的有：渌江桥，接龙桥，福祖桥，南溟桥等。这些躺卧的时空巨人，以自己独特的风格和经历，诉说着各自的前世今生和风雅韵味；走在这些充满沧桑的古桥长短不一，风格各异，有石板石梁，有拱形环桥等，桥洞有单孔和多孔之分。现存株洲古桥有气势磅礴的大作，如醴陵的渌江桥，也有轻盈灵巧的小品，如朱亭的福祖桥、炎陵的接龙桥、攸县的南溟桥等。株洲的古桥就像勤劳勇敢的株洲人一样，总是围绕着一个亘古不变的主题：在串联起山水通途的同时，又联结着各地的商贾物流、民俗文风。其各展风姿，沉淀着独特超群的历史文化。如醴陵渌江桥，具有三大特色：其一，桥的跨度大，是目前我省境内保存最好，跨度最大的石拱桥；其二，有保存完整的名人所题桥名碑；其三，文字史料翔实，从明代至民国的《渌江桥记》就有十一种之多。今天，渌江桥更以其古朴、雄健的风姿成为瓷城的人文景观。

岁月流逝，时代变迁，民国至中华人民共和国成立初期，卧于湘东的株洲古桥在年复一年的减少，有的因建设需要被拆除殆尽，有的因年久失修自然倒塌，仅留下依依残迹，有幸留下来的，大多残肢断臂，气息奄奄。历史文化在呼唤，经济的发展与古迹的保护确实是一对矛盾，城镇的发展是鲜活的，不能因为遗忘历史而使其变成死城。在保护的同时，城镇仍要发展，市场化的进程不能以破坏古镇独有的人文精神为代价保护祖先遗留下来的丰富文化，应是义不容辞的责任和使命。啊！历史悠悠，古桥悠悠。

历 史 沿 袭

渌江桥位于醴陵城区状元洲西侧，始建于南宋乾道年间（1165～1173年），最初为木墩木梁桥，后为石墩木梁桥。从宋至清代，7次毁于火，14次毁于水，屡毁屡建。1924年，富绅陈盛芳倡议将渌江桥建成石拱桥，并捐银元3.4万元、田租250石，连同原桥会资金2.6万银元，加上政府拨款和全县认捐，共筹银元25万元有余。由南社创始人之一的傅熊湘任主修，陈盛芳为工程经理，陈碧元为工程师。该桥于1925年竣工。

渌江桥分为正桥、引桥和支桥三部分，南北跨向，全部用湖南望城县丁字湾麻石建成。正桥有九墩十拱，正桥全长190米，宽8米。每拱拱高12米。拱跨则略有不同，靠北岸的一拱拱跨为16米，靠南岸的一拱拱跨为16.2米，中间8拱的拱跨均为14米。

桥面两端砌石扶栏，栏杆用条状麻石，栏板采用错位叠砌法垒成格棂状。

正桥两端为引桥，引桥呈斜坡状，北岸引桥长18.2米，南岸引桥长22.5米。引桥两侧建有店铺和民宅。

正桥东侧中心位置还建有一座支桥（当地称"旁桥"），连接江中小岛——状元洲。洲上于民国时期曾建有大桥的管理机构——桥公所，现已不存。支桥长45.35米，桥面宽4.63米。共有6拱，每拱拱跨为5.65米，拱高为6米。

正桥西侧面中心位置镶刻近代著名政治家、思想家、社会改革家、书法家和学者康有为于1925年所书"渌江桥"三字，字体圆浑苍厚。正桥中部桥墩镶刻"南社"著名诗人、湖湘学派学术大家傅熊湘所书桥碑，碑刻完好无损。碑文为："醴陵渌江桥，以民国七年三月毁于兵燹。十三年二月经始重造，十四年九月竣工。决渊累趾，建墩承梁，酾水为十道，材皆斫石为之，长五十七丈，宽二丈四尺，翼以扶栏。作旁桥通状元洲，置公园、图书馆，用银元逾二十万，募诸施者。邑人傅熊湘记。"

渌江桥是醴陵的第一大民桥，也是1949年前全国屈指可数的民修公助的大型石拱桥之一。

2013年3月，渌江桥被列为全国重点文物保护单位。

渌江桥

古风鉴赏

　　渌江桥以石料和德国水泥为主要建筑材料，因各拱相连又称之为连拱石桥。石拱桥是我国传统桥梁的三大基本形式之一。渌江桥是千百座石拱桥中的杰出代表作，石拱相联，结构精巧，外形美观，内质坚硬。特别是其工艺独特，它的九墩基座采用的是当年德国水泥加卵石浇灌而成，坚不可摧，至今完好无损。桥身、桥面与桥栏都由方形麻石错落有致砌成，因此，桥身整齐，桥面平坦、防滑，桥栏厚实。桥中部东侧建有别致大方的引桥，连通状元洲。形成了大桥接小桥的建筑艺术景观，使大桥的雄伟与小桥的秀丽融为一体，显示了大桥设计者自然和谐的建筑理念和匠心独运的建筑风格。

　　渌江桥之所以成为"国保"建筑，显示了其三大特征：一是外形雄伟壮观，是目前湖南省内保存最好、跨度最大的"石拱桥"。二是遗存保护完整，有名人所题的桥名和石碑。三是史料翔实可考，历史沿革脉络清晰，从明朝起到民国的《渌江桥记》就有十一种之多。从现场景观到史料鉴赏，穿过几百年的时空隧道，人们观瞻到的是醴陵百姓不屈不挠的奋斗史，探寻到的是可歌可泣的创业故事。

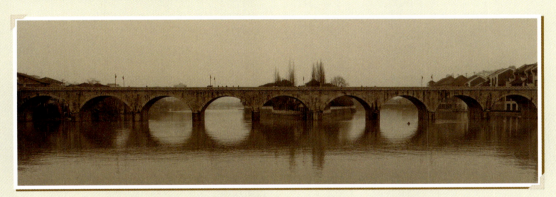

典故轶事

传　1924年，富绅陈盛芳本来是受当时的湖南省政府主席何健指派，修建通往南岳的驰道（即现在的国道），陈盛芳接任后思虑着：修筑驰道，正是动用大量人力物力之时，何不乘机倡议重修毁于战火中的渌江桥，此动议一经公布，得到官民响应，于是，陈借机牵头主持修建了渌江桥，并将状元洲改建成公园，洲上芳草萋萋、林木葱茏，成为渌江桥畔特有景观。

【编者点评】这是一座历史之桥，承载着醴陵百年风云；这是一座记忆之桥，装满了醴陵百姓的生活情趣和多彩的人生；这是一座点染城市风景之桥，走在桥上，两岸光鲜灵动，站在河边，桥如长虹卧波。这，就是渌江桥集历史、人文价值之所在。

镇南桥

历史沿袭

镇南桥，又名振南桥、泗汾桥，位于醴陵市泗汾镇何田居委会泗汾河上，始建于元代，明代曾重建，更名为慈寿桥。康熙、乾隆年间曾重修，更名为镇南桥。1944年醴陵沦陷时，全桥尽毁。不久，重修现状。该桥系六孔石拱桥，砖石混合砌筑，桥长76.4米，宽5.8米。南、北均有引桥，南引桥长16米，北引桥长29.5米。桥面南头设码头引桥，长16米，宽1.63米。1926年7月10日，北伐军叶挺独立团曾在这里与守桥之敌进行激战，最后成功攻占该桥，取得了泗汾之战的全胜。因此，该桥对纪念北伐也有重要意义。2012年11月，镇南桥被列为株洲市市级文物保护单位。

古风鉴赏

镇南桥见证了醴陵一段波澜壮阔的革命史。这座石拱桥连接南北，是通往醴陵的要冲之地。1926年北伐军攻占攸县后，旋即北上醴陵，在泗汾境内近百米宽的铁河上，北伐军叶挺独立团与军阀吴佩孚所属的谢文炳、唐福山两部在此地展开激战，并取得了胜利。为表达醴陵人民对北伐军的支援，叶挺赠送了一面锦旗和1000元大洋以资鼓励。镇南桥在抗日战争时期曾被敌人炸毁，新中国成立后重建，但旧式的桥墩仍依稀可见。

【横岭桥】 【镇南桥】 【鐵江桥】

【编者点评】镇南桥以红色印记彰显独有的文化特征，北伐战事，在这座桥上留下了烽火痕迹，也留下了可歌可泣的悲壮故事；铁江桥，以包容的姿态，兼收湘赣两脉来水，也兼容两地商贸人流物流；横岭桥则以建筑材质的混合，编织着人们坚不可摧的意志和梦想。

铁江桥 横岭桥

历史沿袭

铁江桥位于醴陵神茶山镇铁河口村插冲塘组,系五孔石拱桥,麻石砌筑。桥长120米,宽6.9米,高9.1米,跨度12.2米,拱高7.6米。东北通向醴陵县城,西南通向渌口。据《醴陵县志》记载:铁江桥建于民国十三年(1924年)。20世纪60年代拆木护栏,换水泥混凝土两横一竖护栏。2006年在麻石桥面上加盖水泥。铁江桥是我市保存较好且规模较大的多拱麻石石拱桥。其建筑结构精美,气势雄伟。2012年11月,铁江桥被列为株洲市市级文物保护单位。

古风鉴赏

铁河共有两脉水源,一源发自江西武功山北麓,一源发自湖南攸县槚山镇的观音山南麓,长121公里,流域面积1730平方公里。铁河因河清澈可见、河床卵石颜色如铁而得名。铁河又名铁水,铁江桥建于民国初期,架设后连接醴陵县城和渌口,是醴陵与渌口商贾物流的贯通之桥,也是两地人们南来北往的便利之桥。全桥由麻石衬砌,麻石是花岗岩的一种。花岗岩属于酸性火成岩,质地坚硬,耐风化。表面呈麻点状花斑,以黑白斑点、红黑斑点等居多,年代越久远越能呈现出古朴和大气。

历史沿袭

横岭桥又名符范桥,位于泗汾镇茶田村横岭河上。双孔石拱桥,用长宽为0.8米×0.4米的红岩石砌筑,桥长21米,宽3.4米,跨度9.5米,桥高6.5米。西边大约150米处建一"S"形的分水墙,用以缓解河水对桥墩的冲力。据《醴陵县志》记载,该桥"始建明,清乾隆年间修石梁"。

2012年11月,横岭桥被列为株洲市市级文物保护单位。

古风鉴赏

横岭桥是醴陵一座很有特色的古桥:第一,古桥采用的是特殊的建筑材料,是用红岩石与麻石按比例结合建筑桥身;第二,不是以石料而是以三合土经特殊工艺构筑桥面护栏;第三,在桥墩机关部位设有分水墙,缓冲桥体的冲击力。这些特色,使历经数百年风雨的横岭桥,至今还没有受到大的损伤,古桥基本还保持着清朝乾隆时期的原貌。值得庆幸的是从古桥的现状看,保持了原始风貌而没有经过什么修缮,106国道新架设的公路桥从古桥边上经过,将横岭古桥的承重全部化解,古桥只是以历史的化身偏于一隅。

历史沿袭

接龙桥位于炎陵县城西大门之处，横跨坂溪水，南北走向，南连湘山，北接106国道，是炎陵县城西连接南北的交通要道。接龙桥建于清咸丰元年（1851年），是一座双孔石拱桥，麻石结构，全桥两拱一墩，历史悠久，建筑工艺独特。1928年4月，毛泽东率工农革命军在此桥击溃湘敌一团，有力掩护了朱德、陈毅部队向井冈山转移，为朱毛第一次会面和两军胜利会师创造了条件。该桥系井冈山革命根据地时期革命遗址，省级文物保护单位。

古风鉴赏

古时候接龙桥的地理位置非常重要，是历朝历代兵家之重地，也是古时候湘粤必经之路。这里小商小贩云集，促进了经济的快速发展，到处都是一派欣欣向荣之景。为什么叫接龙桥呢？民间流传着两种说法：一种说法是湘山寺的和尚起的名字，另外一种说法是乾隆皇帝御赐（待考证）。炎陵县档案局和图书馆的资料中记载了第一次国内革命的接龙桥会战，而对于它的建造时间已无从得知，因为"接龙桥的资料在国民党时期就已经被焚毁或掩埋。"接龙桥的名称来历也许会成为一个永远悬而未解的谜。

至于接龙桥的神话传说，则更多是对桥的未解之谜编创的美丽故事。

接龙桥

株洲历史文化建筑

052
053

后有乾坤

典故轶事

传说炎陵县城北面有一座笔架峰，山峰深处有一个小溶洞，这洞原来是玉皇大帝避暑之地。溶洞案几上有一个大砚池，池中藏着一条四脚蛇。四脚蛇是南海龙王的一个私生子，因作恶多端，触犯天条，变为恶龙。为了惩罚它，被玉皇化为一条四脚蛇，随手装入宝殿案几上的砚池。

四脚蛇泡在墨汁里度过了若干年。有一年刚好又到了农历二月初二，是龙抬头的日子。龙抬头，大水冲了龙王庙，是大雨滂沱的日子，"有了这大雨，谁都奈何我不了"，四脚蛇沾沾自喜地盘算着。一边用爪子不停地挖动凝固的墨团，一边心里盘算着回南海的路线。它把头探出洞外，咦！往日二月二都是乌云满天，大雨滂沱，今日为何晴空万里，无一丝云彩？四脚蛇急了，心想：过了今日，谁知哪年哪月才有此等机会。四脚蛇当然不知道，这天正赶上玉皇派了钦差大臣巡访民间，吕仙已在山头仗剑作法，四周土地山神都在挡住乌云，不让雨云靠近。一直等到申时，还不见有雨的迹象，四脚蛇赶忙从砚池的宝殿案几下面的溶洞里钻出来，就近来到一眼山泉处。它想：水一进我龙口，我就可以翻云覆雨，水漫金山，我就自由了。便哈哈哈哈，几声大笑，这下惊动了陪同钦差巡访的哪吒，哪吒怒目圆睁地站在了它跟前。四脚蛇不愿招惹天神坏了自己的好事，忍住饥渴扭头开溜，想变个村姑下山，但常年在砚池里泡着，现骨子里都是黑的。无奈，只能变个胖黑和尚。它一路化缘，可是所有的茶铺、饭馆，村民一见这黑胖和尚，不但浑身黝黑邋里邋遢，而且形态凶恶，没人肯施舍一口清水。眼见太阳西下，黑胖和尚一步一踉跄，信步走出西门，来到湘山脚下，见路边有一小茶铺，它耐住饥渴，只好决定再碰一碰运气。走进茶棚，深深一鞠礼，道声"阿弥陀佛，赏口水喝吧"，这时里面走出一个老婆婆，将手连摆："没有茶水，走吧走吧"。黑胖和尚低三下四地说道："老衲实在渴得不行，如无茶水，你老人家吐滴口水解渴也行。"老婆婆感觉着这和尚透出一股邪气，继续摇头"没有没有"。黑胖和尚心里恨得直咬牙，脸上却显出更加可怜相，说道："口水没有，甩把鼻涕也行。"老婆婆无奈，为了要它赶快离开，就真的甩了一把鼻涕，黑胖和尚伸出舌头赶快接住，吞入腹中。顿时，胖和尚圆头上立马长出两只犄角，

接龙桥神话传说

现出恶龙的原形，随着"哈哈哈哈"一声狂笑，张开血盆大嘴，一口吞下老婆婆。由此气力大增，掀起一阵狂风平地而起，万里晴空顿时霹雳大作，乌云翻滚，只见一条乌黑的巨龙腾空而起。吕仙悲愤万分，挥剑对准恶龙后脚猛劈下去，一只龙爪掉落在湘山脚下的小茶铺边，随即化为一座石拱桥坐于河上，这就是后来人们所称的"接龙桥"。

【编者点评】在中国的传统文化中，龙被视为吉祥、神圣的象征。炎陵的这座接龙桥无论神话传说，还是现实历史，都离不开一个"龙"字。红色革命的燎原之火在这里点燃。置身桥畔，令人荡气回肠：群山之中，峻岭之下，一股山流蜿蜒而下，拍打着清江岩石，桥虽不雄伟但气势如虹，以其特有的风骨傲立于青山绿水之中。

历史沿革

福祖桥（民间又称寡妇桥）位于株洲县朱亭镇高福村，全长50米，宽5.8米，高4.8米，始建于1804年，竣工于1824年秋天。这座桥是朱亭古镇一条自东向西通往衡山、湘潭、攸县、醴陵古驿道上的必经之地，老辈人说起福祖桥都称之为"湘潭福祖桥"（因朱亭原属于湘潭县）。福祖桥很有名气，被四县边境地区的人们所熟知，尤其商人、游客对它印象更深。三个因素决定了它声名远扬，一是地处要关之地，一桥连四县；二是因它的历史悠久；三是因其独特的建桥经历。在谢氏族谱上，有关于该桥的记载：始建于清嘉庆戊寅年（1804年）间，谢氏祖先筹集白银5745两，水田8亩。始建年份距现在有215年的历史。该桥全部用长条麻石和糯米浆建成。大桥工程浩大，直至清代道光甲申年（1824年）的秋天，谢氏族人历时二十年终于建成了这座气势恢弘的麻石拱桥。

福祖桥在近代经历了三次大的维修。第一次是1958年，桥面太窄无法通行较大的车辆，当地政府对桥面进行了改建，拆掉了桥上的风雨亭和一些石碑。1981年，第二次修整古桥，在原桥面两边增加了1米宽的人行道，原有的麻石栏杆已被水泥雕花栏杆替代，麻石桥面改为水泥桥面。2013年，福祖桥纳入省道S211株洲县段公路改建工程，为保护这座历经200年风雨的古桥，在维修的过程中，加强了对福祖桥的保护，对古桥进行了科学的加固，尽量做到修旧如旧，恢复古桥的历史风貌。重修后的福祖桥增加了2米宽，架设了花岗石镂空雕花栏杆，古朴大方。原收藏在村民家中的长条石、石狮、麒麟、碑石修复好又重新回到古桥原来的位置。重修后的福祖桥更加坚固，更加美观，它是省级历史文化名镇——朱亭古镇内保存较好的文化遗产之一，现这座两百余年的古桥已公布为市级文物保护单位。

古风鉴赏

石桥东西走向，有四个拱，其中三个大拱一个小拱。桥墩、桥拱全部用长条麻石铺砌，条石之间用糯米浆勾缝。桥面均用长方体麻石条块砌成，桥墩呈尖锥形，这样的设计极富智慧，洪水涌来，它们就像利刃一样将洪流分开，大大减轻了洪水对桥身的冲击力。桥两边设麻石雕花栏杆。桥头两端分别立有石狮子、石麒麟。桥面铺设有麻石板，正中的麻石板上雕刻有水牛图案护卫石桥，立有汉白玉石的桥匾、功德碑。桥匾上书浑健有力的"福祖桥"三个大字，功德碑上刻满了谢氏族人捐田捐银的数额。福祖桥是原湘潭的地标建筑，想当年，桥边店铺林立，过往商贾游客驻足。福祖桥气场有多大，据说文官在此要下轿，武官在此要下马。福祖桥的气场源自于不屈不挠的建桥史，也源自于赤胆忠心的建桥情。

福祖桥历经200年风吹雨打，仍稳如泰山凛然。据当地老人介绍，1949年的某天，解放军南下过此桥，十多辆坦克在桥上轰然开过，石桥都安然无恙。时至今日，福祖桥仍是当地的交通纽带。福祖桥的坚固，应归功于先民们精益求精的造桥技艺。福祖桥的设计非常科学，造型独特美观，既能减轻桥身自重，节省材料，又便于排水泄洪，它巧妙的设计构思和精湛的建筑工艺，着实令人赞叹！这样的设计让福祖桥经历了两百多年的洪水灾害而毫发无损，让我们不得不佩服古代工匠的聪明才智和高超的建桥技艺。

福祖桥

典故轶事

福祖桥所在地的高福村以谢姓为第一大姓，这里是通往衡山、攸县的交通要道，但这一要道被一片名为柴坝的水面所挡。柴坝两岸怪石嶙峋，水草丛生，水流湍急，人们过往必须绕道而行，这给南来北往的行人及当地百姓的生产生活带来诸多的不便。乾隆己丑年（1769年），谢姓几个族首商议，为了方便行人，决定在柴坝上建一座木桥。于是他们带领族人在柴坝上建起了一座两跨的石头做墩，圆木做桥面的木桥。但木桥每遇山洪便被冲垮，谢氏族人屡毁屡建。到了清嘉庆年间戊寅年（1804年），谢氏家族勤劳持家，积累了大量的田产、山林，还在古镇朱亭经商有了好几家店铺作坊，成为了当年朱亭的首富。随着家族的兴旺，谢氏族人决心将木桥改建为石桥。但由于工程浩大，修桥经费有些不足，在向其他家族筹款未达成协议的情况下，谢氏家族决心一定要凭自己家族的力量来修桥，即使变卖田地也在所不惜。族人改建石桥的大事定下来后，谢氏家族节衣缩食，用各自年复一年的财力鼎立资助建桥所需。尤其是有一年，谢氏十四派祖母盛氏看到族里修桥缺钱，率罗氏、刘氏、徐氏、何氏等七妯娌（均为寡妇）各自捐出一亩良田及一些碎银两入祠堂作为修桥的永久费用。七个寡妇的义举感动了族人，族人纷纷响应，踊跃捐出银元。富有的捐上千两，贫穷的连一两多银元都捐了出来。据谢氏族谱记载，为建福祖桥，谢氏族人118户共捐良田8亩、白银5745两。前后20年，在族长的带领下，谢氏族人聘来能工巧匠，全族老少一齐上阵，齐心协力修石桥，终于在1824年将桥建成。

【编者点评】什么叫愚公精神？什么叫奉献精神？福祖桥给出了令人钦佩的回答：福祖桥从开建到竣工前后历经20年。20年至死不渝，20年初心不改，正是愚公精神最好的诠释。而七寡妇捐资建桥，义薄云天，无私奉献，正是200多年来株洲人最珍贵的文化传承。

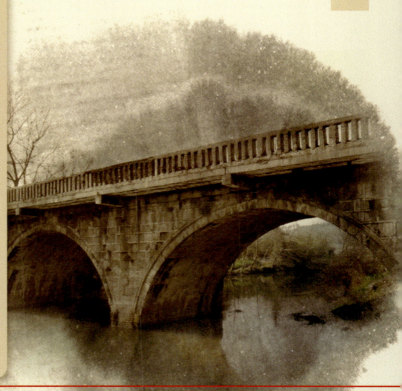

明月桥

历史沿袭

　　明月桥位于攸县丫江桥镇明月村大桥组，东200米有大桥至坪阳庙乡公路，南20米即为明月村集市，西南2华里有明月知青点，北面8华里即为醴陵市贺家桥界。桥为麻石单拱桥，南北向。整体麻石构筑，梯形桥面，石板铺面，中有人力车道，两侧有护沿，桥南有九级台阶，桥北有桥台，桥台东西两侧均有台阶。桥拱用麻石券砌，高4米，跨11米。拱西侧顶部有桥额，阴刻楷书"明月大桥"。上下游均设护岸。长20.5米，宽4.65米，高5米，建筑面积120平方米左右。清同治版《攸县志》有载，始建于南宋宝庆三年。明月大桥除桥南人力车道石条缺失，北端西台阶部分垮塌外，整体保存较好，其历史悠久，建筑工艺精湛，史料翔实，具有较高的历史、人文及建筑工艺价值。2012年11月被株洲市人民政府公布为市级文物保护单位。

古风鉴赏

　　明月桥取之"明月"桥名，源于该桥处于风景秀丽的明月山，明月山的风景古有记之，晚唐诗僧齐己有《寄明月山僧》诗："山称明月好，月出遍山明。要上诸峰去，无妨半夜行。白猿真雪色，幽鸟古琴声。吾子居来久，应忘我在城。"这首晚唐古诗生动地再现了美妙绝伦的明月山的幽寂灵异。因明月山的名气，时近八百年的古桥则以山命名——明月大桥。明朝大学士李东阳在其《月桥诗序》中道："攸邑之东北八十里有山焉，奇耸峻拔，每月出则见其巅，登高而眺，一白万顷，景象澄澈，得月之高，故曰明月山。山之麓有桥，横亘溪涧，其长可数丈，凭空而步，左右顾盼，水光晃漾，与月上下，四无津涯，得月之广。登兹山者必于兹，故亦曰'明月桥'。"

典故轶事

　　明月桥，原是通往醴陵、湘潭（今株洲县）的必经之桥，素有"一桥连三县"之说。据史料记载：1852年，太平天国西王萧朝贵率起义军进入湖南后，连克道州、桂阳、安仁、攸县，经此桥北进醴陵，连破清军营盘多座，杀死清将数十人、清兵2000余人，缴获弹药4000余担。民国七年（1918年），护法军刘建藩率领的南兵，途径此处追击过张敬尧（北洋军阀）的东路北兵。

【编者点评】明月清风，历来是催生文人墨客妙笔生花的场景，古老的明月桥和它的卧榻之地，恰如它的名字，让历代文士沐风赏月，多有诗兴。这恬静的山水之间，有过浅斟低吟，也有过激烈厮杀后的悲悯吟唱。一边是静与美的青山绿水，一边是血与火的人叫马嘶，自然与人文的巨大反衬，构成了这座古桥的另类风情。

太平桥

历史沿袭

　　太平桥是一个有历史、有故事的石拱桥，因为有历史，所以如今用村名来纪念它，太平桥村就是一个以桥命名的村落，如今叫太平桥社区，这里民国时属于湘潭管辖，现在属株洲云龙新区学林办事处，离龙头铺镇不到2华里。民国时期，这座桥跨越龙母河（下游叫白石港）连接着湘潭县、长沙县，是古代湘赣驿道上的一座必经之桥。太平桥古代叫望虞桥，是孔门弟子言偃后代所修。因言子死后葬在江苏常熟虞山，为纪念自己的先祖，言氏后人把此桥叫望虞桥。太平天国首领洪秀全带兵经过此桥，即改为太平桥，桥名沿袭至今。但因年代久远，桥损毁严重，于20世纪70年代初期在原址重新修建。

典故轶事

　　传说很久以前，龙头铺附近有座大山，山底下住着娘俩，娘叫龙母，子叫跃龙。那年天下大旱，赤日炎炎，田土干裂，跃龙为了给村庄寻找水源，餐风宿露，穷尽一切代价而无果。有一天终于遇到了一个神婆，神婆说，我可以给你开辟水源，但必须以你的肉身为代价。跃龙得知神婆的意图后说，愿意以一己之身换村民脱离赤日炎炎的苦难。就这样跃龙满足神婆的条件，把自己变成了一块像龙头一样的石头。跃龙的母亲事后得知，伤心地日夜哭泣，母亲的眼泪感动神明，哭成了一条河流，人们为了纪念他们母子俩就将那条河叫龙母河，将那个地方取名龙头铺。并在山顶上砌了一座庙，还把那块龙头石立在庙里。一个老石匠又造两块石碑，一块竖在庙前，上刻"龙头铺"三字，一块竖在河边，上刻"龙母河"三字。

　　龙母河上的桥起始为言氏后代所建，桥建好若干年后，逢洪秀全北上攻打长沙路过此地。听闻了龙母河的来历，查看并体验了龙母河两岸的秀丽风景和淳朴民风，在得知言氏后人建桥后起名为望虞桥，洪秀全说，跃龙让世代百姓有了水源，我们是太平天国的军队，路过此地，要使天下百姓共享太平，这样吧，这桥还是改名为太平桥！于是太平桥名称沿袭至今。

【编者点评】太平桥的古风在于它延续了千年梦想，一座普通石拱桥植入了"文""武"两段佳话。孔子弟子言偃后代，一代书香豪门，倡建望虞桥，为这座古桥植入了上古之风；太平天国将其改名"太平桥"，则在桥上留下了金戈铁马的印迹。

历史沿革

南溪古桥位于攸县黄丰桥镇丰垅村，是攸水河上攸县境内唯一的大石拱桥。桥未修前为渡口，是攸县东乡的一处要津。根据同治版攸县志《津梁卷》记载："南溪桥，在东乡，距县一百二十里。明正统四年，贺瑜、贺瑶建。乾隆丁丑重修，知县张五典有记。乾隆甲辰年，贺永祚、贺积光、颜钦三等募修，有碑。"

小车贺氏族谱对南溪古桥建设及其几次毁建历史有翔实的记述：明正统二年，即1437年，当地贺氏族人贺瑶、贺瑜两堂兄弟改渡为桥。始造木桥，不几年被洪水冲没。明正统四年（1439年），长房祖瑶、三房祖瑜，在攸水之上将木桥改为石板桥，三拱。清乾隆丁酉年（1777年），据族谱载：山洪暴发，南溪桥三拱只存其一。贺国信倡众重葺之，由原来三拱增修五拱，用青、白石雕成麒麟狮象和石栏杆，护于桥面；四个桥墩，雕雀鹿凤猴；并题"南溪古桥"四字于其上。乾隆丁酉年夏，知县张五典赴东乡劝耕，见南溪桥精美绝伦，欣喜之余，一气呵成《宝都双桥记》以记之。道光六年（1826年）又遭洪水冲毁。无奈，贺氏可亭公独自义渡近五十年。同治十一年（1872年），培芳公倡议续修，奇珍公首捐铜钱五百串，举族人之力，续建南溪桥，培芳公作《重修南溪桥记》以记其事。可惜，南溪古桥复遭洪水毁灭。再次恢复义渡。1932年，国民党军

南溟桥

古风鉴赏

队轰炸官田、峦山及黄丰桥，南溟义渡停摆。1934年，由当地贺姓大户牵头，再次修缮南溟桥，并将收藏的两只白石雌雄狮，置于南岸桥头。1975年8月和1977年4月的两次特大洪水，水位高于桥面1米多，桥面、护栏、石狮都被冲走，桥面损毁严重。1982年冬，丰垅村浇筑水泥混凝土桥面，载重汽车可从桥面通过。2012年该桥列入株洲市文物保护单位。2016年又遭洪水，由省道建设施工队用沥青混凝土浇筑桥面，但失去了古桥风韵。为续保古桥寿命和安全，1985年和2015年，分别在古桥下游200米处新建了两座大桥，并对古桥设栏杆禁止货车通行。该桥现在成为一个旅游景观。

南溟古桥为何不在南溟桥村？位于丰垅村的大桥又为何取名南溟古桥？祖辈可能是"南溟者，天池也"。因为"冥"即大海的意思，故将"冥"字作"溟"，泛指"地势偏远南海不可测，天柱高耸，北极星悬挂"。有赞其地美之意。加上东有东岳山，地势雄伟，山清水秀，南有水运码头，东西边各有通往江西的古便道，故择溟不可测的风水宝地兴建大桥，意在"南溟北海，海纳百川"。

【编者点评】从15世纪到20世纪的五百多年间，南溟桥五次修建，屡建屡毁、屡毁屡建，这种与自然灾害不屈不挠的较真性格，是南溟桥的品格和精神，也体现着一代代中国百姓坚贞不屈的品质和意志。

第四篇

城墙塔楼

城墙塔楼 —— 株洲历史文化建筑

古代，筑城墙是为保障一座城市的公共安全、防御外敌进犯。株洲茶陵古城墙属于此类。建塔楼，最初起源于一种宗教文化。有塔就有寺，是千百年来约定俗成的建筑风景。中国早期的佛教寺院大都是以塔为中心，以它巨大超人的空间能量打破传统古典建筑平缓坦然的空间序列。株洲的几座古塔在株洲旧址史上扮演着重要的角色，包含纪念、祭祀、防御、治水等各项功能。株洲古塔造型、结构、雕刻装饰等各具特色。古朴、典雅、精巧、华丽各行其道。

万变不离其宗。城墙和塔楼，构筑更多的是一个地域的文化，是每一个生活于斯的居民心中的文化。因为城墙塔楼不仅是一处历史遗存，更是历史文化的重要载体，它已经融入文化的长河中，也融入到了居民的生活中，儿时在古城墙和塔楼上玩耍是一道永远也忘不掉的风景。它曾经是人们生活中的一部分，现在也是，希望将来也是如此。

乱舞春秋，兵戈铁马，热血奔腾的江山，历史的轨迹中，成败一遍遍重复，悲欢与离合无休止地上演。有多少勇士战死沙场，有多

少妻儿望断思念，风烟不息，离合不止。然而，城墙与古塔，总唱着一首唱不完的歌。为国，为民，为世俗，为高尚，为爱。

为国家国情怀、同仇敌忾、积德行善、造福于民，这些民粹精华，总可以在城墙古塔遗迹中尽情演绎，无论王朝的兴衰，时代的更迭，我们今天看到的都是一个个历史的缩影。候鸟依旧一季一季飞过城墙古塔上空，报告节令的更替。然而，城墙古塔的灵魂沁入在这块生生不息的土地上，任谁也不能更替。

而今，我们将这些城墙古塔再次忆起，用无人机和照相机将它们摄入和呈现。它们坐落在城市或农村，亦或在山头、河岸。

它们中有些是为纪念而生，有些是为信仰而立，都极具神秘的色彩。

而如今的"它们"均凭借其造型之美，结构之巧，雕刻、装饰之华丽，纷纷成为各地风景的重要组成部分，为各处风景增添着绚丽的色彩。

历史沿袭

■ 茶陵古城墙，俗称"南宋古城"，是湖南境内至今唯一保存完好的宋代石头城墙。始修筑于南宋绍定四年（1231年），次年筑成。明代至清代维修了数十次，其中明洪武二十二年（1389年）、清乾隆二十九年（1764年）分别进行了大修，现存的城墙及墙址是清乾隆二十九年大修后的遗存，并保留了明洪武二十二年大修后的规模和布局。现存城墙4段共1536米，城门（含月城）2座（迎湘门、迎薰门），马道1条，沿江护城堤700多米，这些地面遗存主体建筑基本完好，其余城基遗址尚存。茶陵古城墙已列入全国重点文物保护单位

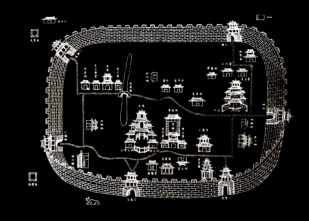

古风鉴赏

◆ 茶陵古城墙分两部分，里端的古城墙是湖南境内现存唯一保存较为完好的宋代石头城墙，外端部分的为明清扩建的。城墙内外系用大条石、生豆浆拌石灰作粘合剂垒砌而成，中间填黄土夯实。尤其值得赞叹的是，南宋的时候，人们就能把防洪工程与防御工程合二为一，确实是一个精妙的构思与杰作，今天仍然具有启迪意义。因此，茶陵古城墙具有非常重要的文物研究价值。

古城墙

茶陵古城墙建筑由来

南宋绍定四年(1231年),湘南爆发农民起义,起义军逼近茶陵。湖南安抚使余嵘遂命茶陵县令刘子迈筑城,刘接到指令后,极为重视,决心把筑建城墙视为千秋工程。先在洣水沿岸"深基后垒",垫松木,垒巨石为基脚,筑成护石堤。然后在城西傍城开挖护城河,南引洣水导入,北流再汇洣水,开挖了环城护城河;又在洣水河畔城墙边"铸铁犀置江岸,以杀水势"。形成了傍山为屏,凭江为险,以濠为堑,据城而守的军事防御体系;同时形成了以堤护城,以城防洪,以濠泄洪,以犀示警的堤防体系。这是把军事防御与堤防完美结合的杰作,同时也淋漓尽致地体现了"经世济用"的儒家思想和封建官吏"守土安民"的理念。城墙于南宋绍定五年(1232年)竣工。后经数朝修、扩建,至清代该城墙周长已扩至长3353米,底宽4.33米、高6米、垛堞1200多个。

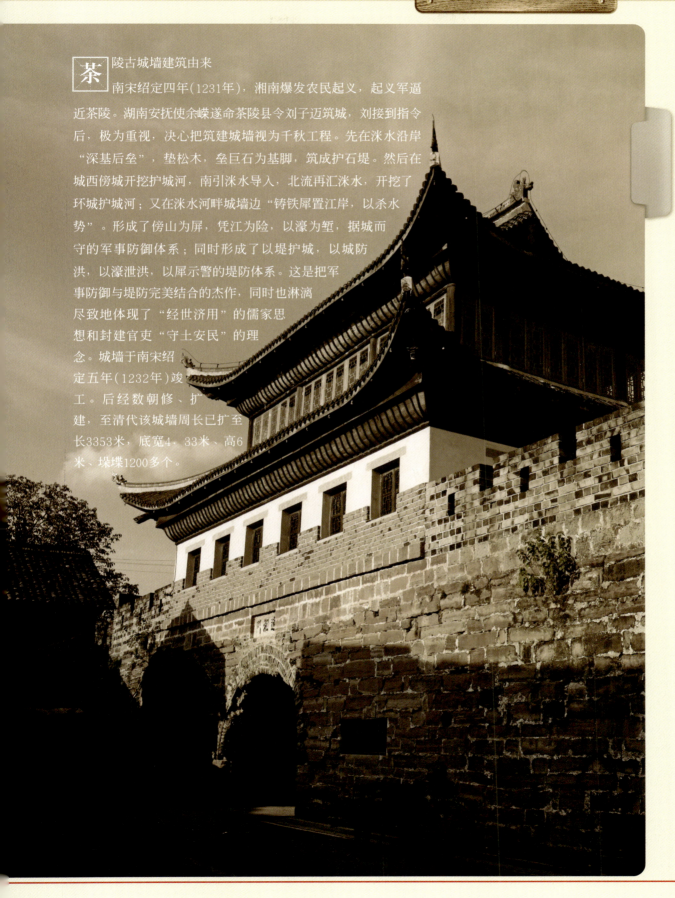

历史沿袭

茶陵铁犀又称南浦铁犀，位于城南河畔。宋绍定年间（1231～1232年），县令刘子迈为降服洪水，铸铁犀以镇之。铁犀重约7000公斤，体长2.1米，宽约0.8米，卧高1.1米，呈坐卧状，系用亚共晶白口生铁分三次铸成，铁质坚而脆，含碳4.1%～4.5%，无明显杂物。铁犀造型生动，犀牛顶生独角，体滚瓜圆壮，独角锋锐，昂首向南，怒目圆睁，嘴张似吼，牙舌可见，尾巴收卷，跃跃欲斗，铁犀自1231～1232年建成后，至今已有700多年历史，虽遭日晒雨淋，却浑身不锈不蚀，锃光乌亮。在艺术上、铸冶技术上均有较高的价值。1953年重修铁犀卧座。1983年，湖南省人民政府将其公布为省级文物保护单位。2013年公布为全国重点文物保护单位。

古风鉴赏

近800年来，铁犀静静地守护在茶陵城边，看惯了江水涨落，世事繁华与落寞。在洪水与古城的攻防中，铁犀的作用其实只是一种激励、一种信念。由于有了这只铁犀牛，茶陵人有了"牛"秉性，温和、勤劳、善良、坚毅、执著、敢于斗争。因此，毛泽东曾说："茶陵的同志很勇敢，很会打仗，茶陵牛嘛！"

古铁犀——城墙塔楼——株洲历史文化建筑

古铁犀

传说，城墙修建后不久，洣水泛滥，将城墙冲垮了，刘县令十分焦虑，茶不思、夜不寐，最终病倒了。一日，恍惚中的他，看见一个仙风道骨般的老人来到了他身边，告诉他："你如果真的想治理好这里的水患，就在这洣水江畔城墙脚下建一座呈卧立状的铁牛。"说完，飘然而去。刘县令恍然大悟，连忙起来，依照仙人指示的图样，赶紧画下了这卧牛图。然而，去哪里采集这么多的铁啊。当时，刘子迈任县令，很多人送礼物给他。于是，他想到了一个好主意：暗示送礼人，送礼就送缝衣针。就这样一传十，十传百，茶陵老百姓全部为这位清廉正直的好县令送来了缝衣针。刘子迈请工匠熔针铸犀，还把家中多年积蓄的银两全部垫出。工匠们很受感动，把犀牛铸成"独角牛"，比喻刘子迈这位清官像牛一样，为老百姓做好事，是老百姓的朋友。终于用了5年的时间，用"万户针"完成了南浦铁犀。从此，铁犀卧于洣江水畔，护于城墙脚下。茶陵再也没有出现过水患，城墙也安然无恙。

铁犀铸好后，刘县令也要离任了。人们感激这位为百姓造福的好官，自发地为刘县令送行，来到这铁犀边，准备渡船离开。百姓递给茶水，说："我们永远不会忘记你的恩德。喝一杯茶陵水，让它伴你一生。"于是，刘县令接过茶水喝了一口，然后，尽数将茶水淋在铁犀的身上，从头到脚，从上到下。从此，南浦铁犀永不生锈。

【编者点评】通体黝黑的古铁犀，今日卧蹲于茶陵城洣江江畔，头、角以及背部因为人们的抚摸，发出金属的光泽，历经百年风雨却无丝毫锈迹。个中缘由当然是它日复一日地接受了世代百姓子民爱抚与摩挲。人们崇拜它的毅力，欣赏它的担当。它那如铜铃般的大眼睛，更寓意着人们内心的渴望，虎视眈眈地瞵目着滚滚的江水，发出那摄魂的声音，不管狂风暴雨，我自岿然不动。

历史沿革

  矗立在湘江河东南岸的分袂亭是一座集悠久历史与人文于一体的亭阁建筑。分袂亭始建于14世纪中叶（1350～1365年之间），由元朝进士谢一鲁（潭州，即现长沙浏阳人）为纪念200年前的一场文化盛事而建。宋乾道三年（1167年）宋代两大名满天下的理学宗师——朱熹和张栻在株洲游历对诗唱和话别。在朱熹写给张栻的离别诗中，有"明当分背去，惆怅不得留"的句子，"分背"就是分别、离别。谢一鲁修亭的时候，没有取名"分背亭"，而叫"分袂亭"，更现一种洒脱的神态与情怀。同乡好友欧阳玄为此题匾"分袂亭"作纪念。此后有过几次修缮但无具体史料记载。

  1918年，护法战争爆发。北洋政府湖南督军、省长张敬尧指挥北洋军，与孙中山之南军程潜、刘建藩等部队在株洲展开激烈战争。1919年4月26日，分袂亭被北洋军焚毁。后来，市民凌树臣捐资修复并扩建分袂亭。清举人雷飞鹏撰写门联："昔贤离别地，历代感萦怀"。当时的分袂亭，是株洲最高建筑，旧商会就设在亭内。抗日战争爆发后，分袂亭被日机轰毁。

  2016年在启动的河东风光带建设中，于原址重建了分袂亭，今日分袂亭，仍然扮演着文化使者屹立在湘江东岸。

风格鉴赏

  分袂亭景观工程位于建宁港南侧，占地面积3000平方米，建筑面积3956平方米。分袂亭主体建筑高四层共24米，以历史记载为原型进行设计，建筑风格为宋元遗风，屋顶舒展平远，曲廊，地下一层，采用钢筋混凝土结构形式，主体建筑盘旋而上，重檐飞角，在阳光照耀下，亭顶的琉璃屋面，金碧辉煌，蔚为壮观，门窗朴实无华，边角线条强硬，布局对称，色调简洁明快、庄重、大方。

  恢复建设分袂亭及其组景，打造人文滨水场所，区段总体上以堤顶的分袂亭和水岸上码头组景，利用古台阶的形式进行连接。通过特色景观装置，雕刻（朱张分袂）、地书、长卷艺术表现手法记录株洲文化历史，见证城市发展。

分袂亭

株洲历史文化建筑

068
069

我叫分袂亭，有着显赫的身世。我的始祖谢一鲁生于潭州浏阳（今长沙管辖地），是14纪中叶元朝的一位进士。我尊谢一鲁为始祖一鲁公，因为是他最早把我带到这个世界。一鲁公为何要将我造出来，据他后来对我说，他一生就崇拜两人，一是朱宗师（朱熹），二是张宗师（张栻）。朱熹是南宋著名的理学家、思想家、哲学家、教育家、诗人，闽学派的代表人物；张栻也是著名理学家，岳麓书院掌门人，湖湘学派代表人物。我就是一鲁公为纪念两位宗师而建的。这耀眼的光环罩在我身上，使我一出生就入列书香门第，名门望族。

话说1350～1365年之间，一鲁公到古镇朱亭造访，得知200年前即宋乾道三年（1167年），理学家朱熹在林择之、范念德的陪同下，前往潭州（今长沙）访问湖湘学派代表张栻，并结为好友。同年11月，朱熹偕张栻同游南岳，并在南岳拜祭返回后夜宿"一苇渡"古镇（现朱亭古镇），在"一苇亭"内，二位大师把酒临风，相互对诗。后人有楹联赞云："车停朱子，榻下陈藩""昔贤曾一宿，古镇历千秋"。这些楹联专为纪念两位宗师镌刻在一苇亭上，朱亭也因此而得名。两位宗师夜宿朱亭后，朱熹又和张栻顺江而下来到株洲（当时称为建宁），在当时名震湘楚的"胡氏客栈"留宿并饮酒吟诗。这"胡氏客栈"本就是一个有渊源有故事的客栈，学界巨子住在这里并吟诗唱酬的故事，成为株洲文化历史上的千古佳话。那时交通不便，朱熹从福建到湖南长沙，单程需一个月左右时间。朱熹到湖南后共呆了两个多月。他与张栻谈经论道，互相增长了见识，加深了友谊。株洲之旅，也是张栻、朱熹的分袂之旅。张栻写了一首诗《送元晦尊兄诗》，朱熹回赠了《二诗奉酬敬夫赠言并以为别》。株洲分别后，张栻北归长沙，朱熹从株洲走湘赣驿道进入江西，然后东归福建，全程历时28天。

追寻两位宗师株洲行程的故事，触发了谢一鲁祖师爷心扉，他想：一苇渡古镇为纪念朱、张对诗，而将古镇更名为朱亭，两位大师既然曾经在建宁古镇大名鼎鼎的胡家客栈谈经论道、对酒吟诗20余天，并在此依依惜

分袂亭

别，何不建一亭以示永久纪念。于是，根据两位宗师的道别诗，一鲁公与几个志同道合的朋友便有了修建亭阁的共识，以此借古喻今，抒发情怀。一鲁公后来告诉我：当时有许多志士持同样的心态，他们所处的时代是元朝末世，社会动荡不安，人们没有安全感与归宿感，他们凭吊古人，不光是纪念，其实也是羡慕古人，能够那么潇洒地活着。一鲁公于是联合志士，把我建造出来，并请同乡好友欧阳玄题匾，取名"分袂亭"。

在我建起来没多久，祖师爷一鲁公经人推荐，掌管潭州（今长沙）石林书院，经常与一些社会名流在我这里相聚，纵论天下世事，贬斥当时红巾军为流寇。尔后，在红巾军开展的一场清缴文人士绅的行动中，一鲁公被俘，我尊敬的祖师爷不肯投降就范，被红巾军所杀。

我出世不久，建造我的一鲁公惨遭横祸，我就成了孤儿。但顶着历史巨星光环的我，还是坚强地挺立在湘江东岸，看江畔花开花落，望天空云卷云舒。我也不时受到名人的造访，接受文人骚客墨宝的洗礼，其中，记忆犹新的有明末清初著名学者、宁乡人陶汝鼐曾为我留下著名的楹联："风雪南山日，朱张袂此分。"

但世事难料，1918年的南北战争爆发，北洋政府湖南督军、省长张敬尧指挥北洋军与孙中山之南军程潜、刘建藩等部队在株洲展开激战，1919年4月26日，我被北洋军摧残并焚烧。战争结束后，本埠文化人凌树臣捐资，照着我的模样重建，使我得以重生，原清举人雷飞鹏特为我专写了一副门联："昔贤离别地，历代感萦怀"。重建之后的我，是株洲最高建筑，旧商会就设在我这里，抗日战争爆发后，株洲警报台也设在亭的顶点。在我头顶敲击铁块，全镇可闻。但既然处在抗战的烽火之中，怎能全身而退，我又惨遭涂毒，被日机轰毁，夷为平地，千年躯壳随烽烟席卷而去。

历史翻过新的篇章，在盛世之年，现任主政领导，为我量身定制，再造不老金身。知恩图报，洗尽铅华，我将以自己的过往，现身说法，为株洲城市文化添上浓墨重彩的一笔。

典故轶事

分袂亭自述

历史沿袭

　　笔支塔（又称东门塔），矗立于茶陵县城东洣、茶二水交汇处，思聪与洣江交界处的虎形山头（荣华山）。因其塔形似支笔而得名，笔支塔始建于嘉庆八年（1803年），由茶陵州知州高士桂倡议并谕示州治士民捐建。古塔七级六方，高24.5米，占地面积57.18平方米，以红砂岩和沉积岩石料砌成，底层每方宽4.7米、底径8.4米，底层开石拱门一张，塔内有石阶，螺旋而上至第五层，第六、七层系实心，塔身各层有石檐挑出，塔顶六角挑檐各系一铜铃，各层朝江面开有石拱门，另三面饰石雕图案假窗，各层门楣上有阴文石刻，底层门额曰"云州一柱"，楷书，刚劲雄浑。

　　2011年，笔支塔由省考古研究所编订维修与加固方案，主体工程修缮工作于2012年10月完工。

笔支塔 —— 城墙塔楼 —— 株洲历史文化建筑

笔支塔

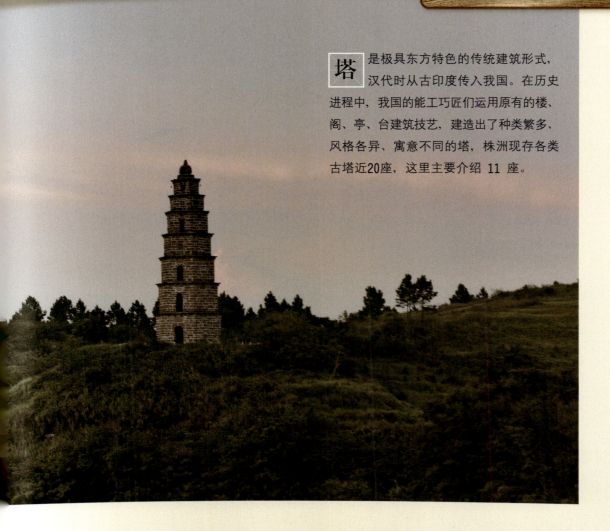

塔是极具东方特色的传统建筑形式，汉代时从古印度传入我国。在历史进程中，我国的能工巧匠们运用原有的楼、阁、亭、台建筑技艺，建造出了种类繁多、风格各异、寓意不同的塔，株洲现存各类古塔近20座，这里主要介绍11座。

古风鉴赏

◆ 笔支塔的门窗设计非常巧妙，门西窗东，太阳光可射穿塔身，采光非常科学，赞叹古人的智慧！笔支塔外观挺拔而粗犷，站在塔顶可南瞰整座茶陵古城。塔基下为险滩暗礁，用于导航灯塔。塔高数丈，巍然屹立，塔内有螺旋阶梯，可沿石阶而登塔，极目远眺，洣水、云山尽收眼底。

典故轶事

笔支塔为风水塔，弥补州城地形之失。茶陵州城属"金线吊葫芦"之形（风水术语叫"喝形"），洣江河和茶水为一大一小两根"金线"，茶陵州城为"葫芦"；"葫芦"系在"金线"上，随水而漂流，有"飘荡不定"甚或被水冲走的隐患；在州城南北"拴线"处建塔，有悬挂"金线"固定"葫芦"之意。笔支塔为弥补茶陵州城地形及布局设计之失而立，主要目的是振兴茶陵文教，提升茶陵科举知名度。

湘山宝塔

历史沿袭

湘山宝塔踞炎陵县城西湘山之巅，与南洲凌云塔相望。宝塔系空心砖塔，八角，九级，高六丈有三，饰铁刹以为顶，藏舍利以为宝。层间嵌砖雕八仙及石刻题名，曰奎光、镇湘、文星、环拱、紫薇、南斗。塔门望东，为半圆石拱镶汉白玉塔名及楹联，联云："月携塔影天河去，风载琴声鹿原来。"闻古之湘山，旦居酃，夕游湘潭观戏。盖以湘名山者，楚地惟此，神州无双，邑人独钟，岂让它游，故造塔镇之。宝塔初名永怀，始建于宋，明万历重修。清康熙、雍正、道光、咸丰年间尝四葺之。1950年及1988年县府举资维护，拂数朝风尘，几百载雨垢，塔貌复初，洋洋这湘山之大观也。

1984年10月，宝塔被列为市级文物保护单位。

古风鉴赏

湘山塔建筑风水极具气场：四面群山环绕，坂溪水和洣水从东西两旁夹流而过，雪浪盈岸，环周层峦叠嶂，四周雾霭丛生，岚光扑户，其挺拔峻逸之姿几不可见。须晴时，日丽风惠，穹明气清，于是任遐眺，任迩瞻。山幕林帐之中，卓卓然似罗霄一仙；石阶雕栏之上，峨峨哉，若南天一柱。清代工部主事尹荣祖至此，有诗赞曰："残霞飞殿角，落日挂林端；塔形连天碧，山光入水寒"。在延绵起伏的崇山峻岭之间，湘山塔以它独有的风骨与湘山寺互为点缀。

燕子贤塔

燕子贤塔位于株洲县南洲镇周家埠村魏家洲组渌江边,塔为湖南本地罕见的土塔,六方五层,塔高10米,建筑面积约21平方米,始建于清同治年间(1862~1874年)。底座边长1.8米,由底至顶各层高度依次为2.8、2.5、2.2、1.5、1.3米。内为实心,三沙土夯成,各层以圆木作筋,塔外部涂石灰,塔东南边严重风蚀。各层檐角有风铃,顶端为一倒置罐子,毁于1958年。向北的一二层有门拱,内有除魔镇妖之画像。两边对联曰:"船如梭,横织江中锦绣;塔似笔,仰写天上文章"。2018年11月,株洲县对燕子贤塔进行了维修,重新粉刷并修复塔顶和塔檐。燕子贤塔是株洲县境内保存唯一的一座古塔,对研究株洲县的水利历史具有一定价值,2012年6月公布为株洲县县级文物保护单位。

相传,渌江洪水泛滥,周家埠人深受洪水之苦,十年九不收,经道人点破,此为河妖作怪。燕子贤牵头,发动村民捐钱捐物建塔,以镇河妖。后塔成水退,村民尽享平安,为感其恩,将塔称作燕子贤塔。

【编者点评】塔虽各行其道,但总归有三:或为纪念而立,或为信仰而生,或为防御所用。唯有燕子贤塔,却因治水防灾大放异彩。高耸的古塔,传颂人们的美誉,亦成为人们抗击自然灾害之精神依托。

镇龙塔

历史沿袭

镇龙塔坐落于芦淞区五里墩乡百井村，原名雷公塔。始建于清朝年间，古塔五级六面，原塔身为灰泥糊墙。腰檐呈半月形，相对完整的腰檐上用蓝色绘有花纹。每面有两个方形孔洞，南面墙皮上有匾额，但字迹剥落。第二层为拱形塔门，为假门。第三层为方形塔窗，为假窗。第四层为方形塔，窗的南、西南、西三面中有神仙砖雕。第五层为拱形塔门，灰泥上有牌匾和对联的痕迹，有红、黄、蓝三种颜色。2012年整修如新。2011年11月评为株洲市市级文物保护单位。

典故轶事

传说清朝道光年间，五里墩百井乃富庶之地，天佑苍生，风调雨顺，人民安居乐业。正值百姓祈求人寿年丰之时，突然有一日风云骤变，电闪雷鸣，大雨倾盆，并且这雨下的是日复一日，一连数月未止，以致百井一带洪水滔天，瘟疫四起，昔日太平景象烟消云散。出现这一光景，官民均不知其所以然。有一天，一乡贤梦中偶遇一道仙，道仙对乡贤窃窃私语曰："此乃孽龙作怪，欲保平安，须在三月初三前，在凤凰山和百井一带建五层之塔，方能镇住孽龙，此事不得有误"，经乡贤转述百姓闻之，人们奋然响应，有钱出钱，无钱出力，不出两月即成塔。建塔主事请附近道观道士作法，祈灵符三道，放置塔巅。此后，孽龙果被塔所镇，不再为患。百姓欢欣雀跃之时，忽见祥云冉冉升起，观世音菩萨现身云端，乡贤和众人仰视惊呼：仙人乃观世音所化也。遂伏拜万呼，于其升天之处兴建庙宇，以记其功德，即今之观音古寺。

财源塔

财源塔位于醴陵市仙岳山街道财源塔居委会境内的渌水之畔，为醴陵境内第二高塔。该塔始建于清乾隆年间，由邑绅彭之冕捐建，系楼阁式花岗岩石塔。塔高约18米，八面，七级，攒尖顶，占地面积约60平方米。塔基边长3.7米，往上逐层递减，各层飞檐舒展。塔建于此，有镇风水、开财源之说。1997年进行了一次全面维修。

2008年12月，财源塔被列为株洲市市级文物保护单位。

传

说彭三胡子（彭之冕）有一天晚上做梦，梦见唐朝侠女红拂女飘然而至，对他说："我的衣帽柜就在仙岳山上，里面有金钗首饰，凤冠珠宝，我现在要和李靖出征，你要好生给我看护，看护有功，仙岳山将会成为一座金山，你和你的家族还有当地百姓将会财源滚滚"。彭本对红拂女有敬佩之情，对她的事迹很熟悉，以为这梦是这几日读隋唐史之后有所触动，是日有所思，夜有所梦，也没放在心上。不料接连三天，红拂女总是在梦中和彭搭话。彭之冕颇感奇怪，思来想去，突然想起：红拂女跟随李靖征战，途中病死在醴陵，衣冠不就是葬于仙岳山吗？她既是侠女也是风尘女子，慧眼识英雄，现如今她来找读书人的我，或许看中我的绅士身份，有能力保护她的财物。彭之冕这样想着想着，便琢磨用什么办法完成红拂女的嘱托。过不久红拂女又托梦给他，告诉他：世道将有大变，天下盗贼涌起，唯有石塔可以镇住天灾人祸，可以守护财源。于是彭之冕大散家财，在状元洲三修渌江桥，在仙岳山修建石塔并取名"财源塔"。财源塔修好后，彭家一族兴旺发达，醴陵渌江一带风生水起，连状元洲也是生意盎然，据说不管怎么涨大水，状元洲也不会被淹，就是因为被财源塔托起来了。

株洲历史文化建筑

历史沿袭

典故轶事

仙庾塔

历史沿袭

仙庾塔（又称文昌阁）位于荷塘区仙庾镇仙庾岭上。建于清代。坐西南朝东北，为楼阁式花岗岩石塔。八方七级，底边长3.72米，高28.38米，占地面积70.73平方米。每层塔身层间出檐，内饰斗栱。八角攒尖顶，塔刹为葫芦加日月星装饰。底层设一券门，上方悬"文昌阁"匾额，二至七层八方均设窗。塔内有穿壁式踏步盘旋而上。传说唐玄宗之孙李豫爱妃沈珍珠，安史之乱后，逃难于株洲山岭之间，在今日荷塘区仙庾岭找到安憩之地，沈珍珠看到仙庾岭云遮雾罩的，决意在此静心修养，于是将逃离后宫所携带的钱财在主峰上建造仙庾塔和庙。这是仙庾塔建筑年代初始传说。1883年，清道光年间，在将仙庾塔修葺的同时，将仙庾庙改建于山腰。尔后经过百年风雨侵蚀，尤其是"文化大革命"破"四旧"，仙庾塔遭致损毁。1991、2009年荷塘区对塔进行了两次维修，昔日古塔、古庙重现风采。2002年5月列为湖南省省级文物保护单位。

典故轶事

据史料记载：沈珍珠是唐玄宗选秀而进宫的，后与皇太孙李豫结为夫妻，安史之乱长安攻陷时她不知所踪，在平息安史之乱的战争期间，李豫在洛阳行宫中见到珍珠，两人倍加恩爱，但因为军事所需，太子与珍珠再次分别，不久洛阳又被史思明攻陷，珍珠再次失踪。太子当了皇帝后，遥立珍珠为后，而且他也只有这一个皇后，也一直在寻找珍珠的下落。但是，或许是忙于国事，寻找旧爱几无踪迹后，也就不了了之。新皇并不知道，他的旧爱已在千里之外的株洲仙庾岭隐居，建庙立塔，施救苦难。

起元塔

历史沿袭

起元塔坐落于醴陵西山街道碧山社区的马背岭，为醴陵境内第一高塔，雄伟挺拔，朴素典雅。该塔始建于清咸丰元年（1851年），由当时的读书人廖鸿举倡议邑人集资而建，其意在镇风水、起状元。该塔系楼阁式石塔，塔高27.18米。平面呈八方状，内空，开窗，十一级，每级层高自下而上依次递减。塔内通空，每层塔檐叠涩为菱角状上翘。2011年1月，起元塔被列为湖南省省级文物保护单位。

典故轶事

话说清嘉庆年间，马背岭有个吴姓人家。家道虽不显赫，但日子还是过得很殷实。美中不足的是儿孙们对读书进阶不得要领，连个秀才也捞不着。执掌家族的吴员外总觉得有些遗憾，听到风水先生流传不远的山上有一眼风水宝地，其偈子说："头枕玉屏山，脚踏东门塘，何人葬得中，代代出人王"。于是发帖遍请四乡风水先生，来帮他寻找这块风水宝地。

这日，一位穿生布长袍、留山羊胡子的风水师刘姓先生找上门来。他说明了来意，并称：明朝以来，吴、刘本是一家，自己来为吴家谋这块风水宝地，也等于为自家办事，一定会尽心尽力。不过有一个条件就是要和吴家住在一块。吴员外爽快地答应了。自此，这个姓刘的风水先生就在吴家住了下来，不久之后把家眷也接了过来，两家人就此合住在一起生活。

刘先生每天不管刮风下雨，吃过早饭便出门四处踏勘，一心要为吴家谋得这块风水宝地。刚好过小年这一天，降下一场铺天盖地的大雪，午饭时刻，刘姓老先生顾不得吃中饭拉着吴员外往外走。二人来到玉屏山山腰一个山凹处，只见皑皑白雪中，露出一块长约一丈、宽约六尺的青葱翠绿之地，地下还有一股股微微热气往外蒸腾。他喜出望外地说，这块无雪之地，就是风水宝地啊。风水宝地找到后，吴员外圈地设坛，每年择日祭祀。自此，吴家家道开始中兴，由殷实之家一跃而为书香门第。几年后吴员外过世，死前将儿女召集于床前，嘱咐死后葬于此地。尔后，吴家便日见红火，财源滚滚自不必说，子孙们的学业也日见长进。几年之后，孙子先后由秀才、举人而至进士，一路高中。家中门庭若市、福禄双全。

道光末年，吴家后人又听从刘姓后代风水师的建议，和当地有名的读书人廖鸿举联名发起在这块风水宝地上建起了这座塔。因为建塔之年刚好是咸丰元年，所以塔名就叫"起元塔"，同时也有"开起状元"之意。

文 明 上 塔

  文明上塔位于攸县菜花坪镇东南村窑湾组木马山头，距县城约1公里，明万历丙子年（1576年）知县徐希明倡建。该塔八方七层，高21米，红石为基，青砖为体，底边长3.58米，占地面积42平方米。1982年5月被攸县人民政府公布为县级文物保护单位。2008年12月被株洲市人民政府公布为市级文物保护单位。2011年1月被湖南省人民政府公布为省级文物保护单位。

  文明上塔南面有大门，高1.5米，宽0.8米，祁阳石门额，上镌"文明塔"3字，工整有力。塔内砖砌拱顶，有阶梯右旋而上，可达第四层。四层以上内空，四向开窗门，葫芦塔顶，直插蓝天。站在塔门，可鸟瞰全城。清时陈兆星作七律一首记其胜景："高摩霄汉碍飞鸿，级可潜升望不穷。足蹑风云平地上，身依日月半天中。一拳峻峭孤山小，八面玲珑鸟径通。笑指烟霞缥缈处，飞来江畔羡神功。"

文 明 中 塔

  文明中塔位于攸县菜花坪镇竹丰村新建组水口山头，距县城约5公里。明万历丙子年（1576年）知县徐希明倡建，清乾隆壬戌年（1742年）倒塌。翌年，知县冯运栋邀邑绅重修。全塔用青条石砌成，六方五层，高9.7米，底层边长3.2米，占地35.8平方米，塔内有方石柱，中心有孔，可攀缘而上。1982年5月攸县人民政府公布为县级文物保护单位。2008年12月被株洲市人民政府公布为市级文物保护单位。2010年，文明中塔得到维修。维修后的古塔虽增加了台阶等，但古塔风貌不存，俨然新塔。2011年1月被湖南省人民政府公布为省级文物保护单位。

文 明 下 塔

  文明下塔位于攸县城西鸭塘铺乡桐坝村，洣水河中央，距县城约7公里。该塔建造年代无记载。经考证比上、中两塔稍晚，距今约200余年。该塔通体由红石砌成，八方七层，高22.35米，占地约64平方米，塔基呈桥墩型，前尖后宽，以抗水流冲击。塔身虽处于河中，仍巍然屹立。1982年5月被攸县人民政府公布为县级文物保护单位。2008年12月被株洲市人民政府公布为市级文物保护单位。

凌 云 塔

  凌云塔位于攸县县城西鸭塘铺乡阴山港村马鞍山头，距县城约10公里。清嘉庆丙子年（1816年）知县赵襄力偕合邑绅倡建。该塔八方七层，高16米，基边长4.6米，占地面积102平方米。为四塔中最大，塔基及第一层为红条石砌成，二层至七层是青砖砌成。阶梯右旋而上，直达顶层。由于地处攸县与衡东两县交界之处，与文明下、中、上三塔连成一线，甚为壮观。1982年5月被攸县人民政府公布为县级文物保护单位。2008年12月被株洲市人民政府公布为市级文物保护单位。2011年1月被湖南省人民政府公布为省级文物保护单位。

文明四塔

典故轶事

文明四塔

相传，攸邑县令徐希明与当地著名的形家（风水先生）在攸水河畔山岗的得日亭闲坐，形家环顾攸水两岸，慨然叹曰：一方好水，一方好山，遗憾遗憾。徐县令目视形家表情，大惑不解，立身施礼：大师名镇四方，法术手到擒来，何为遗憾？形家用文白语戏说：吾乃说没尔。言罢喜形藏于色，细细道白：城南山岗之上虽有得日亭，但势单力薄，难以阻断江水一泻而下之势。你若在县城对河之岸，在文浦港之两端，各建风水宝塔一座，可弥补攸邑东、西、北面皆高、独南面平坦低洼之不足，使攸邑这块风水宝地更加完美。南面之位为"离"，离象征红火、火日炎上，其道光明，即环城之水在下，刚柔交错，离下互宣，以垂永远。徐县令大喜，随即号令四方先后建成文明四塔。此四塔是攸县历史文明的象征与传承。

第五篇

寺观殿宇

寺观殿宇 —— 株洲历史文化建筑

钟声悠扬，轻烟袅袅，双手合掌，凝神闭目，置身于这种庄严肃穆的氛围，人们心境瞬间即可由浮躁化为宁静。这是寺庙带给人们最直观的感受。

寺庙，是祈福的圣地，也是洗涤心灵的净土。寺庙建筑及其形式演变是一个地区宗教思想发展、宗教文化传承、社会文明积累的直接见证。寺庙的历史延续与传统社会生活息息相关，无论是其建造者还是修缮者，他们当年所付出的艰辛早已随着时间的流逝而湮没在滚滚的历史长河中，资福寺、空灵寺、云岩仙寺、屏山寺、宝宁寺、阳升观、黄雩仙寺、白云寺、南岳宫、龙山寺等，其建筑肌理、图文壁画、楹联诗赋、名胜古迹、典故传说给后世留下了许多难解之谜。但有一点可以肯定，它们留下的是最真实且能深刻反映当时历史的重要信息，是除了历史典籍记载之外作为实物

证据能帮我们还原那段历史、打开历史记忆之门的"金钥匙"。

因此，探究株洲历史文化，必须关注株洲寺观庙宇这些古建筑群体。这些建筑群体无论是复建还是迁建，其文化内核的传承是一脉相承的。正是从这个意义上来分析，寺庙的价值似乎比我们所估计的还要重要得多。这才是我们要进行重点调查、保护、研究、考证的出发点和落脚点。

随着时代的发展，株洲寺庙文化特色愈发彰显并异彩纷呈展现在世人面前。散落在乡村中、深山里的寺庙古建筑同处在闹市中的寺庙古建筑群体共同见证着株洲地区曾经的辉煌，演绎着一幕幕感人的传说故事和信仰。重新打捞这些历史记忆，有助于我们发现古人的智慧，感知寺庙等古建筑不可替代的文化传递功能和心灵慰藉。

■ 资福寺原址位于芦淞区南湖街79号,始建于梁武帝时期的天监年间(公元357年),距今已有1700多年。南宋乾道三年十一月二十日,大理学家朱熹与张栻游历南岳衡山后,曾夜宿资福寺。1998年经湖南省人民政府相关部门批准,资福寺迁往株洲河西五马奔槽山,占地面积45亩。由南岳南台寺——释妙开大师任主持。这里滨临湘江,依山傍水,风景秀美。

■ 《湘潭县志》载:"资福寺在株洲,田册四亩"。寺至1918年已发展为两进的院落寺庙群,从南至北,有槽门、前院、后院、观音殿堂等。民国七年南北战争时期,兵荒马乱,观音殿堂等俱被烧毁。该寺自建造以来,一直香火旺盛。

资福寺

古风鉴赏

◆ 资福寺气度非凡,主要体现在两个方面:第一,在建筑风水方面得天独厚,资福寺雄踞依山傍水的太师椅形风水宝地,背靠五马奔糟山,面临滔滔湘江,坐北朝南,五进四殿,依次排列于正对寺门的中轴线上。大殿地形、气候、环境都体现了藏风聚气的上佳胜地。第二,在实体建筑方面气势恢弘,依据特有地形,分别兴建了"九龙照壁、山门、华表、天王殿、大雄宝殿、观音殿、钟鼓楼、藏经楼斋堂、禅堂"九大建筑。另外,在正门左侧湘江边建有三级盘旋而下的放生台。

◆ 九龙照壁:宽32米,高4.5米,全石头雕刻而成,如宽敞的屏风立于寺门。

◆ 山门:高11.8米,宽23.5米,全石雕刻而成。

◆ 华表:高11.1米,直径2.5米,石头雕刻,龙形附体。山门和华表犹如守护资福寺的忠诚卫士,巍然屹立。

◆ 天王殿:为资福寺前殿,殿内有由直径4.25米金丝楠木精雕细刻的弥勒菩萨、四大天王和韦陀菩萨。

◆ 大雄宝殿:为资福寺三进,殿内设三尊铜像,分别为:释迦摩尼、阿弥陀佛和药师王菩萨,每尊连同底座高8.1米,三尊铜像均为青铜质地,金箔贴身。两旁列十八罗汉。

◆ 观音殿:观音殿供三尊整木雕刻的"千手千眼观音菩萨",三尊观音菩萨伟岸非凡,直径和高度分别为:3.75米×16.5米、3.5米×14.2米和3.2米×12.5米。香案之上,立着由一根檀香木整木雕刻的三尊菩萨像,距今400余年,堪称稀世珍宝。

◆ 钟鼓楼:内供铜制大钟,高5.2米,重量为10800公斤,大钟撞响,声洪回旋,余音袅袅。

◆ 藏经楼:一楼菩萨神像下方蹲伏元朝年间珍木料制作的香案,二楼藏有历朝历代经书几百余卷。供奉18尊从北魏到唐朝的佛像,更为这座寺庙留下了千古遗存的镇寺瑰宝。

◆ 观音殿与大雄宝殿之间矗立六棵数亿年前的树化石。

◆ 资福寺不但踞天时、占地利,人和兴旺,释妙开大师在此开基重建资福寺,苦修弘法,济世度人,广结善缘,深得众弟子敬仰和海内外佛教信仰人士的敬重。他深情地对笔者说,资福寺是我此生的精神依托,在我辛苦劳作中它已经发达壮实,但我要为它做好护卫使者,在我身后资福寺属于国家、政府和人民。

典故轶事

七步鸡蛋诗

株洲资福寺，最早为寺庙与官驿二合一的道场，也就是官庙。既然是庙当然就不能吃荤，资福寺的和尚们也遵循这一戒律，然而这里又是官员同为歇息拜佛之地，而庙里主管师父们管不了那么多，吩咐厨房不准开荤，不管是官大官小都和弟子们一视同仁，一律吃素。这让吃惯了荤的官员们不干了，一些官员开始抱怨起来，并有进京官员直接向皇上告发资福寺和尚蔑视官员。皇上接到这个奏折，也是左右为难：既不想难为辛苦奔波的官员，又不想破了宗教的戒律。思忖片刻，戏谑地对上奏官员说，那你就按朕的旨意，下次去资福寺，赏给主管厨食的和尚一个熟鸡蛋，要他七步之内吃完并随即吟诗一首，否则治罪。官员返回经过资福寺向主管食材和尚宣读圣意并赏给和尚一个熟鸡蛋。圣意难违，这和尚接住鸡蛋剥壳往嘴里一扔，随即慢慢踱步吟道"混沌乾坤一壳包，也无皮骨也无毛。老僧带你西天去，免在人间挨一刀"。七步刚走完，鸡蛋吞下诗也一气呵成。官员也就代圣意免和尚过错，和尚师父既明圣意，又体谅来往官客之辛苦，从此资福寺就有了荤素两个厨房，官员来资福寺就此可以开荤了，同在株洲的栖霞寺和其他寺庙也因此可以吃鸡蛋至今。

传世太尉碣

株洲资福寺何以在历史上如此有名呢？这要从南宋名将刘锜的一次造访说起。据《湖南省志》记载：绍兴二十五年（1155年），刘锜被任命为潭州知府，加太尉。在任期间，刘锜来到株洲资福寺，寺中住持见他器宇轩昂，龙行虎步，就再三叩问姓名。刘锜一语不发，挥毫在寺中的墙壁上写下"迅扫妖氛六合清，匣中宝剑气犹横，夜观星斗鬼神泣，昼会风云龙虎惊。重整山河归北地，两扶圣主到南京，山僧不识英雄汉，只管滔滔问姓名"的诗句，然后一语不发掷笔而去。当僧人们得知这位访客就是刘锜时，一个个惊得目瞪口呆，慌忙请人将这首诗刻成碑文并镶嵌在资福寺正殿的墙壁上，以示对这位抗金名将的尊重和景仰。因刘锜为太尉，故这块碑被称为"太尉碣"。"太尉碣"历来为后人推崇，清嘉庆年间的本土诗人易慎谷就曾在他的《咏怀株洲古迹·七首》中两次提及。

【编者点评】资福寺距今已有千余年，寺内"太尉碣"是镇寺之墨宝。刘锜是南宋抗金名将，当时与岳飞并称"中兴四将"，横扫"妖氛"，两辅幼主，功高盖世，这首题壁诗透射出一股豪气与霸气，也袒露出其勇猛奔放的性情，大有唯我独尊之慨，为资福寺增添了历史底蕴。

资福寺

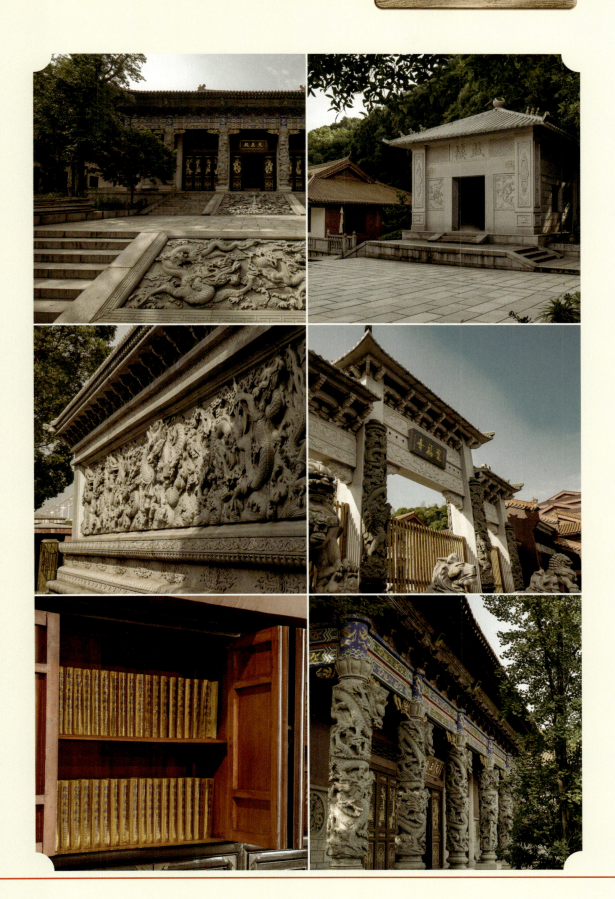

历史沿袭

■ 空灵寺（空灵岸、观音岩）位于株洲县伞铺乡盘石村九狮山脚下，（现为天元区雷打石镇）。始建于南朝南齐梁武帝天监七年（公元508年）。在历史上多次毁建，现存有记载的历史主要是近现代。如：清嘉庆九年（1804年），邑人胡官锦倡修杜工亭于岩左。清道光十五年（1835年）修建楼阁扩大规模。光绪五年（1879年）由冯镜川倡首募捐修葺亭台楼阁，包括观音寺、杜工亭、长啸楼等建筑，湘潭籍清文学家黎培敬为此专写《楼阁重修记》。后大清中兴四大名臣彭玉麟赠梅花画并捐银300两复刻于石，并建筑梅花阁。民国元年（1912年）刘乃学、邓光桥倡首修葺，主要整修杜工亭，重整杜诗并迎奉杜工像于亭。又经谭岳泉找粤汉铁路局方达志，将寺庙基部换成铁轨上覆盖麻石楼板。民国二十四年（1935年），铁轨未加防腐处理年久生锈，杜景远主持并成立"重修空灵岸工程处"，对生锈铁轨实施更换修葺。1958年铁道部将基部铁轨清出改为木料，并拨3000万油漆费再加防护。"文化大革命"时期寺庙又被毁。1984年，爱国华侨捐资修葺空灵岸殿堂。1987年由旅美华侨捐资重修，后经多次修缮扩建，形成现在的规模。现有山门、石壁栈道、空灵洞、钟鼓楼、罗汉堂和大雄宝殿等景点。观音岩素以"潇湘八景"之一著称，与南岳庙、岳阳楼并称"潇湘三圣地"。依山傍水的空灵寺殿宇亭阁，依岩而建。精巧的建筑工艺与嶙峋的奇石浑然一体，青山滴翠与湘江风光交相辉映。

■ 1999年4月，空灵寺被株洲市人民政府列入文物保护单位，并先后被列入省、市重点宗教活动场所名录。

空灵寺

古风鉴赏

◆ 空灵寺建筑历史悠久，唐大历四年（公元769年），诗人杜甫舟宿于此，并赋诗《次空灵岸》，自此空灵寺名声大振，文人墨客慕名而至，纷纷题字作画以示纪念，寺院建筑规模也随之扩大。空灵寺的佛教建筑，鳞次栉比，靠山而筑，殿宇轩昂，亭台丽质，雕梁画栋，飞阁流丹，远眺似海空楼阁，近观似月殿蟾宫。寺内保存的文物古迹众多，如至今尚保存完好的3尊明朝铜佛及一古香炉，还有木雕石刻等藏品荟萃，为空灵寺增色不少。还有文人墨客的楹联诗散发着翰墨余香，如杜甫四游空灵寺，留下了脍炙人口的诗章；宋朝大书画家米芾书有"怀杜岩"的墨宝；彭玉麟赐诗并雕"梅花碑"。其他如刘长卿、赵起林、左宗棠、郭松林等诸多文人骚客，无不登临作赋，留下传世古迹。

典故轶事

相传，有九头雄狮践踏河西稻禾，吞噬畜禽后，欲渡江为害河东。幸被观音菩萨发觉，箭射之，九狮点化成山置于湘江西岸；箭落江中，遂成"箭洲"，现为"空洲"。为报答观音镇狮之恩，当地乡民在九狮山畔赤岩天然石洞中奉观音菩萨之像，焚香秉烛，日夜朝拜，后称"观音岩洞"，并建一寺庙，称"空灵寺"。

历史沿袭

  云岩寺位于醴陵市明月镇云岩居委会境内的九峰山麓。由唐代无住禅师昙晟修建。自宋朝以来，云岩寺曾多次维修重建，明末毁。清顺治七年（1650年），拙斌禅师兴复寺门额、岩云堂额、宝镜亭及众香亭额。1986年全面维修，在昙晟坐禅洞一侧重建昙晟塔，并将原石棺、舍利葬于塔下。

  云岩寺为中国佛教禅宗五家之一曹洞宗的发祥地，在国内外影响较大。南宋嘉定十六年（1223年），日僧永平道元，到浙江明州天童山天童寺，从昙晟十四代法嗣如静禅师（1163～1228年）受法。南宋宝庆三年（1227年），永平道元回国，住持永平寺，将曹洞宗传入日本，在日本广为发展，并陆续传入东南亚许多国家。1983年，日本国驹泽大学佛教史迹访华团一行14人，曾专程来醴陵云岩寺祀祖。

  2008年12月，云岩寺被列为株洲市市级文物保护单位。

云岩寺

古风鉴赏

◆ 佛教提倡"众生平等""慈悲为怀"和"因果报应"思想，劝人珍惜生命、乐善好施、爱护自然、造福社会，这些都是佛教文化核心的价值观。特别是禅宗"不立文字，教外别传，直指人心，见性成佛"的主张和"顿悟"学说，很适合中国文人的口味，所以追求"禅风禅韵"成为唐宋明清众多清流的时尚。禅宗思想与中国儒家、道家思想的有机融合，对中国宋明理学思想的形成和中国哲学、美学、文学艺术的发展，都有着较为深刻的关联。株洲地区宋明以来理学思想和文化教育发展之盛，也应该与此有关联吧！

到云岩寺礼佛，参谒昙晟和尚，实际上是表达对觉者智慧的崇敬，从净化心灵起始，至净化社会为终。

典故轶事

昙晟，俗姓王，少年出家，曾师事百丈怀海禅师。昙晟云游来醴陵贺家桥九峰山麓，见山峦环绕，悬崖峭壁，寒林滴翠，古松参天，清泉涌流，祥云缭绕，俨然佛境，便在岩下面壁坐禅。唐大和年间（公元827～835年）再来九峰山下，在原坐禅岩旁建云岩寺，开坛说法，僧俗云集，寺冲即由此得名。元朝，寺冲冲口陡壁石刻"古寺云岩，九峰名山，昙晟宝所，第一禅关"，至今字体清晰。

昙晟弟子良价得法后，在今东堡乡烟竹湖建寺，因九峰山及附近诸山均属明月山，故良价取名"望月禅林"。明嘉靖年间（1522～1566年），改名杨道庵。后良价主持江西高安洞山，称洞山良价。不久，昙晟去江西分宁，再建一云岩寺，并在分宁云岩寺圆寂，谥无住大师。其舍利灵骨平分两处云岩，各建一舍利塔。良价法嗣本寂住持江西抚州曹山，由洞山良价开创，经曹山本寂完善，形成有独特禅风的曹洞宗，是中国佛教禅宗的五个门派之一。醴陵云岩寺为曹洞宗发祥地，故被尊为本宗祖庭。

南宋嘉定十六年（1223年），日僧永平道元到浙江明州天童山天童寺，从昙晟十四代法嗣如静禅师（1163～1228年）受法。宝庆三年（1227年），永平道元回国，住持永平寺，将曹洞宗传入日本。永平道元带回日本的四件法器中，有两件就是洞山良价从云岩昙晟所学的《宝镜三昧歌》和洞山良价所作的《五味显决》。

后曹洞宗在日本广为发展，并陆续传入东南亚许多国家。禅宗的佛学思想，影响及于宋明理学和清末的多种学派。明清两代，净土宗崛起，禅宗渐与之合流。但在日本和东南亚，以临济、曹洞二宗为代表的禅宗，却有复兴之势。

清代诗人袁景辂游览云岩寺留下著名五言诗：平畴耸孤峰，古木影交翳。山瞻塔玲珑，高涌出云际。兹山多楼台，徙高目无蔽。遥山数点清，秋色满天地。楚都百万家，一线围埤坄。千里顾盼间，胜概无与俪。游者自崖反，旷怀此独契。坐待明月来，风铃远摇曳。袁到此参谒登浮图而望远，秋景清雅，佛地空灵，诗人对此种境界恋恋不舍，便于那"风铃远摇曳"坐待明月生时。或许，月下的云岩寺与云岩寺周围的景状又另有一番韵致。

历史沿袭

　　屏山寺号称吴楚古刹，位于湘赣边境的醴陵市王仙镇大屏山村的大屏山巅。它始建于唐朝贞观十三年（公元639年），明、清和民国时期都曾维修，现为清式单层建筑，由山门、前殿和后殿组成。前、后殿均为硬山式顶，穿斗式梁架结构，小青瓦屋面，占地面积1215平方米。山门内为庭院，有衣钵塔，塔碑题"临济众宗衣钵塔"。还有一株高7米的千年罗汉松。前殿供佛祖，后殿供观音、关帝、包公。1984~1987年群众捐资修复了后殿、山门等。1989~1990年修复了前殿和神像。

　　2008年12月，屏山寺被列为株洲市市级文物保护单位。

古风鉴赏

　　唐初政治家、宰相房玄龄为醴陵屏山寺留下了著名的碑铭：岩岩平山，积石峨峨。远瞻昆仑，近缀衡庐。南通闽广，北达荆吴。惟山之高，壁立千仞。创建古寺，尉迟敬德。鄜州都督，威镇山河。密金不受，公心如山。百战瘢痍，实忠于王。功臣图像，凌阁争光。名胜古迹，风景悠扬。名垂不朽，万古流芳。通过阅读房氏的这篇碑铭读者对醴陵屏山古寺始建年代、地理位置有一个粗略的了解。铭文中房氏对尉迟敬德虽有过分之誉，然对"公心如山"的赞许，则应为之击掌叫好。"公心"自古至今乃为政者之根本。

屏山寺

典故轶事

朱元璋屏山寺题诗

在元朝末年，至正皇帝昏庸残暴、官吏腐败，民不聊生，农民运动风起云涌，其中陈友谅领导的一支部队主要盘踞在江西、湖南一带。元朝统治者对农民起义实施残酷镇压，调集河南、湖北的元朝军队南下和陈友谅在湖南往来拉锯，反复争夺，历史上号称"血洗湖南"，招致生灵涂地，民众尸横遍野，正好处在湘赣通道之上的醴陵，十室九空，瘟疫流行，凄惨之情无以言表。

有天傍晚，在醴陵去往萍乡的路上，朱元璋背着母亲从长沙一带逃难过来，已经精疲力尽。他们来到萍醴交界的王坊时，一路百姓早已逃窜，连讨一口水喝也做不到。或许灵光一现，朱母说看见半空中有一点灯光，估摸着是一座寺庙，要朱元璋背她进寺歇息。朱背着母亲顺着山道爬上大屏山顶，真的是一座焕发着灵光的庙宇。在昏暗的月光下，娘俩定睛一看，山门上写着"吴楚古刹"，两边一副对联"海天相色无边界，吴楚东南第一峰"。看来这里已经是吴楚交界之处，越过山巅就是江西境内了。朱元璋上前拍打山门，寺庙里的和尚害怕，立即将这剩下的一盏灯吹灭，实在是风声鹤唳、草木皆兵，朱元璋正要发火，不料朱母却说：这兵荒马乱的，和尚也不知道何人，不开门也在理，我们就在门外歇宿吧。因为山势险峻，山门外并不开阔，朱元璋找了些树叶把地面铺垫一下后，安排母亲躺下，自己就只能和衣蜷缩墙边靠着，不由得心思潮涌，捡起一块石头在寺墙上刻下了四句诗："天为罗帐地为毡，日月星辰照我眠。夜晚不敢长伸脚，唯恐山河社稷穿。"正是朱元璋这一觉，后来屏山寺又叫做"皇觉寺"。

一夜露宿，朱母竟然病倒了。朱元璋只好在寺中借一间房子住下来，一边找些草药调理，一边帮着寺庙做些粗活。一连耽搁了十天，正好等到了开创明朝的另一个重要人物刘伯温到来。

刘伯温自幼聪明，天文地理，无师自通，被人比作当世的诸葛孔明。当年，刘伯温被元朝任命为江西高安县丞，但他的条陈建议不但得不到官方的采纳，还受到同僚排挤压榨，于是愤然辞去职务。刘伯温算出天子在潭州的星相，就专程从江西往湖南寻来，一路寻找值得辅佐的真龙天子。

刘伯温来到萍醴交界处，看到大屏山上云遮雾罩透着紫气东来的地像，便轻快地登上山，一眼见到山墙上朱元璋题的四句诗，心中一惊。正要推门进寺，却传出阵阵哭声来。得知朱母因为病重不治而亡，朱元璋既为丧母悲伤，又为银两葬母犯愁，刘伯温口呼吾主，纳头就拜，然后出资帮助朱元璋将母亲葬在寺庙旁边。恐人破坏，又在坟墓上筑起一座假山。然后二人彻夜畅谈天下形势，最后确定"先灭陈友谅，再灭张士诚，继而北向中原，一统天下"的战略方针。从乞丐到皇帝的朱元璋自此走向了君临天下的辉煌。

至今，在醴陵王仙镇大屏山上的"吴楚古刹"内，还留有传说中的朱元璋母亲的陵寝。

泗洲寺

历史沿袭

泗洲寺，又名崇林寺，位于醴陵市滨河路6号。该寺始建于唐代，明初和清初曾两次重修。清道光六年（1826年）因洪水而毁，随后被重建。该寺坐南朝北，由生沙土筑基，青砖砌墙，面阔一间，进深三间，系砖木结构，硬山顶，封火山墙，小青瓦盖面，共计建屋15间。占地面积约480平方米。2008年12月，泗洲寺被列为株洲市市级文物保护单位。

古风鉴赏

明代哲学家、教育家、理学名儒、主观唯心主义代表人物，世称阳明先生的王守仁，早年反对宦官刘瑾，被贬为贵州龙场驿驿丞。明正德二年（1507年），于赴任途中客居醴陵城西泗洲寺，曾作七律《过泗洲寺》："风雨偏从险道当，泥深没马陷车箱。虚传鸟道通巴蜀，岂必羊肠在太行。远道渐看连暝色，晚霞会喜见朝阳。水南昏黑投僧寺，还理义篇坐夜长"。三年后，刘瑾伏诛，王守仁奉诏还京途中，仍住醴陵泗洲寺，又作《重过泗洲寺》诗："渌水西头泗洲寺，今过转眼又三年。老僧熟认直呼姓，笑我清癯不似前。每有客来看宿处，诗留佛壁作灯传。开轩扫榻还相慰，惭愧维摩世外缘。"

典故轶事

明正德二年，（1507年），诗人任兵部主事，当时年少的明武宗朱厚照即位不久，非常宠信太监刘瑾，刘仗着皇帝的宠爱，随心所欲，打压御史言官，将进言的御史抓进东厂大牢。王守仁领头营救这些御史大臣，这事触怒了刘瑾，刘将其杖责后贬为贵州贫瘠地为官。诗人被贬后，刘并不解恨而派密探追杀他。诗人躲过密探的追杀，从杭州到江西进醴陵，寓泗洲寺。期间在渌江书院为学子讲授心学。

【编者点评】诗乃心灵之花，诗人前后两次过醴陵，事因有异，心境自然不同，固然充斥在字里行间的情调也迥然有别了。前诗呈现的是一幅苦雨凄风、山深道险、深泥没车、水南昏黑的画面，反映了诗人沉郁、苍凉、悲愤的心情。而"重过泗洲寺"，则一扫沉晦之气，呈现出欣喜欢愉，所谓人逢喜事精神爽，心境不同，文字情调自然是有别的。

孝肃公庙

历史沿袭

孝肃公庙位于醴陵市茶山坝镇冷水村，始建于明嘉庆三年（1524年）。明嘉靖九年（1530年）增建戏台。明、清时期曾多次扩建。主殿于1928年部分拆毁，1985年，当地群众集资按原貌修复。现有主殿、戏台和酒楼等多处建筑，建筑面积1600多平方米。主殿为砖木石结构，硬山式顶；戏台为歇山式顶。

戏台面积50平方米，翼角凤状上翘，藻井与梁、枋均绘彩龙。戏台与主殿间为庭院，两侧走廊相连，中间为一石板道。

2014年12月，孝肃公庙被列为株洲市市级文物保护单位。

古风鉴赏

包孝肃公庙，是祭祀包拯的专庙。"孝肃"二字，是宋仁宗在包公死后赐给他的谥号，以评价肯定包公的忠孝一生。

包拯，字希仁，北宋庐州合肥人，生于宋真宗咸平二年（公元999年），卒于宋仁宗嘉祐七年（1062年），活了64岁，死后谥孝肃，是位历史上的著名清官，立朝刚毅，执法不阿。他一生伸张正义，为民请命，充满传奇色彩。

孝肃庙主殿两旁有对联："孝于亲，忠于君，劳心于国，施惠于民，德望重千秋，今日犹思贤宰辅；冤则雪，讼则解，弊政则除，贪官则劾，威名传万代，当年共颂活阎罗"。这副对联生动地刻画了包公忠君爱民、刚正不阿的威名。

历史沿袭

宝源禅寺位于醴陵市王仙镇书堂村,始建于唐代初年。据民国《醴陵县志——宗教志》记载:"宝源寺,在治东35里,唐建。旧为潭州有名丛林,历唐、宋、元、明迭有兴废。清康熙初,天咏禅师卓锡于此,重兴寺宇,开堂说法,缁素云集。"清嘉庆、道光年间,寺内仍富有田产、山岭、塘土;清咸丰年间,毁于太平天国杨、洪之役,因之寺僧星散,寺宇倾圮;至同治十一年,募捐重建,恢复往昔之旧制。1953年,寺产改建学校。1982年,落实宗教政策,学校搬出,恢复寺庙。现宝源禅寺占地面积4000平方米(原1500平方米),建有山门、玉佛殿、五百罗汉殿、天王殿、大雄宝殿、千手观音殿、天咏禅师塔、慧芳禅师塔等多处建筑。寺内保存有大量的捐碑和古籍,还有部分古佛像。2012年11月,宝源禅寺被列为株洲市市级文物保护单位。

古风鉴赏

宝源禅寺坐北朝南。四周山势陡峭,呈合围之势,东边的石牛山,与西边的石马山对称比肩,前有城门山,后立锦旗山。群山环绕犹如一盛大的莲花,寺在群峰内,呈"花开现佛"之景观。天生圣景,灵气所感。宝源禅寺的自然景观中,除了青山、小桥、流水外,还有两座白塔。分别为矗立于寺后高耸云天的慧芳禅师塔和寺西塔园内的天咏禅师塔。慧芳禅师是清代康熙至乾隆年间方丈,为清初天咏禅师法嗣。二师对该寺的教化和振兴皆影响深远,声名远播,同为当时的禅门巨匠。而今宝源禅寺内还保存有一些很好的碑卷,记载着该寺昔日一些鲜为人知的重大事件和史料,其字迹为繁体楷书阴刻。雕刻技艺精美娴熟,美观端庄。碑中内容虽为文言文,但很多文采丰富且言简意赅之词语佳作却是朗朗上口,如"三殿齐辉,十方普照""上承祖制,下愿护法""缘集族中,募集戚友"等,文墨味道十足。

典故轶事

根据原寺内老法师们的流传,该寺是唐太宗李世民所敕建。据载:太宗昔日在军中为秦王时,一朝患病久治不愈。乃令部下敬设佛像祷告,以是因缘遂得安宁。后统天下,念报佛恩,即颁敕令天下诸州各郡,大兴土木广修寺宇,以示国威和德政,在其执政繁荣昌盛的佛教黄金期,宝源寺应运而生。高僧释道禅奉旨修寺,成为宝源寺第一代开山始祖。祖师最初乃结庐静修,自是而后广结法缘,威望日高。逐渐发展为"千僧云集"的盛世海会,并自然形成宝源禅寺历史之初的全盛阶段。宝源禅寺为湖南汉传佛教,禅宗五家之一"临济"宗法派的禅院,是一座古老的祖师道场。宝源禅寺与本境醴东之明兰、杨道、汋山、南之云岩、龙山,在古时皆为本地有名的六处寺庙。

宝源禅寺

株洲历史文化建筑

西山天符殿　寺观殿宇　株洲历史文化建筑

【编者点评】中国历史文化中，佛道并行，但佛寺众多，道观偏少，作为寺观文化主要派别，道教同样是中国历史文化的精粹，它倡导用惩恶扬善的神灵威力，教化人们必须遵循最基本的伦理道德。天符殿，标识着道家文化的独有价值符号。

西山天符殿

历史沿袭

西山天符殿位于醴陵市仙岳山街道南门社区，据清道光二十四年刊立的《天符殿碑》记载，此天符殿建自乾隆年间，后因洪水而坍塌，"醴邑南城下坊都众姓"，于1843、1871年两次重建。该建筑于民国时期曾得到维修。西山天符殿为典型清代建筑，坐东朝西，砖木石单层结构，封火山墙，硬山顶，小青瓦屋面，麻石门框，正门门额上"天符殿"三字清晰可见。建筑占地面积为356平方米。

作为城区保存至今的唯一的道教场所，西山天符殿对研究我市的古建筑艺术和道教文化有着十分重要的意义。

2012年11月，西山天符殿被列为株洲市市级文物保护单位。

古风鉴赏

建立天符殿最早起源于唐朝武宗皇帝会昌元年。当时，仆射王起在修订国家祭祀法案的时候，通观古今祭祀典籍，发现作为九宫贵神之一的天符有独特的地方。她在八卦中排行"坤"，坤属母，天符乃天降瑞祥，孕育万物，萌生百草，在金木水火土五行学说中她排行土。所以，天符是孕育、庇护万物的神灵，应当颁令全国予以祭祀。于是在全国各地积极响应，纷纷建起了天符殿，按时祭拜。也由此天符殿还是纳入政府祭祀的礼仪场所。据民国版《醴陵县志》记载，醴陵规模较大的天符殿有六处：建成年份最早的

在城北后街口，也就是现在东风宾馆的位置，记载最为清晰的是明朝氧生王安仲建在城南王家码头的这一座，另外四座分别在城南的碧山岭和东乡的东塘、西乡的昭林和西北的渌口。

宝宁寺 —— 寺观殿宇 —— 株洲历史文化建筑

宝宁寺

历史沿袭

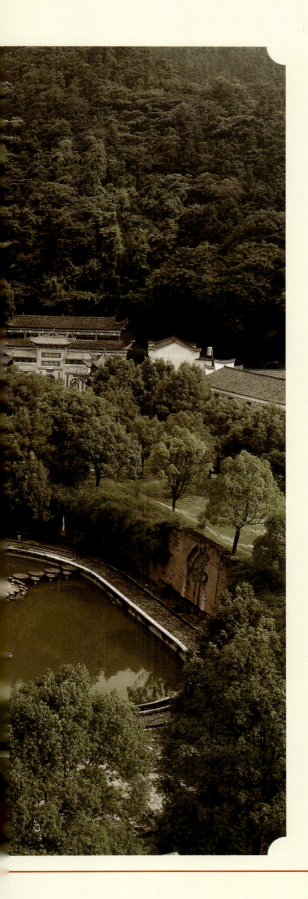

■ 宝宁寺，又名保宁寺，位于攸县黄丰桥镇乌井村，始建于唐天宝十年（公元751年）。据《宝宁寺志》记载，修复后的宝宁寺有殿、堂、楼、阁、台共24座，被誉为"十方丛林"。清同治年间，又两次修葺，其时房屋共100间，占地14亩，甚为壮观。

■ 1941年，被国民党部队占据，致使部分建筑及文物被毁。1985年，全国第二次文物普查发现这一胜迹，对其进行了发掘，并公布为县级文物保护单位。1995年4月，被列入株洲市文物保护单位，1999年开始后进观音堂殿建设。2002年，攸县人民政府筹集资金由文物部门进行全面修复。2003年，正式登记为湖南省宗教活动场所，2005年列入株洲市重点宗教活动场所。2006年6月列入湖南省文物保护单位。

■ 《宝宁寺志》载："寺院开创于唐天宝年间，是湖南开创最早的禅宗寺院之一。开山祖师旷长髭，禅宗六祖慧能嫡曾孙，南岳石头希迁的嫡嗣，《攸县志》载：'唐时本邑人'。长髭而后历经唐、宋、元、明、清、民国各个时代，风云变幻而能基本保存，殊为不易。"宝宁寺在经历了"长髭草创，石室蝉联，仁勇过化，明初复建，万峰中兴，同光重振"六个阶段后，于20世纪80年代后步入了盛世辉煌时期。鉴于宝宁寺在中国佛教史上的声誉和地位，中国佛教文化研究所所长、佛教界泰斗吴立民大师为宝宁寺亲笔题写了"宝宁寺及旷长髭墓，足称国宝"的盛誉墨宝。全国著名寺庙中编修志书的在北方只有"少林寺"，寺院修志本属罕见，而王夫之为原宝宁寺写志序，更是旷世之举。因此，"北有少林，南有宝宁"之说盛极中国佛教界。每年农历四月初一至初三举行盛大的庙会。

古风鉴赏

宝宁寺的人文景观非常丰富，墓塔、碑林众多，曾有宝宁18景之称。其中，普同塔、长髭墓及其塔群、《宝宁寺志》及王夫之《叙》为宝宁三绝。

开山祖师旷长髭塔碑

在圣寿山麓殿宇之左。迄今一千二百多年，塔和寺院有同样的兴衰史，寺院几经复建，墓塔也几经重修。现在看到的是清光绪二年（1876年）由住持真常主持复修的模式，塔高3米，呈六角形周身4米，由五个层次组成，每个层次由六角飞檐间隔。宝顶石呈圆柱体，由六节鼓状构成。宝顶下面由四块翘角石拼成，像一顶八角大沿帽戴在如笋的塔身上。主体竖面石雕刻回肠、如意、莲花、鱼龙等图案，正面墓标刻有"保宁开山祖师上长下髭旷老和尚之塔"字样。墓标上竖面石刻有"摇钱树"图，意为舍得，引人注目。塔座四周刻有莲瓣纹饰。2003年扩建塔基时，发现有似手掌大的佛手砖作周饰。今以衡山麻石装饰周围，上3个阶梯即到塔基，3个阶梯代表三千大千世界，以原塔为中心的塔基地，竖名"真禅窟"。正面牌坊仍立墓标，左右石上刻有"一把拙斧子，劈开空王地；三个痴心汉，作育圣寿山"对联。左边碑石额刻"风云"，正面刻"长髭旷禅师简介"碑文；右边碑石额刻"回互"，正面刻"长髭旷禅师像赞"碑文。左右石碑刻"凭什么造就石室云岩；靠这个引导曹洞宗风"联。墓塔和碑，概括宝宁寺开山缘起，誉为寺中一绝。

保宁石室善道和尚塔碑

清康熙《宝宁寺志》载，石室墓塔在寺左山龙结脉处。自唐至元，历六百余年，被兵毁化为乌有，迁石积土，垒若山坡。清康熙戊午（1678年）水流土崩，出塔角石莲台尺余，因万峰和尚当时忙于殿宇扩建，未及清理。丙寅（1686年），攸人解斯德惺继任住持，见所出石莲台，于是鸠工取土，使塔台毕出。又见土窖中石刻，知为石室墓塔，于是，募化复修。解斯和尚慕师德，不去塔头，构房而住，称之为石室塔头。历近三百年，风雨飘摇，房屋塌而砖瓦在，塔身倒而"前左右三面皆石楼画莲"，石莲台仍在。2003年复修时，以原石料复砌成塔。塔高2.2米，六角形周身4米，宝顶由三个鼓形石缀连而成，正面墓标刻有"保宁第二代法祖石室善道禅师之塔"字样。

圣寿勇禅师塔

清康熙《宝宁寺志》载，圣寿勇禅师为宝宁寺第三世法祖，其真身由五代楚国王马殷赐葬罗浮山麓，而长沙开福寺、攸县宝宁寺墓塔仅藏其瓶、钵、牙、发而已。2003年依原式，在寺后山旷长髭墓塔左，复建与石室禅师同样规格的墓塔，墓标是"保宁第三代法祖圣寿勇禅师之塔"。由此三世蝉联住持宝宁寺的祖师，其墓塔成三角形排列，方便僧徒、游众瞻仰供养。

宝宁寺

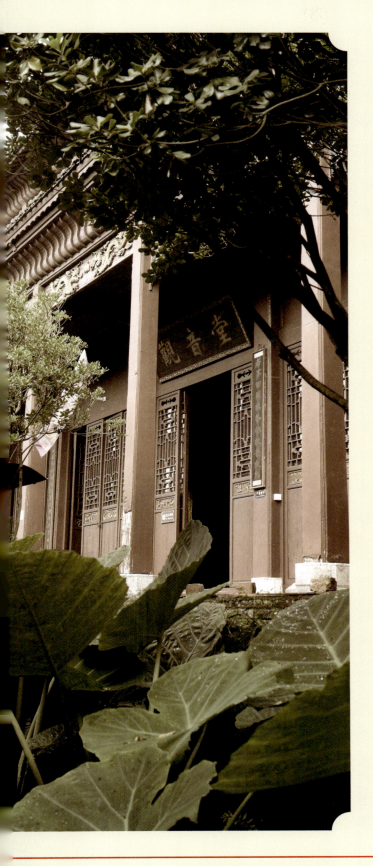

万峰和尚舍利塔

　　万峰和尚墓塔在宝宁寺后山之左，清康熙二十六年（1687年）所建，高2.2米，露盘二层，基础鼓形六角，中为六方竖体，正面墓标刻"传洞山正宗第三十世中兴宝宁第四代法祖万峰霄和尚寿藏"两行25字。六方竖体上六角飞檐宝盖，宝盖顶为圆锥体，朴素大方，庄严端正。为避风雨，建造青砖白墙黑瓦屋一间盖住墓塔，形似庙堂，额曰"万峰塔"，塔右竖《溯源流芳》石碑，刻有两千多字的塔志铭。

"一归"塔碑

　　一归塔，全称保宁嵩隐老和尚暨西朗新和尚一归塔，一归塔在寺前右水口山之右，六角宝盖尖圆宝顶，塔体为六角形，规格模式与万峰塔相同。墓标石刻"洞山正宗三十二世保宁上嵩下隐老和尚塔"，塔前竖《双鹤云归》碑。为南湖居士谭金声元音氏拜撰。

石林光礽禅师"且住"塔碑

　　石林光礽禅师"且住"塔原在寺殿之左，由嗣法徒宗能祥慧禅师所立，原有房屋一间荫蔽，因年荑月久，塔毁屋倒，只剩残碑仍立于前。2003年，因扩建宝宁寺殿宇，迁至寺宇后山之左，与石室禅师基塔平列，其建筑风格与嗣法徒宗能和尚相同。《随缘》碑亦随迁竖至塔之右侧。

保宁日升暵塔

　　曹洞宗第三十三世保宁日升暵禅师塔在寺前右水口山之左，与"一归"塔相对而立。塔高一米，露盘一层，为六方柱体，上立圆顶。墓标即《奕世流芳》碑，坐东朝西，立于塔周围墙。

曹洞宗第三十一世琢城大师塔

◆ 墓塔原在寺左主山坡，20世纪90年代，地方开发煤业修筑公路需要，将墓塔照旧迁入寺院后山，塔高1.7米，呈四方柱体，正面碑石中刻"本师保宁上琢下城讳德琦大师之塔"，碑石左刻"皇上康熙三十八年季夏月吉旦，门徒行性、行审、行端、行祭"，碑石右刻"天运己卯年六月二十九日法弟监目德宗"。

曹洞宗第三十四世宗能慧禅师塔

◆ 塔在寺后山之左，今有水圳在其下。塔高2米，露盘两层，主体为六方柱石，六翘角宝盖，二鼓体宝顶。墓标石刻"传曹洞正宗第三十四世宗能慧禅师之塔"，与墓标相对后石刻"皇清乾隆二十五年庚辰仲夏月吉旦"。

曹洞宗第三十九世启辉禅师塔

◆ 塔在石室禅师塔左下方，露盘一层，墓标为六方梯形石柱，前三面由清光绪年间攸县训导张邰泽撰写塔志铭，因石片剥落，仅存少量碑文。

古爽派光智禅师塔

◆ 在寺前右水口山之左，与日升禅师塔相距约40米。土堆高约1米，墓前砖砌墓标，上嵌青石，中刻"古爽派分师父上光下智讳元慧禅师"，左刻"保宁水口山佳城艮山坤向"，右刻"光绪乙酉十一年（1885年）十月十四日徒弟无有、照庭"等字样，古爽分派何来，有待查考。

普同塔碑

◆ 塔在宝宁寺后山之右，文殊岩之下，清康熙辛亥年（1671年）建。艮山坤向，仿衡山南寺塔式。为避风雨，建一亭覆盖于上，并在院中住僧，以供香火，亭额曰"普同"。

◆ 整个塔由地面塔和地下室两部分组成。地下室深2.5米、宽3.2米、长3米，为僧人骨灰场所。地下室顶板为泥土层，厚约0.4米；地面塔身立于泥土顶板正中央，底层直径2.5米，塔高6层约3米，红石砌成，重约15～20吨。地下室泥土层顶板，在当时无石板、水泥、三合土建筑的情况下，如何能承重历300年至今不塌，为众人不可思议。普同塔为宝宁寺又一绝。

宫宁寺

株洲历史文化建筑

历史沿袭

阳升观位于攸县莲塘坳的凉江乡阳升观村。该观始建于唐天宝七年（公元748年）。唐玄宗发现此胜景，敕令建造观宇，赐名朱阳观。香火一直旺盛。新中国成立后，观宇分给村民居住。"文化大革命"时期，部分建筑遭到破坏。1980年，文物部门发现后进行保护。

阳升观历史悠久，建筑艺术精湛，保存着大量的文物，是湘东地区保存完整的道教胜地，1982年公布为县级文物保护单位。1984年被公布为市级文物保护单位。2011年1月被湖南省人民政府公布为省级文物保护单位。每年阴历的八月十一日至八月十五日举行盛大的庙会。

古风鉴赏

"名山福地世应稀，楼观巍峨倚翠微；古洞云深龙化去，老松烟溟鹤归飞。"这是明时兵部侍郎王伟游阳升观后写下的著名诗句。唐宋以后，历代对阳升观各有修复。我们现在见到的模式，是清光绪十九年（1893年）整修的，是湖南省境内保存较为完整的古道观之一。整个宫观坐北朝南偏东15度。进入阳升观境内，两架川门迎立，东额"道通天地"，

西匾"法贯古今"，带着你进入道法世界。由川门登阶而上，便是山门。三十一级半石阶的设计，独具匠心，据说与攸县当时建制为三十一都半（其中县城为半都）地理暗合。山门中门楣额书"阳升观"三字，字体刚劲有力。两边配门联一副：继司寇为圣，弃司空为仙，道统千古，道貌千古；同大悲救苦，持大素救难，南海一神，南水一神。对联语句隽永，含义深刻，很好地概括了张司空的历史地位和救苦救难的慈悲精神，令人读后唏嘘不止。过山门登七级石阶，以象征攸县周围七县，进入前殿，护法神像威武雄壮，令人望而生畏。从前殿至中殿，又有三级石阶，象征湘、粤、赣三省，中殿供张司空神像，正中檐柱上楹联颂扬张司空业绩："率全家八十余口白日升天，是明神，是活佛，独有乾坤存万古；纳吾攸三十一都黎民在抱，亦名臣，亦理学，默添造化足千秋。"后殿为三清殿，殿前有司空飞升的土坛三级，供人瞻仰。阳升观建筑艺术堪称一绝，宫殿建筑为歇山式，古色古香，独成风格，其中雕塑更是引人注目。戏楼上彩凤，引颈欲飞；檐柱上奔鹿，展足欲腾。彩绘浮雕，多是鱼虫花草；顶棚板面，尽是人物故事，显现艺术建筑与自然环境相结合的韵味。瞻此图景，无不伸颈赞叹。

阳升观

典故轶事

阳升观因司空而显，司空以阳升观而灵。人们为何对张司空如此情有独钟？话得从张司空弃官修道说起。据梁时任彦昇《述异记》载，司空姓张，字巴玉，清河郡（今江苏淮安）人，亦说岭南封州封川县人。齐明帝时，官至司空（为三公之一，主管水土，营建工程），东昏侯萧宝卷嗣位后，政治腐败、恣意横行，害虐生民。张巴玉不满暴政，挂冠退隐，继而携全家访天下名山胜迹。初到南岳衡山，以不愿与世俗往来为由，闻攸县有麒麟山，乃汉时苏隐隐居得道，白日驾麟车升天之地，顿生仰慕之意。于是沿湘江，溯洣水，巡攸河，倾家南来，至麒麟山，见重峦叠翠，山峰奇特，泉清水冷，不胜景仰，宣称："此足以乐吾生矣！"遂命工在山十里之间，构屋三十余间，以安居全家八十余口。又在今阳升观殿前筑坛朝斗，结庐修道，济世救人。梁天鉴末年（公元519年）八月十五日，全家除留下侍女卢琼守坛外，八十余口白日升举、冲天而去。麒麟山后来亦改为司空山。张司空羽化登仙的传说固然不可信，但他出政为官清廉，入隐济贫救困的事迹，有口皆碑，历代皇帝也十分重视。清咸丰年间，由于张司空"于冥冥中"保障地方安全和除蝗消灾有功，咸丰皇帝又加封他为"保惠真人"。历经皇上三次加封，这在中国道教史上是独一无二的。如此使张司空名气更大，阳升观的影响日增。每逢八月十五日司空登仙日，阳升观举行盛大庙会，远近三省七县数以万计的香客，接踵而来朝拜、瞻仰司空遗迹、弘扬司空精神，蔚然风尚，传延不衰。

历史沿袭

灵龟寺位于攸县城关镇文化路接官亭灵龟峰。灵龟寺始建于明末,坐东南朝西北,占地面积563平方米。前为山门,山门楣额系清乾隆年间(1736~1795年)攸县县令张健所书"威震灵峰"。中为观音阁,阁右侧为大殿。大殿为硬山顶,封火山墙,面阔三间,1984年被株洲市人民政府公布为市级文物保护单位。1989年全国政协副主席、中国佛教协会会长、中国佛学院院长、著名书法家赵朴初先生题字"灵龟寺"三字。而今,灵龟寺是攸县亘古之胜迹,佛教修养之地和旅游观光之区。

灵龟寺

典故轶事

灵龟寺由来

神话传说灵龟山峰下，卧睡着一只神龟，它在温暖气候的春夏秋三季，时不时晃动身躯，暴喷洪水，致使攸河总是洪水泛滥，沿河农田淹没，民不聊生，当地百姓常年四处逃难。有一年，观音菩萨幻化成凡人，巡察民情，发现灵龟峰一带妖风四起，她用法镜一照，方知此山下隐藏了一只神龟作祟，当晚她送一梦给刘伯温，要他在灵龟山上建一寺庙镇住神龟作祟，确保一方平安，刘伯温此时尚在元朝为官，即责令攸县地方官牵头在山峰顶上兴建了一座巍峨寺庙，取名为"元帝祠"，由此可见，灵龟寺最早应该建于元朝。

明隆庆年间（1567～1572年）县堂牢吏张镗出家为僧，他偕同地方绅士改建寺院，改"元帝祠"为"张镗庵"。事后攸学谕杨世桂偕县学训道殿一干官吏绅士游览灵龟寺，察看地形和庙门风水之后提议由"张镗庵"改为"灵龟寺"。灵龟寺由此而得名，直至今日。

革命史佳话

20世纪20年代，中国大地风云变幻，农运、北伐，席卷攸渌之乡。这天，从长沙到攸县的路上，急匆匆走着一个青年。青年人一边走，一边机敏地留心着四周的情况。他是一位共产党人，自从蒋介石向革命举起了屠刀，三湘大地笼罩在血雨腥风之中，长沙的革命者遭受炼狱般的煎熬，共产党人和进步人士正遭到国民党反动派的无情捕杀。他脱险来到家乡，准备奔赴罗霄山去和毛泽东会合。可是，他发现了反对派眼线在跟踪他。

这个时候，攸县的党组织已经遭到破坏，去茶陵的渡口完全被敌人封锁，情况万分紧急。这天傍晚，他灵机一动，左弯右拐就上了灵龟峰，找到寺里住持花莲师傅。花莲师傅其时也不过而立之年，她听了面前这位比她小不了几岁的青年的叙说，看到这位青年一身正气凛然，猜到了这个青年为何许人，也知晓他面临危机，她二话没说，就把青年藏进了禅房。然后，花莲师傅又在山门内外、寺前寺后转了几圈，确信跟踪者没有跟上山来，这才放心，敌人做梦也没有想到尼姑庵里会收留一个青年男子。三天过后夜深人静时刻，花莲师傅打开后门，让青年下山另择地段，涉水渡过攸河，眼看着他直奔茶陵而去，才安然关上寺庙大门。

这个青年，就是后来井冈山革命根据地第一个县级红色政权茶陵县工农兵政府主席谭震林，花莲师傅一直到20世纪80年代才辞世。人们记住了这段仗义救人的佳话，灵龟寺也由此打上了红色印迹。

历史沿袭

　　三元宫，位于攸县桃水镇上铺村。所谓三元宫，说法有二：一曰此宫供奉南朝梁司空张昱三兄弟而得名；一曰祀奉张昱真人之三弟而命名。

　　三元宫始建于明嘉靖年间（1522～1533年）。相传我国著名道院江西龙虎山谭净月道人来攸选址修道，看到桃水江流澄清，桃花盛开，欣然定居下来，用石头垒成三间石室，以供奉民间尊神张巴玉，时为"石头庙"。谭净月得道后，临行时留言于石室："云游四方择胜址，桃水林间垒石室。数载修炼得正果，朝廷有召未敢迟。香火长明勿得断，信士班辈应承嗣。修炼成仙僧道愿，庙宇拓建自有时。"

　　清同治版《攸县志》载："三元宫，康熙间（1662～1722年），谭谛、谭卿培捐建殿宇及东西两寮。乾隆间（1736～1795年），谛、培子孙重修。"清末民初，谛、培相继辞世。当时谢家坪道士谢丕池父子先后进观住持，不但延续了香火，而且不断维修宫观，还增建了附属设施，保存了法像9尊，司空药签簿1本，司空真人布质符状1份。

　　中华人民共和国成立后，三元宫历经1952年"土改"、1958年"大跃进"和1966年的"文化大革命"，宫夷像毁，遗迹不存。1993年以桃水谭氏嗣孙菊雅为首，倡导重建三元宫，并得到了桃水政府和群众的大力支持。经10余年时间，分三期建成如今的三元宫建筑群。

　　三元宫是攸县旅游景点之一，千年古宫三元宫以其规模典雅、景物宜人、历史悠久而冠攸西诸寺观。现在，桃水人民配合新型城镇化建设，找准千年文化与现代生活气息的切入点，重塑了千年古宫的辉煌，以崭新的三元宫之风采喜迎四方游客。

三元宫

古风鉴赏

◆ 三元宫主体建筑有正殿、戏楼、观音殿、牌坊等，加上聚会堂、放生池、亭阁等附属设施，总使用面积12888平方米。宫内塑有司空三真人、武功尊神、观音大士等30多尊法像，其形态各异，栩栩如生。

◆ 山门（牌坊）临桃水正街，由三拱门组成，顶为重檐，基为层雕。中拱为"冲升门"，高7米，左右耳拱门分别叫"吉祥门"和"如意门"。山门背后的横坊上，中门书"复兴坊"，左右耳门分题"风马"和"云车"。两面雕刻精致，整体威严雄伟。

◆ 进山门经150米长的"花城路"，便进入三元宫院内。迎面是三元宫正殿，此殿砖混四廊仿古建筑，红墙绿瓦，坐东北朝西南，六栋三层。高16米、宽32米、进深20米，建筑面积1100平方米，十六根柱子支撑周边回廊，单重檐横撑顶盖，雕梁画栋，翘角飞檐，气势恢弘。

◆ 正殿前是两亩见方的戏坪，香炉分列两边。正面是17米高的戏楼，双龙盘栋，四空三层。三拱门中高耳低，朱红门框，黑质金钉门页。中为戏台，左耳是藏经室、图书室，右耳是福主寺、办公室。其余的妆房、音响室、道具房、浴室、餐厅等配套设施一应俱全。

◆ 正殿后是观音殿，与正殿天桥相接。此殿建筑面积2150平方米，四栋三空。十六根柱子撑起三层殿堂，二楼现回廊。观音莲台用衡山南岳麻石垒筑，6米高的金身观音法像坐其上，金童玉女旁立，十八罗汉位列两侧，出神入化，惟妙惟肖。

◆ 此地虽无崇山峻岭之秀、茂林修竹之盛、深谷古刹之幽，但闹中取静、俗中养雅、景观独特、别具一格。前有金鹅点水，后有龙泉喷珠，左有双凤朝阳，右有盆月藏金。长湖抱其身，养宫庭之韬气；石门立其东，扼攸衡之通衢；羊湖锁其南，把东西之隘口。宫前远眺，阡陌相连，农圃相间；翘首环顾，丘陵起伏，农舍鳞次；回首近观，高楼林立，商铺毗邻。人如坐画图中，美不胜收。有道是："天下胜景皆佛道，此处幽雅必留仙。"

包孝肃公庙

历史沿袭

包孝肃公庙（俗称麻城包公庙），位于攸县皇图岭镇市上坪村。麻城包公庙是祭奉宋代包拯的历史名人祠庙。始建于明嘉靖十一年（1532年），距今已有487年。先后八次被毁，十余次重修。1989年年底开始了包公庙历史上最大规模的修复，这次在原址全面修复，再现了昔日的辉煌，体现了包公文化厚重的生命力和强大的凝聚力。麻城包公庙现在还成为了湘东地区旅游观光胜地。麻城极富地理景观和人文景观，诸如南蛇赶蛤、二龟争蚌、桥畔荷花等景点构成麻城一道亮丽的风景线。麻城旅游点即将纳入湘东酒埠江风景区。1997年，麻城包公庙已由攸县人民政府列为县级文物保护单位。2001年由株洲市人民政府列为市级文物保护单位。每年阴历的八月十一日至八月十五日举行盛大的庙会。

古风鉴赏

大庙三面环山，一面临水，庙后屏障罗列，庙前田畴广袤。远眺广寒大寨来龙有势，地脉绵延，近望潇田垅中双水汇注，源远流长。麻城地势独特，虎踞龙盘，攸县北乡形胜之地。麻城包公庙仿明清宫殿式风格建造，主体建筑坐北朝南，由包公正殿、观音堂、文昌宫、龙王宫、关圣宫和戏院、山门等构成一座布局井然、错落有致的庙宇建筑群。大庙四周红墙绿树，檐角高翘，金碧辉煌。殿内供奉着上百尊造型逼真的神像，包公大老爷居中坐镇，正气凛然。整座大庙祠宇轩昂，气势雄伟，素有湘东"小南岳"之称。包孝肃公庙不仅规模宏大，所保存的文物也丰富，尤其是衣冠冢，在全国亦不多见。明代遗留下来的包公像、鹅王造像，碑刻楹联，以及国民党高级将领丁德龙所赠的龙袍等都是难得的珍品，具有较高的历史和艺术价值。

典故轶事

包拯是一位家喻户晓的传奇式"清官"典型，他刚正廉明，执法严峻，不畏权贵，千百年来深受百姓敬仰爱戴。民间到处立庙祭祀，把他作为地方安宁的守护神来供奉。麻城包公庙以其规模的宏大，历史的久远、香火的旺盛，在全省包公庙中最有影响，在全国包公庙中也有很高的知名度。从包公正殿到观音堂、三宫殿到山门戏台，前后分六期工程，历时十四年，麻城包公庙是湘东地区久享盛名的道教庙观。大庙最初由我国道教发祥地之一、江西龙虎山上清宫光瑞法师创建。大庙以道教为主，集儒、佛、道三教一体。主体建筑除包公正殿，还建有观音堂和文昌、龙王、关圣三宫。每年农历八月庙会期间，三教分别在大庙各殿举行隆重的祭祀活动。据传"进香者相望于道，人流塞街填巷"。清儒士刘席珍描绘包公庙会，有"酒坊饮客朝成市，佛庙村伶正作场"之句。1999年，经省宗教事务局依法登记，麻城包公庙被确定为湖南省宗教活动场所。麻城包公庙还是民间各种社会公益活动场所和地方文化教育阵地。历代借址包公庙开办过包公会、观音会、孔圣会、关圣会等神明礼教团体会；长醮会、油灯会、龙灯会、桂花元会等民俗娱乐团体会；八谷会、积谷会、育婴会等公益慈善团体和太平会等地方自治团体。清末民初社会名流还曾借址包公庙开办过文昌书院、文徵学校，培育了一批有用之材。如解放军铁道兵副司令员刘克将军，原燃化部汤炳光总工程师，民国将领丁德隆中将、刘少凡少将等都曾在此就读或执教。

李畋殿

历史沿袭

李畋殿位于醴陵市西山办事处仙山公园，建于1998年，该殿为纪念醴陵花炮祖师爷李畋而建。将李畋殿列于历史文化建筑，主要在于李畋其人。

典故轶事

醴陵麻石村是花炮祖师李畋的故乡。唐贞观年间（公元627～649年），流传着李畋用火烧竹筒，为唐大宗驱鬼治病的故事。后吴楚地域瘟疫流行，李畋利用火烧竹筒爆响的原理，将竹筒装填火药点燃燃放，其爆炸声响是原来竹筒响声的几倍，并且它产生的气浪和硝烟，有一种震慑威力，于是，最初人们用填硝爆响竹筒来驱散疫瘴，后来慢慢发展成为老百姓喜庆之事必需品。李畋因而开创用火药做爆竹的先河，故被尊为花炮业的祖师爷。醴陵各花炮产地，历来拜李畋为先师。农历四月十八日，是李畋的生辰，每年这一天，花炮业均歇业，前往麻石村，焚香秉烛，杀牲开祭。附近萍乡、浏阳的同行，多前来拜祭。东乡凡花炮生产经营从业人员家中，在正厅"天地君（国）亲师位"旁，均设有"李畋先师神位"。

传说李畋曾潜心钻研《荆楚岁时记》中燃竹驱祟避邪之记，乐此不疲，终获妙语，始有火硝爆竹之首创。源远流长神奇美妙的鞭炮烟花，为世人创造了无尽的财富和永恒的文明。始祖李畋功不可没，今日江西上栗，湖南浏阳大瑶、醴陵麻石，均有对李畋的祭祀，对李畋始祖之争，从一个侧面反映人们对李畋的崇拜。祈望保一方百姓福祉，赐世代儿孙平安，饮水思源，有口皆碑。

【编者点评】 李畋殿，建筑虽新，但渊源颇古。殿主李畋是醴陵花炮文化的始祖，火树银花照亮的不仅是历史的天空，更有人文的创新精神。让李畋殿在《株洲历史文化建筑》中占一席之地，是对重要历史人物的推崇，更是对开拓创新精神的传承。

历史沿袭

■ 美丽而富有传奇的皇霁仙位于茶陵县秩堂乡东坑村，皇霁仙满山苍翠，苍翠得出奇的秀润，绿荫浓郁，绿得出奇的深沉，连鸟鸣声也出奇的清越。这里四面环山，青山绵延环绕，似龙翔凤舞，层叠而至，山中古木郁郁葱葱，朝夕云蒸雾绕。

■ 皇霁仙始建于唐朝德宗年间（公元780～公元804年）。明朝洪武癸亥（1383年）县尹尚晖重修之，其建筑规模不详。天顺己卯（1459年）刘贵昂为首倡导重修，"且拓扩旧规、卑者高之、小者大之、隘者宽之、陋者华之。上栋下宇，金碧辉煌，焕然一新。夫皇霁仙雅致甚可佳爱。"

■ 现在所存的建筑系清道光十五年乙未（1835年）重修的结果。共十四间房屋和四间殿堂，有七间可住的楼房，四眼天井。正门坊中间楷书"皇霁仙"三个金字；金字上方刻着太极八卦图；下方塑着八仙过海，左边王母庆寿，右边关公走麦城等神像，栩栩如生。门坊左右安着"山青""水秀"两块石刻。门坊上系着十二只铜质风铃，刮风时发出清脆的响声。这些建筑物因1982年山洪暴发被冲毁。1983年进行大修。

古风鉴赏

◆ 皇霁仙寺坐南朝北，左边是雪花坳、打鼓岭，右边是钟形岭，前面有炉寨、象形山、狮子岩，后面是绚丽的螺堡坳，螺堡坳的主峰青螺峰旋转而上，如一颗巨大的青螺。远观皇霁仙，巍峨壮观的霁山山顶仙人峰，峰前立着葱茏秀丽的青螺峰，层层叠叠的山峰犹如一位慈祥的母亲张开怀抱。每当山间云起雾绕，如若仙境。当阳光照射着青山绿水，美丽如画。千百年来皇霁仙寺就安详地坐落在这里，以一个禅者的姿态，惯看山间四季更替，天边云卷云舒。

◆ 皇霁仙的白墙黑瓦已被岁月磨损，但仍能见到当年的殊荣和辉煌。门前的对联"一峰翠绾表螺髻，七窍灵通白石泉"依然古朴苍劲；常年香火的熏染，让瓦当凝重如黛。钟声时时响起，让寺庙淡然如菊。

"手攀古木身忘俗，口吸清泉骨欲仙。"随着岁月的流逝，御诗给皇霁仙带来的殊荣和辉煌已被磨损殆尽，但皇霁仙的山、泉、树、藤还是那么神奇、秀润。

皇雩仙

典故轶事

关于皇雩泉的传说相当神奇,太乙真人骑着仙鹤云游到九陇山下的雩山,向一个姓谢的老大娘讨水喝,这里久旱无雨,田地龟裂,水贵如油。谢大娘用家中仅有的一碗水泡了碗香茶给他解渴。太乙真人很受感动,问大娘想要什么,想不想过富贵的生活。大娘说不求富贵,我们这里常年干旱,只求有水就心满意足了。太乙真人听后,用六股鸣环锡杖在雩山石岩下凿了七个孔,并用大娘家的碗盖上,嘱咐她七天后把碗揭开,就会有清泉如注,说完乘鹤而去。不料谢大娘的老伴回家听说了此事,急于得到水,揭开两只碗,盖碗处流出两股涓涓细流。七天后,揭开那五只碗,顿时电闪雷鸣,五股泉水迸涌而出。从此,五大二小七股泉水源源不断。当地人把岩泉叫成七窍泉(七孔泉),成为茶水源头之一。

后来,人们为了纪念这位仙人的功德,纷纷捐资在仙泉旁边建了一座雩山寺,每逢农历的初一、十五,很多人来山寺敬香。皇雩仙的神奇、幽静,使佛徒们接踵而来,早在1000多年前的后唐时期,这里便有雩山寺。斗转星移,到了南宋孝宗年间,离雩山寺不远的沂江出了个当朝附马谭斗南。有一年他携公主回家省亲,他以雩山寺的传说和周围山水为原形,画了一幅《里居山水图》,回朝廷呈上宋孝宗御览,宋孝宗赵眘为雩山风光和美好的传说所陶醉,乘兴题诗于画"仙鹤飞去是何年?灵迹犹存古岭边。藤老龙蟠疑护法,山深禽语似谈禅。手攀古木身忘俗,口吸清泉骨欲仙。邻叟不知唐世远,犹言谢媪旧因缘"。从此,原本为雩山、雩泉、雩山寺,由于皇帝的题诗而都在前面分别冠以"皇"字,这样一来,便被称为"皇雩山、皇雩泉、皇雩仙。沾上"皇恩"后,加上"皇雩仙"碑记,就像清代的茶陵举人谭绍碗在《皇雩仙》诗中所写的那样:"光腾石刻惊飞白,蟾翰辉煌佛氏缘"。远处的皇雩山,庄严厚重又秀丽多姿,如翡翠美玉镶嵌在天地间。

历史沿袭

白云寺位于茶陵云阳山风景区紫微峰。原名叫白云庵，在元代及元代以前，曾是个默默无闻的山野小庵，直至明代洪武年间（1368～1398年）才声名鹊起，香火兴旺。原因是曾任云南镇守使的段文看中了这块地盘。在朱元璋定鼎天下后，时任茶陵卫千户的段文（字思丰）被征调云南戍守，屡建战功，授"明德将军"，洪武十九年（1586年）晋升武德将军。据说段文年轻时，有一次登紫微峰途经白云庵时，忽然听到一声巨响，只见紫微峰山腰崩裂，露出一块巨石，像威武的将军屹立山腰。茶陵民间流传一句话："云阳山笑，将军出"。茶陵方言把山崩裂说成"笑"。段文受到了惊吓，不知是祸是福，便去白云庵抽了一签，和尚见他抽的是上上签，连连祝贺："恭喜恭喜，'云阳山笑将军出'要在你身上应验了。"和尚解释道，白云庵坐落在紫微峰下，是灵峰的基座。段文于是心中有了想法，若有出头之日，一定要重建白云寺。

洪武二十年（1387年），思丰捐银三千两，重建茶陵云阳山白云寺，并劝捐良田400余亩，以为白云寺供养田。从此，之前默默无闻的山野小寺白云寺香火鼎盛，僧侣云集（最多时达两百多人），声名远播，信众辐辏。

现在的白云寺是1992、2008年按原有形制分期修复的。

白云寺

古风鉴赏

白云寺坐落在风景秀美的群山中，前面有三张门。中间的门是空门，面对的右边的小门叫"龙门"，左边的小门是"虎门"。佛家有云：遁入空门；入龙门出虎口之说。所以，要从龙门进虎门出。不要脚踏门槛，要迈过门去。寺外特别引人注目的是庙前那株奇特的"和树"，和树的主干上派生了无数小枝干，像无数彩带悬在树梢与风起舞。那葱郁的叶子，透着勃勃生机，褐色的小果子，更像是一个个朝气蓬勃的小精灵。

典故轶事

段文本名段思丰，字文曙，号怀溪，行十九郎；一字文瑞，官名文。元顺帝元统二年（1334年）十月二十九日生于安仁仙山（今属湖南省安仁县金紫仙镇）。父段元泰，字诚斋；母李氏。

元顺帝至正十一年（1351年），麻阳（今湖南省麻阳苗族自治县）"酋蛮"作乱，十七岁的思丰受敕与其兄思澶领兵征剿。平乱后，回到长沙，又戡红巾之乱。其父段元泰为寨主，受封为万户，其兄思澶受封为义兵千户，思丰本人则受封为都镇抚，戡乱御敌，以安民业。元顺帝至正十三年（1353年）春，寨破，遂迁至茶陵浣溪（今湖南省茶陵县浣溪镇），立花石寨（立寨于今茶陵县浣溪镇杨柳村一座名为"花石岩"的山上，故称"花石寨"）以据守。因其父已年老，故众尊思丰为万户，拥立其为寨主，节奉朝命，攻敌四方之寇，保护茶、安两境。

元顺帝至正二十七年（1367年），即明朝建立的前一年，思丰献兵纳地，归附明太祖朱元璋，敕封为茶陵卫右所百户（正六品），镇守茶陵。期间即明洪武元年（1368年），段文调征郴州、宜章、全州、云南，屡战屡胜，战功卓著。洪武三年（1370年），明太祖召登武英殿，御宴论功，敕封思丰为武略将军（从五品）、管军副千户。洪武十九年（1386年），晋封为武德将军（正五品）世袭，荣膺五花官诰，并授茶陵卫千户兼袭郴阳，奉旨修筑茶陵城池。思丰乃自备千金，展筑城西半臂，号曰"新城"，旧之城壕围入城中央。茶陵州太守成麟见思丰公而忘私，奏报朝廷，明太祖命即于城壕地界名曰"殿湖"之处丈田八十余亩赐之，以旌其忠勤，令世世子孙输赋受业。

明永乐四年（1406年）八月初九日，思丰病逝于茶陵东流，享年72岁。

历史沿袭

南岳宫位于茶陵云阳山，始建于南北朝。南宋淳熙十年（1183年），改建为云阳仙道观，开山道祖是陈善宗。南宋末，改建为紫微书院。明代先后改为云阳寺、旌忠书院、云阳仙道观。此后一直是云阳仙道观。"文化大革命"期间神像被捣毁殆尽。1989年，修复了古南岳宫、慈航殿、三官殿和山门牌坊等部分建筑。2006年，按照明、清时的形制，重建原有的宫、殿。

古风鉴赏

◆ **三教共处** 云阳仙历经一千多年沧桑，时为佛寺、时为道观、时为书院。尽管如此，都设南岳宫，主祀南岳圣帝。让南岳圣帝与佛祖、道祖同受香炉袅袅青烟，甚至与孔圣人同受人们朝拜，相安无事，和谐共处。形成云阳山一个奇特的文化现象。之所以佛教、道教、儒家都看中了这块地盘，将此视为"风水宝地"，是因为他们认为，这块地盘是云阳山灵脉集结之地。民间则认为，南岳圣帝因为看中了这块地盘，所以在这里建造南岳宫，人们认为圣帝看中的地方肯定有"灵气"。这块地盘三面环山，背面的山较高，左右两山较低，像一张朝东摆放的"靠背椅"。民间传说把这"靠背椅"渲染得神乎其神。说这里原来没有后面的山和左、右的山环抱。后来，偷偷下凡到云阳山天鹅湖洗澡的仙女，见南岳宫建在峰下，洗澡不便，于是扔下三坨湿泥巴，变成了三座山，遮挡视线。

◆ **祭祀特色** 南岳宫两侧分别是观音殿和三官殿。观音殿人称"送子"殿，大凡新婚燕尔的人，或要生孩子的人，就来观音殿烧香，请求观音娘娘送子送福。三宫殿人称功名利禄殿。你如果要问前程，求福贵，就去三宫殿祈祷。但是，人不能太贪婪。你千万不能奢求太高，否则，上天是不会保佑你的。古南岳宫是唯一不用还愿的寺庙。每逢香火节，南岳宫用它的厚爱，沐浴着成千上万前来朝拜的人们。

典故轶事

关于南岳宫的传说很富传奇色彩。相传，南岳圣帝要修建南岳宫，按照道教的说法，这个地方必须有72座山峰，用来给72地煞星安神定位，用来保一方平安。当他云游到了茶陵的云阳山，被这里秀美的风景吸引了，南岳圣帝有心要把南岳庙修建在这里，于是，他站在紫微峰上细数群峰，怎么数，都只有71座峰，南岳圣帝一声长叹，不无惋惜地离开了云阳山，最后，在衡山找到了他理想的72峰，于是，将南岳庙建在了衡山。

后来，观音菩萨云游四海来到了茶陵云阳山，站在这群山秀美的紫薇山巅，不禁疑惑：南岳圣帝为什么放弃这么美丽的地方，而把自己的寝宫建在衡山呢？于是，他问南岳圣帝。当她得知原委后，很惋惜地数了数云阳山峰，发现云阳山峰的确是72座峰，怎么南岳圣帝说只有71峰呢？原来，南岳圣帝在数山峰的时候，忘记了数自己脚下的这座紫微山峰。南岳圣帝追悔不已，于是，把自己的行宫搬到了云阳山，这就是云阳山的南岳宫。

南岳宫

株洲历史文化建筑

118 119

湘山寺

历史沿袭

　　炎陵湘山寺是一处久负盛名的佛教寺庙，历史上在湘桂地区影响甚大，历代皇朝王公对该寺院也极为重视，仅宋代就有敕赐文牒五道。宋天子御封全真和尚为"慈佑寂照妙应普惠大师"。清朝工部主事尹荣祖游此，曾留下"残霞飞殿角，落日挂林端；塔影连天碧，山光入水寒"的绝美佳句。其殿角指的就是湘山寺塔座位观音殿的边角旁。湘山寺观音殿，风景独秀，遐迩闻名，香火日益旺盛，引来天下善男信女虔诚朝拜。

　　湘山寺始建于北宋年间。因年岁久远，早已损毁，近年来在原址相邻的地方相继建设有大雄宝殿、和尚厢房等设施，仍然沿袭了湘山寺的名称。寺院时常有来自台湾、福建、广东等地的居士及高僧敬香朝拜，现已成为炎陵县和周边地区人民的宗教圣地。

古风鉴赏

　　清代诗人笔下的湘山寺

　　湘山寺有多清幽、古朴，清代诗人钱载曾夜宿湘山寺，并赋诗一首《宿湘山寺》，入木三分地刻画了湘山寺引人入胜的佛教盛景。

"黄华趋欲止，翠峦卓且崇。
隔江峭壁面，定窟释子宫。
天晴鸟唤侣，屋敞林环丛。
仰焉石骨秀，百亿秋芙蓉。
净土忆开院，岁晚回其踪。
妙明知徙塔，色相火一红。
我客谁则主，歌欤牧牛翁。
西堂月初白，杵杵三更钟。
上与山响答，下与江声通。"

　　这是一首借景抒情诗，此诗写得新颖别致，风采殊异，语言流畅，情义婉转含蓄，自然美与人文美水乳交融，别是一番风味。尤其是对秋山的描写，用"石骨"二字，其瘦挺之态跃然纸面。而诗后"上与山响答，下与江声通"更让那月白清风里的钟声有了一种不绝的余响。湘山寺四周绿草如茵，翠竹成林；旁有鱼池、响洞和游亭。仁立山门，四顾群峰拱卫，青接眉睫；眼底湘水汤汤，万室鳞鳞，寺内青烟袅袅，一幅酣畅淋漓的寺院盛景，浓缩在这九句韵律诗的唱和之中。

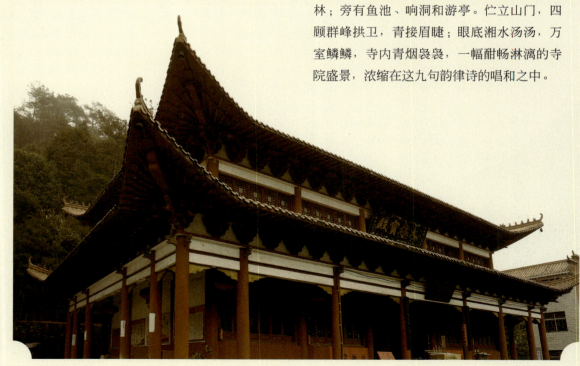

龙山寺

历史沿袭

龙山寺位于株洲市荷塘区文化路边的山岭之中，是繁华的市区少有的古老寺院之一。它始建于梁武帝时期，距今1400多年，明朝万历年间重建，清光绪七年（1881年）再次重建。当时寺院内就有七殿七进，蔚为壮观。到了清末及民国初时，龙山寺为株洲佛教寺院的四大寺庙之一。

本世纪初，在株洲市、荷塘区两级政府的支持下，由思禅法师倡首带领众弟子，启动了龙山寺一系列的重建之作：2004年建成山门；2005年建成观音殿，2006年建成斋堂，2007年建成念佛堂综合楼，2008年修复出入路，建成禅悦亭，2009年由荷塘区政府又无偿划拨土地，对龙山寺进行改扩建工程，2011年建成大雄宝殿，2012年建成方丈楼、僧房及护坡等附属工程。

今日的龙山寺，庄严、肃穆、雄伟，香火兴盛，已成为株洲市的重点宗教活动场所和市内外信教群众朝圣礼拜的中心。

古风鉴赏

2009年5月4日，市有关部门正式命名龙山寺为佛教文化园，园内寺庙建筑十分可观，建有观音殿、大雄宝殿、禅悦亭、念佛堂等多处祭祀殿宇。此外，寺庙陈设也是古风扑面：古色古香的山门、美轮美奂的庭院、庄严肃穆的屏风、惟妙惟肖的佛像、栩栩如生的石龙雕刻，应有尽有。在袅袅青烟、茶香扑鼻的茶室里，思禅大师给我们讲述禅茶故事，再加上吟唱佛门梵音，一切都充满佛性灵心，让往来的香客身心备受洗礼，涅槃脱俗。在建筑风水和建筑环境以及建筑布局上也堪称潜龙之地：龙山寺像一条绿色翠屏，围绕寺院的四周。青砖墙，漆木窗，飞檐翘角，石雕龙柱，庄严肃穆。寺院所有的佛像均为石雕，其石材选用中国石雕之乡——福建泉州惠安的花岗石作用料。造型独特、形态各异的动植物雕塑，栩栩如生，加之龙柱、方柱、石栏杆、石踏步、石台基、石狮、石桥、石香炉等汇集成石雕艺术梦幻世界。人们在虔诚礼拜的同时，也徜徉在石雕艺术意境之中。一片片水泥地面的隙缝和犬牙交错的青砖之间或深或浅地挤长出青苔，无不给人带来清幽古韵之感。

"僧真生我静，水淡发茶香。坐象东楼望，钟声振夕阳。"唐朝诗人刘得仁诗中描写的情景，有力地佐证了龙山寺的静谧之景。

龙山寺 — 寺观殿宇 — 株洲历史文化建筑

龙山寺

龙山寺与古代建宁县城毗邻，据传有一年，建宁地区的旱草坪那一带经常发大水。百姓因房屋被洪水所毁而流离失所，远走他乡。一个外地的风水先生路过此地，吟了一偈："手捧龙山寺，脚踩茨菇寺，若是葬得中，代代出天子"。暗喻当地有一块宝地。老百姓得知这一谒语，感觉这个地方乃藏龙卧虎之地，因此即使遭灾，人们也不愿意离开。年复一年，这里因人气聚结而兴旺发达，成了富庶一方的宝地。

2005年龙山寺建观音殿挖地基时，从地下挖出了李公真人、赵公元帅两尊清雕石像，看似两件石雕，但也印证了清朝光绪年间曾重修龙山寺的史实。如今，伴随着龙山寺佛教文化的发扬光大，它已经是株洲市内具有佛教信仰的一处人文景观。

仙庾庙

历史沿袭

仙庾古庙位于荷塘区仙庾镇仙庾岭，仙庾庙墙体保护碑文载："仙庾庙"始建于唐，相传唐玄宗之孙李豫之妻沈珍珠，为避"安史之乱"，在此修行成仙，故名。初建于山腰，清道光年间改建今址。后几经修缮仍具现在规模，1999年，株洲市人民政府公布为株洲市文物保护单位。据史料记载，1260多年前，唐玄宗李隆基孙子李豫之妻广平王妃沈珍珠在安史之乱后出走，辗转江南，隐居于仙庾岭，建庙立塔，施救苦难，为人治病，为后世所景仰。人们赞其为"仙女娘娘"。农历九月九日是沈珍珠生日，每年，人们在此时举办几天民间庙会来纪念这位"慈沾黎庶、惠及苍生"的仙女娘娘。

仙庾古庙原建于主峰，清道光癸未年冬月（1833年），将庙改建于山腰，砌有"文昌阁""慈善堂"等建筑群。此后，庙、塔由官府出钱，民众捐助，迭加修缮。但物换星移，尤是自然雷击，"文化大革命"期间因破"四旧"，文物毁损甚多。20世纪90年代，株洲市、区政府拨款修缮，仙庾古庙重现光彩。

古风鉴赏

来到仙庾岭，一座古老的寺庙沉淀着穿透人生的文化气息，登上山岭阶梯，古庙门匾上镌刻着"仙庾古庙"金色大字把人们带入古香古色的历史画卷之中，正门两旁是"庾岭回春，仙人赞化"对联。里面是圣母殿，端坐着仙女娘娘，"道冠古今一炁，教化湖湘三千"是对她的赞美。右厢是"元辰殿"，供奉着六十位星宿神。庙前建有500平方米的两层仿古戏台和能容纳2000余人的梯形坐。四周有百年以上的古樟十株。

清光绪十年（1884年），仙庾庙增建"中庭"（戏台），落成之日，清主考官来此征联，当时，青年才子刘顺昌，挥笔题联："数点青峰，幻出人间结果；一支玉笛，吹开岭上梅花"。被誉为佳句，旋命受福建府台。刘顺昌的这副对联，道出了几多人间沧桑，世事沉浮，也勾画了生活佳景，寄托了几多美好的希望，令今人回味无穷。

典故轶事

沈珍珠其人

沈氏在新、旧《唐书》均有传，且篇幅不短。她是一个集美貌、才华于一身的奇女子，安史之乱后在洛阳被俘。丈夫广平王李豫收复洛阳后，只带回了儿子李适，却没有把她接回长安，也没给她名分，于是出现了种种猜测。公元759年，史思明再次攻陷洛阳，沈氏从此失踪。公元764年，当了皇帝的李豫立李适为太子，内心愧疚，下诏寻找沈氏。儿子李适即位后，继续寻找母亲。但没有结果，最后为沈氏建衣冠冢于唐代宗陵。这是新旧《唐书》记载的内容。仙庾庙名扬海内外始于20世纪80年代我国台湾电视剧《珍珠传奇》，剧情虽为编剧者构思，但却让株洲仙庾岭名声大振：剧中传说沈氏后来到了株洲，在仙庾庙修道做慈善，带发修行，随夫改姓李，叫李慈惠。加上清代出版的《蛟溪刘氏雁行集》有诗记载："当年遗事说唐姬，李代桃僵君不知……竹泪迎风堕香玉，寸草哀露凝寒晶……"则又为沈珍珠遁入仙庾庙做了注脚。

因沈氏故事引人入胜，其善举感动四方，死后深得当地人怀念，每年重阳节，当地人都有纪念"仙庾娘娘"的活动，仙庾庙会现已被列为株洲市非物质文化遗产。

上林寺

历史沿袭

上林寺原名上林道院，位于株洲市石峰区九郎山，是为纪念屈原到该地所建。始建年代不详，现存汉代"上林道院"石碑，但年代无考。上林寺在隋唐时代即已兴盛，唐末便更名为"上林庵"，成为佛教场所，清末更名为"上林寺"。1943年秋，日寇入侵，将上林寺烧为平地。2003年开始在原基础上重建，增拨山地20余亩，重修上林寺。

古风鉴赏

重修后的上林寺，规模恢弘，既尊重传统规则，又适应现代弘法修持。寺内共设五个平台，设有山门、天王殿、大雄宝殿、说法堂、方丈室、藏经殿、三圣殿、接引殿、千手观音殿、伽蓝殿、禅堂、斋堂、客堂、祖堂、钟鼓楼、居士楼等主体建筑和放生池、功德碑、凉亭、回廊等附属建筑。各殿堂依山据势，错落有致，对称有序，红墙黄瓦、飞檐翘角、古色古香。加之林木幽深、山清水秀，实是修行参禅妙境，旅游休闲胜地。

龙门寺

历史沿袭

龙门寺坐落在天元区群丰镇石塘村五云峰脚下，始建于唐宋时期，有僧人弘扬佛法草结山门，形似苍龙，故称龙门寺。明朝天顺年间，建威将军袁扶桑解甲归田在山中重建喇嘛庙，《石塘山袁氏六修族谱》中《龙门寺记》介绍里就有记载："山坞旧有古衲嗣通卓锡此山编篱为门，名曰龙门禅寺。"是湖南最早的宗教禅宗寺院之一。到明朝天顺年间，建威将军袁扶桑因屡建战功，得到皇上器重，告老还乡之际，袁扶桑便邀请曾在军营期间结识的西藏喇嘛和尚，来五云峰传佛办教，重建了这座寺院，并改为"袁氏家庙"。清光绪年间，袁扶桑第十四代传人、两广总督袁树勋再次修复，并恢复"龙门寺"原名。1994年，重修龙门寺。这座千年古刹涅槃重生，寺中的香火得以延续。

典故轶事

群丰镇五云峰山腰有个石塘村，村里有个砍柴放牛的少年，在晚清传奇性地做到两广总督。他还十分热心家乡的公益事业，捐资助学，修桥修路，扩建寺庙。这个人就是天元区群丰镇石塘村袁氏家族的第十四代袁树勋（1847～1915年）。

晚清乱世，混迹官场的，如左宗棠之类能千古流芳的，实在是微乎其微，像李鸿章之类背千古骂名的也是少数，大多数官员基本上是毁誉参半。袁树勋就属于最后一类，他既有竭力维护统治集团利益的一面，又有顺应历史进步的一面。他亲自处理了苏报案，当时《苏报》连续发表《读〈革命军〉》《序〈革命军〉》《介绍〈革命军〉》等文章，大骂皇帝和清政府，要求建立资产阶级"中华共和国"，袁树勋以"劝动天下造反""大逆不道"罪名将章太炎等逮捕，邹容后被折磨致死。但他又积极参与维新，1910年，他与云贵总督李经羲、吉林巡抚陈昭常等上奏清廷要求设立责任内阁。他甚至搭救过革命党人黄兴。辛亥革命后，黄兴还写了《致袁树勋书》一信，请袁树勋"勉筹现款，以资接济"，捐助革命。

袁树勋曾担任过上海县令、上海道台、山东巡抚、两广总督等重要职务。这些地方地缘十分复杂，稍有不慎，即可能误国误民误自己。但他办事圆熟，在晚清政坛具有一定的影响力。他走马出任上海道台，眼见江南歉收，便千方百计采取措施，平抑米价，停征米捐，民众生活得以平稳下来。他积极支持绅商参与政事，修筑道路、桥梁、码头，整顿市政、交通、卫生，设巡警，裁批所，积极处理民刑讼诉案件。他发展教育与慈善事业，不遗余力维护国家主权。他离任后，上海绅商士民还给他立了"湘潭袁去思碑"以纪念。

袁树勋既有贪腐的一面，又能热心关注家乡公益事业。他没有显赫军功，没有科举功名，没有祖先荫封，而能从小吏一路做到总督，实在是官场奇葩。其实就靠的是金钱开路。所得财富，他也为家乡做了一些好事，1904年，黄兴等在长沙兴办明德学堂，袁树勋捐助1万元，给学堂购置了一批理化仪器及博物标本。他捐资1.6万元开办湘潭师范学堂，对湘潭育婴堂、保节堂也有捐助。值得一提的是，龙门寺原来属袁氏家庙，他捐资4000银元修复并扩建后改名为"龙门寺"，向社会开放。山东人的揶揄或许很能概括袁树勋的一生，"二分村气二分喜，半为功名半为财"，这话的意思是：为人有点土，圆熟招人喜，自己发了财，也还有政绩。是是非非，真真假假，如今都成过眼云烟。

关王庙

历史沿袭

关王庙，位于株洲县仙井乡关王村香炉山，始建于明嘉靖年间，当地民间为祭祀关老爷而自发捐资修建。仙井乡南靠渌口，北拱株洲，东接醴陵，而风景秀丽的香炉山又扼渌口通株洲与醴陵之咽喉，关王庙建在此处，实乃占据地利之便。因为历朝历代都对关羽的忠义褒奖有加，封帝封圣，可谓是推崇备至，所以民间祭祀关帝也就蔚然成风。该庙自建立以来就香火不绝，一直绵延到20世纪。当初修庙的时候就是选择上好的青砖与石条精心修建而成，特别扎实，期间又经过多次修葺，故使此古庙历经400年风雨而挺拔不倒。

关帝庙于1972年在"文化大革命"中被毁，当地村民于1987年自发筹资按原貌修复了关王庙，重塑关帝等5尊菩萨金身；1989年加建后殿；1990年改建前殿，增建厢房，加塑阿弥陀佛、二十四位诸天菩萨等31尊神像；1997年又增建山门。逐渐恢复了原来面貌与精神气质的关王庙，也逐渐恢复了香火连绵不绝、香客不断的常态。

【编者点评】 遍布全国的关帝庙宇，是中华民族独特的传统文化积淀。一座关帝庙殿，折射着当地人们共享太平的美好愿望，展示着这方土地淳朴的民俗民风；一尊关公塑像，就是千万民众的道德典范和精神寄托；立上一块青石古碑，总在向一代代后人传递一个感天动地的忠义故事。

历史沿革

禹王宫位于攸县菜花坪谭桥（今谭桥街道办事处）。迄今为止，禹王宫有近700年的历史，起源于黄甲洲禹庙。据同治版《攸县志》县城地貌图所记，黄甲洲在县西二里（菜花坪谭桥）。这里原来办有"黄甲书院"，人们在这个地方开挖渠道，引水东流灌溉着学校北边的土地，这样就形成了黄甲洲。

元代至治元年（1321年），民间有个叫谭任叔的人，在渠道上架了一座浮桥，并在洲上租赁地基建起禹庙。至顺六年（1335年），御史姚绂来到攸州，查看处理乱占学校土地的问题，应当地要求写了《复新黄甲洲记》碑文，其中记载了谭任叔建禹庙一事。明朝天顺元年至成化三年间（1457~1467年），县籍兵部右侍郎王伟，因受于谦案株连，被英宗皇帝贬归故里，期间他为禹庙题写了"禹庙梅梁"匾额。

清乾隆五十七年（1792年），因黄甲洲地势低洼，常遭水患，按形家之言，黄甲书院迁入城中"震阳楼"，名"震阳书院"。庙随校迁，禹庙迁入攸城南郊现址，渐次扩建为"禹王宫"。

清同治年间（1862~1874年），李公真人龙牌迎来攸县，安放在禹王宫内，从此，禹王宫同时又有李公庙。

清光绪年间，外地在攸经商人士不断增多，成立九邑（醴陵、浏阳、宁乡、长沙、善化、益阳、湘乡、湘潭、湘阴）同乡会，借用禹王宫作会馆。不久，同乡会改名为同仁宫，并开办"九邑同仁宾馆"，与禹王宫、李公庙并存。宫内同时供奉禹王、观音、李公、福主、火宫老爷等龙牌，又塑有李公真人神像，成为人们祭祀朝拜求吉保安的场所，于是同仁宫远近闻名。

至1949年攸县解放前夕，禹王宫、李公庙、同仁宫三位一体，占地面积约2500平方米，有宫殿及房屋30多间，前面有100多平方米面积的戏台，中间有憩坪，前后栋两边用天井连接，周围还住着做鞭炮、香烛、纸钱生意的人家。新中国成立初期破除迷信，宫内菩萨、龙牌被全部打掉。"文化大革命"中宫殿房屋被全部拆毁，有的给县房产建筑公司，有的改建为县日杂公司仓库。

1994年，开始筹备修复重建。1996年7月15日，一座仿古式宫殿落成，举行禹王诞辰4293周年暨宫殿开祭庆典活动。之后，在南岳静空法师（莲塘坳春塘人）的竭力关心和支持下，于1998年5月建成大雄宝殿，2001年8月扩建李公庙新殿，后又建成禹王宫戏台。2012年建成南岳宫，四殿合一，成为人们寻根问祖、求吉保安的好去处和观光览胜之地。

禹王宫

典故轶事

据说禹与其父鲧都是今湖南人，大禹曾娶涂山氏的后代，"名曰攸，生余"，攸县得名与禹之妻攸女有关。大禹曾经说过："吾百世之后，葬我会稽之山"。而攸县就有会稽山，上面至今还有禹王宫。而在攸县禹王宫有一则这样的真实事情，2002年禹王4300岁圣寿年之际，农历六月初四，香首何炳生为禹王塑像打扫卫生时，发现禹王塑像背上的腹脏处，竟长出了一棵灵芝仙草，直径13公分，经县科委派人鉴定，完全属实。在这样无阳光、无水分、干燥樟木、油漆载体的环境下能长出灵芝仙草，而且又是从神像腹脏内长出来的，乃古今中外的一大奇迹。

具有"湘东第一镇"称号的攸县皇图岭镇，据说是神农氏至大禹时期的政治中心和天文中心。传说，神农氏在这里受"龙马"的启示发明了"河图"，大禹又在这里将"河图"改成了"渌书"。"河图""渌书"是圣皇所发明，故又称"皇图"，是古代最为重要的天文历法工具。古人为纪念"河图""渌书"的诞生地，便将其地命名为皇图岭。

第六篇

宗祠牌坊

宗祠牌坊 ——— 株洲历史文化建筑

祠堂的名称最早出现于汉代，全面开启则是宋代。汉时王侯贵族多建祠堂于墓所，平民百姓没有资格修祠堂。到宋代，理学家朱熹《家礼》确立了祠堂制度，从此称家庙为祠堂。宋代理学家们大力提倡恢复宗法：各家族建立家庙，供奉祖先的神主牌位，使子孙有共同的祖先可祭，以联络各室宗亲。这样，一来可以恢复孝行，二来可使家庭社会稳固兴盛。至此祠堂已不再是建于墓地旁的一个单纯祭祖的场所，而成为了家族成员集会和族长施政的中心。从朱子开始，祠堂成为国人尊祖敬宗的重要场所，延续至今已有接近千年历史。

在封建宗法制度占统治地位时期，宗祠除了作为祭祀场所之外，还是处理家族内部事务、执行族规家法的地方，也是族人举行重大礼仪的场所，如冠礼、婚礼、丧礼基本上都在祠堂进行。所以，在封建时代，祠堂在一定意义上又成了衙门，具有一族"公堂"的性质。在社会主义建设的新时代，宗祠主要承担的是民风民俗的传承、怀念先祖的祭祀、家风家教的传承、寻祖归宗的认同感等功能。

株洲的宗祠建筑，也是秉持中华儒家文化为内核，把祠堂风水的好坏看做是宗族兴衰的关键，所以新建祠堂选址十分讲究，一般要注意龙脉和生气来源，背山面水，明堂宽大、方正，水口关拦以及左右互衬，四势匀和。

以宗祠为依托的族权与君权、神权一起，是封建社会架构体系，共同维系着封建社会的统治。

朱氏宗祠

历史沿袭

朱氏宗祠位于炎陵县下村乡鹭峰村老屋组，朱氏宗祠系江南清代祠堂式建筑，始建于清乾隆三十六年（1771年），占地面积700平方米，坐东朝西，由门廊、前堂和后堂组成，砖木结构，面阔三间，进深两间，封火山墙，硬山顶，台梁式构架，门廊有卷棚，梁坊、斗栱有龙、狮、鹿等透雕，前堂天花有八角藻井，前后堂之间有一露天天井。天井四周木构件上均有透雕。县级文物保护单位。

古风鉴赏

宗祠分上下两厅结构，中间置天井，有八根承重大柱，规模与布局较为宏大，建筑面积达200余平方米。祠堂主厅上方悬梁上悬挂着清朝圣旨牌匾，上书"圣旨旌表"四个金光闪闪大字，为清朝道光皇帝御赐，这是全市发现少有的圣旨牌匾。祠堂前坪，立有旗杆石两对，旗杆石分别长0.3米，宽0.2米，高1.8米至2米，上面分别阴刻"国学生朱咸章立""道光十一年辛卯岁仲秋月榖旦"和"国学朱祖祥立""道光十八年仲秋月榖旦"等字样，也为全市仅存的旗杆石。根据史载，在古代旗杆石也叫夹杆石，它是封建社会，中了进士做了官的象征，历代文人乡绅很看重"光宗耀祖"，这些旗杆石应该是朱氏家人中科举或做官后，专程回到祖籍所立。

典故轶事

源 流考析：下村一带崇山峻岭，原为茫茫的原始森林，许多地方荒无人烟，无人居住。明末清初，朱姓始祖从广东首迁酃县（今炎陵县）水口，其中一支于康熙末年，迁入下村。从水口朱家祠到下村朱家祠，就是一部炎陵朱姓的迁徙史，也是炎陵客家人的一部民俗史。

张氏祠堂

历史沿袭

■ 张氏祠堂位于炎陵县东风乡（现为鹿原镇）西草坪村鹏塘组。据《张氏族谱》记载，张氏祠堂始建于明洪武元年（1368年），至今已存在651年。清朝乾隆年间（1775年），张氏祠堂曾进行过一次大修。整个祠堂由青砖和木架构成，雕梁画栋，典雅古朴，属于典型的江南建筑风格。正门上方悬挂一块匾额，上书"张氏祠堂"四个遒劲有力的大字；大门两边挂有一副对联：奕叶千秋锦凤岭，风云万顷壮鹏塘。2012年11月公布为株洲市市级文物保护单位。

典故轶事

氏祠堂是为纪念民族英雄张先甲而建。祠堂里供奉了张氏列祖列宗的牌位，牌位上方悬挂了一块匾额书"柱国堂"。"柱国"在古代为最高武官的荣誉，柱国必须是由皇帝的心腹亲信担任。

当地人介绍，张先甲在清道光年间为太湖总兵，因屡建战功，被授予建威将军，赐一品顶戴花翎。1874年8月，在抗击外敌入侵的战斗中，张先甲英勇殉国。为表彰张先甲忠勇，朝廷派大臣护送其灵柩回故乡隆重安葬。

张氏祠堂不仅仅是因为建筑物的古老，还有就是张氏祠堂传承的种种美德。张氏先辈从古至今都有尊师重教、帮助寒门学子的优良传统。比如，古祠堂以前会有公田，祠堂每年会将公田发租出去。而收回的租金，一部分会用来资助那些要赴京赶考的贫寒学子。

历史沿革

　　陈氏家庙位于茶陵县秩堂镇合户村（原墨庄村中户），始建于下户山脚下，是奉祀墨庄陈氏始祖云兴公之庙堂，堂名"永思堂"。因山洪暴发，家庙被冲损，后又被战乱兵燹殆毁。清康熙戊子（1708年），择址重建于中户，占地1056平方米，主祠占地659.4平方米，是墨庄陈氏嗣孙及外衍的四十余支派共同捐款兴建的合族宗祠。该庙重建后，曾历经四次大整修：清雍正壬子（1732年）重修牌坊；咸丰庚申（1860年）和民国三十四年（1945年），又重修牌坊和主祠；1997年捐巨资，进行了大规模的整修翻新，使家庙焕然一新。2008年12月31日，株洲市人民政府公布为市级文物保护单位。

古风鉴赏

　　陈氏家庙，首先映入眼帘的是高大的牌坊，正门是古风扑面的楹联："基肇于唐，缅大邱高风令德，历代支派溯颖川；坊题自宋，看武穆尽忠报国，全副精神留墨庄"。两小门两边对联："墨海巨浪，人文蔚起彰祖泽；庄园新风，子孙绵延振家声"。正大门上方为"陈氏家庙"的巨型牌匾，牌匾上方是镶嵌的岳飞题字"墨庄"，其上又竖列一匾——"忠洁第"，整座家庙显示着历史的厚重感。家庙属三进式清代建筑物，青砖木料结构，小青瓦屋面，跌落山墙与马头墙交替运用。一进门正面开有三门，中大两小，是进入陈氏家庙的总入口。二进门上方设有人物石雕壁画和二龙戏珠等图案。左小门上方书有"宰相"以及人物乘船壁画及山水花草壁画，右小门上方书有"御史"以及亭台、人物、鱼、鸟壁画。三门上边有坊、木雕、砖雕、石雕、陶塑、绘画等工艺，气势恢弘，古朴美观。进入家庙内，前、中两进构成一个大厅堂，各进两侧分设有耳房。天井上方前檐悬挂"永思堂"匾牌，上下左右均有精湛的镂雕、浮雕，有麒麟、龙凤等工艺雕饰。过中门沿两天井中间廊道进入后栋寝成堂（祭堂），两侧也各设有小耳房。家庙集古代南方民间建筑艺术之大成，整栋建筑浑然一体，是境内陈氏现存规模较大、保存尚好的家庙。墨庄陈氏，生齿日繁，瓜绵椒衍，人才辈出。有明代崇祯庚辰（1640年）进士、监察御史、提督陈纯德，有老红军、共和国首任粮食部党组书记、副部长陈希云，有老红军、共和国上校（享受副军级待遇）陈光，有国家城建总局房产住宅局局长陈斌等。

陈氏家庙

  墨庄的传说：后唐时期，江西永新有陈氏三兄弟，是打猎的好手。一天，三兄弟沿山朝东南方向行猎，翻过一座大山（景阳山，唐代陆羽《茶经》中的"茶山"）后，忽见平地开阔，土地肥沃，生长着茂盛的植物和野果，特别是野麦遍地，是飞禽走兽的乐园，也是人类繁衍生息的好地方。因天色已晚，兄弟三人燃起篝火，饱尝野麦野果后，在此露宿。数天后，从高山打猎返回原露营地，当翻看火堆时，温度灼热，柴火仍旺，三兄弟认为此处是风水宝地，决定迁居此地繁衍发祥。

  后唐长兴元年（公元930年），陈云兴择良辰吉日，即由江西永新白渡村迁居此地，因遍地野麦繁盛，故取地名为"麦庄"。南宋绍兴六年（1136年），抗金名将岳飞讨伐曹成，途经此地，因天晚在此宿营。晚上，岳将军信步闲访，夜深还听到私塾里朗朗读书声，并且墨香扑鼻，好生惊奇。恰巧被私塾先生发现，盛情邀至家中作客。岳将军谈兴甚浓，深感此地文风、学风浓厚，在私塾先生的诚请下，有感而发，欣然挥毫写就"墨庄"二字，以示留念。"墨庄"字包含两层意思：一是此地肥沃，在黑土地上立下村庄；二是村庄内学风浓厚，读书、飞笔泼墨者多。从此，由原"麦庄"之名，改成为"墨庄"。陈氏族人除在家庙大牌坊上镶嵌"墨庄"匾外，还在陈氏家庙内，立碑刻石，镌刻烫金"墨庄"二字，标书"绍兴丙辰良月征西将军岳飞书"。因墨庄陈氏繁衍分支，又分成上户、中户、下户三个自然村落，新中国成立后实行社会主义集体经济体制，走合作化道路，故村名改为"合户"，沿用至今。

  陈氏家庙牌坊上悬嵌"忠洁第"三字匾，据墨庄陈氏族谱记载：陈氏二十二世祖纯德公，明崇祯庚午（1630年）中举人，庚辰（1640年）科进士，历任刑部主事、福建道监察御史、提督、北直学政，因民族气节强烈，忠君爱国，拒为清代作官，被殉清初甲申之难，谥忠洁，谥陈纯德为"忠洁圣人"。

历史沿袭

　　谭姓是茶陵第一大姓，总人口近十五万人，占全县总人口的四分之一，是全国谭姓人口集中的第一大县，谭氏宗祠家庙也很多，遍布全县各个乡镇。而坐落于茶陵县秩堂镇毗塘村巷脑上的"谭氏家庙"，是茶陵境内乃至湘赣边界规模最大、规格最高、品质最优、保存最好、形象最佳的一座明代时期祖祠家庙。该家庙于明万历四十六年（1618年），由明中丞、四川巡抚谭希思主持，举毗塘谭氏五大房之力，择址在左拥凤形龙湖，右傍琴台书山，后殿狮岗象岭，前瞻罗霄长垅，门迎雩水沃野，正处村中心之吉祥兴旺宝地而建，具有狮腾象舞，龙骧凤翔，琴韵书香，山高水长之形胜。布局"品"字结构，左右配有附祠，狮象前镇，庭开廊阔，远眺高山奇峰，近抱秀水田畴，恢弘大气；建筑依"步步登高"地势呈五进式，砖木结构，雕梁画栋，辉辉煌煌；款式为典型的明代风格，风韵质朴，古色古香，被誉为"云阳世家"。

古风鉴赏

　　谭氏家庙总体布局为一主祠、二附祠，前左幢为诰封祠，前右幢为五代祠，总占地1633平方米。主祠为三门五进式，依次为机斗牌坊、照壁戏台、惇伦堂大堂、钟鼓楼、敕书阁（阁楼下为后殿寝成堂），内有三个天井。后殿设龛，奉祀茶陵谭氏始祖可奕公、毗塘谭氏始祖寿璋公（字德崇）等列祖列宗。堂名：惇伦堂。家庙大门口至前坪，历来配有前狮后象，寓意"出将入相"。三个大门都挂镶有金字楹联，其中正大门联："一州文武巨族，三湘科第世家"。正门上悬挂"谭氏家庙"四个烫金大字的牌匾，笔力遒劲，雄浑端庄。正门上的机斗牌坊呈梯形，分三层：一层是三开回廊鸿垆，雕刻吉祥花饰图案，每开双向对称；二层为大鹏展翅造型，两边凹凸斜向外展，飞檐翘角，并以圆盘雕刻花朵配饰，正中镶嵌长方形牌匾，横书"云阳世家"四个烫金大字，纹饰龙凤呈祥等图案，意为茶陵的名门望族；三层为坊顶，设计成平肩出头样式，同样飞檐翘角，顶上和各翘角都饰有吉祥物，青瓦盖顶，四周用圆盘花块装饰。整个牌坊全是木质结构，采用暗式榫接工艺，凹凸相嵌的手法组成，共三丈九尺高，远瞻近观，像甲胄披肩，似冠盖相望，如鹍鹏展翅，极具祥瑞庄严。主祠主体为对称式，两边配厢房、回廊和吊楼，采用36根圆堂柱拱托屋梁到顶的结构，青瓦盖面，用青砖石灰浆砌屋墙，桐油、糯米饭拌石灰盖缝，保持四百余年墙体坚如磐石。祠堂上下，廊阔庭开，通透和畅；雕梁画栋，楹联光彩；花鸟禽兽，栩栩如生；日月山水，做工精巧，真是满目锦绣，美轮美奂。从大堂入后殿为"钟鼓楼"，放置了巨型钟鼓（直径各1.5米），右边是"景阳钟"，左边置"太平鼓"。后殿又叫"敕书阁"，共三层：一层为祭堂，设龛安放列祖列宗牌位和遗像，配有香案祭器及巨型香炉；二层是魁星楼，因楼顶棚镶嵌一个巨型"魁"字而名，祈愿后裔金榜题名、封官进爵，专作收藏历朝皇帝和朝廷对毗塘谭氏的敕命、诰封、诏书、任命等之用，内置吉祥八卦，外彰显赫魁斗；三层是观景楼，登高望远，青山绿水，长垅沃野，璀璨灯火，绚丽烟霞，使人心旷神怡。特别是顶楼四檐，采用名木雕刻成一百只活灵活现的鸟儿，每

谭氏家庙

只鸟嘴内装有各种鸟类叫声的口哨，在百鸟正面居中为一只亭亭玉立的凤凰，状如"众星拱月"，故名"百鸟朝凤"。每当清风徐来，百鸟婉转鸣啾，悦耳动听，融合屋檐四周的风铃撞击之声，犹如美妙无比的天籁之韵。

谭氏家庙风雨沧桑四百余年，历经坎坷和创伤磨难，曾于1946年遭回禄，后殿火焚殆尽，当年复修重振；大革命时期及中华人民共和国成立后，作为乡公所和大队部及学校得以保存；"文化大革命"期间，虽遭到破"四旧"的冲击，除损失了祭器、挂幛、谱牒、宫灯、牌匾等外，建筑物被族人齐心协力得到保护。随着岁月变迁，时代更替，谭氏家庙似耄耋老人，垂暮夕阳；如千岁古树，枝干横秋，形损危象，亟待抢修。1985年作了一次修葺，因时力维艰，简修为之。2008年，族人筹资一百万元，历经两年，依照修旧如旧的原则，复置大门前狮象，重建两附祠，对主祠全面重修翻新，古风新韵，再造辉煌！

物阜人杰，钟灵毓秀。谭氏家庙英才辈出，科甲鼎盛，史册芳垂。据族谱载：明清时代六百多年间，曾相继迭出进士六人(其中有明弘治六年进士、征仕郎、礼部行人司司正谭玉瑞，明万历甲戌进士、中丞、金都御史、四川巡抚、授中宪大夫谭希思，清光绪六年进士、殿试探花谭鑫振)；任监察御史三人；知州、同知六人；县令(知县)八人；县丞、金判八人；学正、教授、教喻、训导二十三人；例授正七品冠带十五人；授正九品征士郎十八人。民国时期，有中将、原国民党国防机秘专家、湖南才子谭国俊。中华人民共和国成立后，有中共湖南省委统战部原副部长(正部级)谭汤池，厅、处级干部二十一人，硕士研究生四十三人，教授、博士十五人。真可谓是：诗书望族，官宦世家。2011年10月21日，世界谭氏宗亲总会组织三十多个国家和地区的谭氏代表300多人，首次在茶陵开展寻根问祖活动，在昆塘谭氏家庙举行了隆重的祭祖大典，盛况空前，影响深远。

历史沿袭

■ 茶陵牌坊大都为州立、族立。明嘉靖四年（1525年）茶陵《州志》载：州立牌坊44座，其中为人物立39座。清同治九年（1870年）版续修《州志》：记49座，除照录明志44座外，仅增5座，为6位取得功名的州人而立。龙氏牌坊属此种，也是今天茶陵全境仅能见的一牌坊。该牌坊位于秩堂镇皇图村龙家屋组龙家祠正前方，又曰："中宪大夫坊"。建造于明嘉靖年间（1522～1566年），清光绪间重修。牌坊以花岗岩石块砌基座，青石板为装饰及雕刻构件，整个牌坊的装饰及构件或浮雕戏剧人物或镂空花卉、动物、几何图形。制作精细，造型活泼生动，雕刻玲珑剔透。体现旧时的"忠孝节义"主题。浮雕人物神态各异，栩栩如生，镂刻图案疏密有致，极为工细，表明当时当地牌坊设计与建造均达到了相当高的水平。从第四层起宽度有所收缩，两侧有翘角造型，顶端为"山"字圆柱造型，气宇轩昂。尤为难得的是，历时近500年，还完好无损，具有较高的历史、艺术、科学价值。

■ 2002年批准为省级文物保护单位。2010年被省政府批准为省级重点保护文物。

古风鉴赏

◆ 整座牌坊有人物浮雕9个，镂雕图案33个。脊为"魁星点斗"石雕，脊角饰鳌鱼6个，翼角饰鱼尾12个。所有石雕工艺精细，装饰性强。所雕"三国"故事十分精湛，人物最多者一块有19人，形象生动，姿态各异。背面雕刻多为几何图案，中门石楣上镌有书、剑和双凤朝阳图案。此牌坊的镂空雕实属一绝，使厚重的石制牌楼变得轻盈而雅致。石坊工艺独特，并非见诸报刊中介绍的"用石料砌成"。据《现代汉语词典》，"砌，用和好的灰泥把砖、石等一层层地垒起"，而龙氏牌坊不见任何灰泥，方形条石的竖接、横接只见缝隙线纹，相衔接处石与石之间甚至连括须片也无法插入，实则为一种暗式榫接工艺。牌坊构件由于有雕花石板嵌入，条石相接凸凹部分须采取梯形，相接时稍用外力置入，即达到吻合。部件十分工整，不能有丝毫马虎。凸凹相接，使得部件与部件之间相接后只见缝隙线纹，"工匠精神"可见一斑。

典故轶事

明清两代龙氏家族先后有四名成员册封或诰封"中宪大夫"。"中宪"为正四品官。中宪大夫石牌坊是为纪念族中明清两朝的五名中宪大夫，激励族人们励精图治，为家族增光，为国家贡献力量。清朝年间，石牌坊在一次大风中被刮倒，后被族人重建。"文化大革命"期间，造反派们认为石牌坊是"四旧"，企图用粗绳索将石牌坊推倒，但并未成功，反遭到村里老人的责备。

秉承龙氏始祖的传统，茶陵龙氏中英才辈出，涌现出一大批杰出人才。《茶陵龙氏概况》中提到的龙氏优秀人才就达到了149位。

龙氏牌坊

龙氏祠堂位于湖南省株洲市茶陵县秩堂镇皇图村龙家组，建筑占地面积246.6平方米，坐西朝东。始建于明朝万历年间，青砖木料结构，青瓦屋面。分前中后三栋，由封火墙将各栋连为一体。历来为皇图龙氏族人祭祀、议事、演戏场所。家庙宽12米，长20.55米。祠堂内有屋柱22根，有天井、藻井、浮雕、镂雕、牌匾、香案等。2011年被批准为湖南省重点保护文物。

龙姓家族的祠堂除了这座外，在茶陵其他乡还保留着多座。仅秩堂镇还有东首大场、杉木冲、东坑寨背、田湖三角冲建有龙氏祠堂，经过岁月侵蚀或有损坏，近几年，都得到了族人的抢救，将其保留了下来。

历史沿袭

龙氏祠堂

典故轶事

秩堂龙姓始祖龙曜公其人

地处湘东边陲的茶陵，与江西永新毗邻，自古以来，民间交往密切，株洲茶陵龙氏也是从江西永新迁居过来。公元985年，宋雍熙年间，龙曜中乙等科举，从江西赴茶陵当县令。任职期间，对当地的百姓爱护有加，得到百姓的敬重。任期到了以后，龙曜准备回江西永新老家。龙曜担着行李，一路往老家赶，当走到茶陵的浣溪镇龙下村时，村里的老百姓挽留龙曜留下来。见到村民如此，龙曜留了下来，在当时的洣江书院（今茶陵一中的前身）当老师。此后，又有曜公兄发公的后裔龙天跃、龙济伯、龙兴隆、龙高飞等四支龙氏从永新迁入茶陵的秩堂、浣溪、高陇、火田、虎踞等乡镇，并在茶陵落户，成为茶陵大族。曜公的子孙在茶陵开枝散叶，根据最新修订的《茶陵龙氏概况》记载，经过1033年的发展，曜公的子孙已经有51代，在茶陵县秩堂、虎踞、浣溪、桃坑等12个乡镇、40多个村庄均有分布，而秩堂镇皇图村2300多居民中，龙姓占了百分之九十八以上。

历史沿袭

上云桥颜氏家庙最早建于明代（1542年），进士颜嘉会与举人颜嘉善在攸县上云桥建造金河庵，为颜氏家庙，《攸县志》有记。清康熙三十年（1691年），云桥颜氏祠堂始建于上云桥船形屋场背屋。1787年，迁祠于攸醴县道路边的张家塘。清嘉庆十七年（1812年），于船形屋场背屋原址重建新祠。2010年，因原祠历经岁月，已近破败，遂仍就原址，拆旧新建。新祠建筑面积750平方米，占地面积1500多平方米。青砖墙、红绿瓦、古风古韵。祠前两块"进士匾"，两尊石雕巨狮，正殿22根屋柱，恢恢乎尽显大家故族之风。

復聖

上云桥颜氏家庙

典故轶事

颜氏之先，出自黄帝苗裔颛顼玄孙第五子晏安。周武王封安之后裔挟于郱国（今山东邹县），附庸于鲁。郱挟七传至夷父，夷父字伯颜，《公羊传》谓之颜公。夷父有功于齐，齐威公封夷父之子友为小郱子。友遂以颜为姓，称颜氏。

云桥颜氏，远祖是春秋时孔子的高徒颜回，中祖是唐朝鲁国公颜真卿。颜真卿五世孙颜诩，五代时，在永新做县令，与弟台州招抚使颜翊、郴州刺史颜翔，留居江西永新。

明洪武元年戊申（1368），颜翔二十世孙吉安府学教授颜同初携三子七孙，由永新徙迁攸县聚都上云桥湖田湾（今高岸）立籍开派。同初为迁攸云桥颜氏开基祖，其后裔渐次繁衍，遂成望族。有"一里三进士""一门四国戚"之誉。

有明一代，云桥颜氏考中进士3名：颜夒、颜守忠、颜嘉会。另有恩赏进士2名：颜孟迪、颜孟宾。颜夒在1454年考中孙贤榜进士，这一年才31岁，随后授官江西泰和县令，死后葬于长沙岳麓山下湘江边上的天马山。许多年后，攸县进士易舒诰奉旨出使，路过岳麓山，写了一篇《岳麓赋》，言及："登览胜迹，山左天马山鞍头踏环形，攸邑颜梅奄（夒）公坟在焉。"颜夒之孙颜守忠，在明正德九年（1514年）考中进士，时年44岁，随后授官四川巴县县令。颜守忠之子颜嘉会，在明嘉靖年间（1538年）考中进士，时年21岁，后一直做到云南按察司副使（相当于今省委组织部部长兼纪委书记）、贵州布政右参议，以循吏称。父、妻因此都得到皇帝的封赠。云桥颜氏还考中举人4名：颜霖、颜（谭）志高、颜嘉善、颜若愚。颜霖，1423年中永乐癸卯科，历官河南绪川、直隶当涂、云南征江府教谕、教授，最后做到北京国子监助教，七十岁退休，定居于长沙草潮门。颜（谭）志高，1420年中永乐庚子科，授官江西高安县令。颜嘉善，1540年中嘉靖庚子科，时年24岁，后例授文林郎。颜若愚，1561年中嘉靖辛酉科，时年28岁，后累官四川保宁、巴州知州（相当于今地级市市长）。此外，颜时用，为攸县明代第一任学官训导（相当于今县教育局局长），在去京朝谢皇恩途中，因翻船溺死于洞庭湖，妻张氏时28岁，子颜霖才8个月大。张氏守节40多年，抚子成人，旌表为节妇，载于县志。

云桥颜氏因是望族，与明室皇族数度联姻，"四结皇亲"。洪武十八年（1385年），同初之孙女颜三贞被选配长沙明藩王潭王为妃。三贞兄弟孟迪、孟宾由此成恩赏进士，之后举家移居长沙善化白沙井老龙潭。颜夒继配王氏，则是朱元璋的曾外孙女。王氏之母为朱元璋成穆孙贵妃所生，封为怀庆公主。怀庆公主嫁与永春侯王宁，生王氏。颜夒与王氏成婚后，生四子二女。长女成年后又嫁了明英宗的第九个儿子吉简王为妃。明末崇祯年间，内阁中书颜国彦之子颜士昆，娶吉王府郡主为妻。

云桥颜氏明代时，已有一支迁居长沙草潮门、岳麓山。留居攸县的后裔子孙散居县内上云桥等13个乡镇及湖南衡东县。1995年攸县五修谱时，已繁衍至91代，3100余人。

小车贺氏总祠

历史沿袭

小车贺氏总祠，由两支贺氏宗祠重建后统称。小车贺氏归属江西永新良坊贺氏。宋太祖建隆元年（公元960年），永新贺氏六世孙贺天贶由良坊徙迁攸东柏市小车（今泉塘山）立籍开派，后派衍南溟桥等4支贺氏。小车宗祠始建于宋代初年，址在柏市泉塘山余里组。贺氏大宗祠始建于明正统年间（1436～1449年），址在黄丰桥窑下。2014年由南溟桥贺氏倡首，择址黄丰桥前重建新祠，称名"小车贺氏总祠"。新祠纵深三进，两层楼，50根屋柱落地，上中下三厅，两边厢房，祠前为乡村大舞台、牌坊和广场，建筑面积2128平方米，占地面积4628平方米。

典故轶事

车贺氏是攸县300多支族姓中的一支旺族。公元960年，为避周乱（五代十国后周），开基祖宏林居士贺天赐由江西莲花良坊，迁入攸县东乡四十八都小车（柏市泉塘山村余里组）立族，嗣孙遍居小车、高田、塘冲（车塘）、马坊桥、罗源社、板桥冲、长沙、湘潭等地，在攸至今已有1056年的历史。目前，小车贺氏在攸县已是近9000人的大族。而且，人才辈出，在早些年的《攸县志》中，小车贺氏有10人列入县志。

蔡氏家庙

历史沿袭

蔡氏家庙坐落在攸县渌田靠安仁边界的黄岗坳前,原有一普通民房,内设渌田蔡氏自南迁13代牌位作为祖堂,在明万历己丑大仆寺卿蔡槐庭倡议下,筹资金在原祖堂左侧兴建"蔡氏宗祠"。兴建了前廊牌坊,上书蔡氏家庙,左刻"科第世家",右匾"湖湘望族",分别为衡州太守和省督学所题,拱门与玉峰相望,若人高拱深揖其前,牌坊内前后四厅,一栋为"世封第",挂着皇封各种匾额,墙上刻着历代臣官籍记(简介)。二栋爱敬堂,嵌刻着"忠、孝、廉、节、士、农、工、商"八箴以警示后人。三栋佑后堂,为祭祀集合的地方;墙上刻有槐庭题的家训:"为人在世上,所重在纲常。孝子家麟风,忠臣

国栋梁。心安茅屋稳,惟是菜根香。恶路性奢侈,达人戒履霜"。四栋为历代祖宗牌位,排列有序。两厢右为登榜所,左为司樽厨房。整个建筑规模宏达,气象壮观。

典故轶事

氏始祖为何从蔡朝端算起?原由为原始祖蔡吉随南宋南迁,官至潭州(长沙)别驾,将家族迁至渌田和安仁益相里的桑田垅,繁衍生息,由于宋元兵乱,蔡氏受害,家谱遗失,前13代子孙只有名字,行状不详,无法修谱,于是族人将前13代元始祖立于老庙。新祠内以蔡朝端为二代始祖。

朝端是怎样的人物呢?蔡朝端,字忠,号雪松,生于元朝圣元元年,是一位饱读经纶的教育家,元朝之初恢复宋时科举制度,用汉人为基层官员,朝端被任为帅府主事,其兄和弟也任七品散官,至明朝建立,被荐为安仁县司铎,受到朝廷重用。他在安仁上任,尊儒重教,教育有方,兴办"安仁书院"。他亲撰"勉学篇"置于孔圣牌位之下:

"天下功名学最先,一经莫负此青年。为山务要堆成岳,掘井还期直到泉。白日休从闲里过,青灯常拟夜深眠。古云世上无难事,肯信心坚石也穿"。

每日学生敬拜孔子大人之后读诵此篇,迪迪铭记,从而刻苦学习,成为栋梁之才,明代安仁几十位举人和进士多出此门。朝端在安仁任职12年,倡兴教育,业绩裴然,在当地感恩颂德,受到拥戴,他创办安仁书院时亲手栽的银杏树,后长大成荫。学子周德安曾作古杏禽言赞曰:

"培本知何日,依稀二百年。龙晴秋颗颗,鸟语书便便。游息舒观听,吾伊杂管弦。物晴与天意,至乐自相牵"。说前人栽树,后人乘凉,比喻蔡朝端树木育人的业绩。

1380年朝端称病辞归,颐养天年,自得其乐,但不忘教育子孙、培养后代。制定本族奖读方法,建立"严考课"制度,使全族人崇文重教耕读为本,兴家育才,全族读书蔚然成风,代代相传,明清两朝培育了秀才1000多人,其中考上进士5人,举人31人,明经230多人。从而书香门第、科第世家,名副其实,为攸县八大家之一。

香山刘氏宗祠

历史沿袭

香山刘氏宗祠始建于清康熙三十一年（1692年），址在东院祠堂坪。2013年，族嗣刘长远等倡首筹资300多万元，建成香山刘氏宗祠，气势恢弘，海南军区政委刘鼎新少将题写祠匾。宗祠占地面积8256平方米，建筑面积1200平方米，纵深三栋，两边厢房，36根屋柱落地。首设三门，18级大理石台阶，前面是一个可容纳上万人的大广场，为县内迄今规模最大的新建宗祠之一。

典故轶事

刘氏系出汉高祖刘邦，归属江西安福蜜湖刘氏第七支南溪派。元末至正年间（1341～1368年），在"江西填湖广"移民大潮中，元进士海岛令四六郎第三子刘俊三，由江西安福梓溪（今莲花县严塘）迁徙至今攸县峦山东苑开派。族名"香山"，因族人发祥地东苑（今东院），地处攸县东名山香山峰麓。自元初开基650多年来，已繁衍二十七世，为攸县人丁逾万的六支大族之一。

香山刘氏与县内东乡中洲、排溪、丹陵、圆湖、界江、石塘七支刘氏同源同祖，均为江西蜜湖刘氏所属支派，其鼻祖均为汉赵敬肃王刘彭祖之子阴城侯刘苍。

漕泊洪氏家庙

历史沿袭

洪氏家庙是一处始建于明代中期的家族祠堂建筑，属于洪氏家族祭祀祖先和先贤的场所。坐落于攸县漕泊乡新屋村，新屋盆形。祠宇青砖青瓦，前栋牌楼横开五间，重檐翘角歇山顶，把三扇高大的拱门衬托得典雅大气。前檐下方有八仙过海浮雕，三进拱门额书"忠宣堂"三个黑漆底金字，刚劲有力。

家庙始建于明朝宣德年间（1426～1435年），重修于明朝嘉靖年间（1522～1566年）。正殿供奉着宋朝名臣洪皓画像，洪皓谥号忠宣，故洪氏家庙又称为"洪氏忠宣公祠"。1995年，族嗣洪家运倡首，筹资100余万元，历时三年建成洪秀全纪念堂（后栋设洪氏宗祠忠宣堂）。1997年农历十月初九洪秀全诞辰日举行落成庆典。

古风鉴赏

远看洪氏家庙，坐北朝南，前朝台陂山，后方来龙山脉层层叠叠步步高，与左方凤形山、右方婆婆岩组合，形似太师椅。右侧又有溪流似玉带环绕，潺潺向左流去，宛如玉佩碰撞声。山山水水自成的奇特环境，可谓繁衍生息的发祥宝地。山峦起伏似笔架。左前方有一口三亩见方大的池塘似砚池，恰与远处的"笔架山"构成了"书香门庭，当主文运"的意境。尽管庙宇在青山环绕之中失去明朗的色彩，却因此而产生了厚重的历史感。它曾经辉煌于世，不仅因为有其独特的自然风光，而且有着丰厚的人文积淀。

典故轶事

洪氏系出舜帝水官大禹，归属唐将作监主蒲洪玉之裔。元至正（1341～1368年）初年洪玉十七世孙洪毅斋（福二）自江西永新八都花陂，迁徙攸县东江乡漕泊开派。毅斋之兄竹斋（福一）后裔由江西永新西迁湖南，复迁广东、广西，太平天国领袖洪秀全系竹斋位下嗣孙，于广西桂平金田村起义。明朝蒡泊、竹林洪氏曾出过三个御史，三世孙洪性累官山西监察御史升任江西按察使，三世孙洪伦范赠山西道监察御史，五世孙洪云蒸（号紫云）累官至广东三省监军参政，殁赠右副都御史。

南田夏氏宗祠

历史沿袭

■ 夏氏宗祠位于攸县石羊塘镇南田村，始建于明万历己酉（1609年），尔后数度重建，祠宇宽敞。2008年由民营企业家夏四立与台胞夏光卓等捐资迁址重建，迁建于南田祖山荷花形东麓。祠额"夏氏家庙"。

■ 宗祠纵深三进，古风古貌，16根大理石柱竖立厅中。主体工程建筑面积644平方米，附属工程总占地面积3500平方米。祠内设有大、小会议室，道德讲堂，厨房、仓库一应俱全。祠前乡村大舞台场地宽阔。

典故轶事

攸县南田夏氏，系出上古治水英雄大禹，该族肇自宜春，宋朝外戚始祖子俊公，字秀夫，官少保节度使，以功封江南仁威利济侯，卜居于永新县汤村，元末，为避朱元璋与陈友谅争霸战祸，由江西永新汤村徙迁攸县海都南田（今石羊塘境内）开派，迁攸始祖清远公，元至正年间卜居攸县南田，衍为六大房。明天启四年（1624年）曾与汤村合谱，清雍正、乾隆、嘉庆、咸丰、民国间南田续修，1999年七修。清道光己丑殿试二甲第四名夏恒即为长房第十七世孙。2008年八修族谱全族五房十分人谱嗣孙11192人，为攸县人丁逾万的六支大族之一。

南田夏氏宗祠　吴氏宗祠　宗祠牌坊　株洲历史文化建筑

吴氏宗祠

历史沿袭

吴氏宗祠位于醴陵市白兔潭镇荷田村老屋组，距醴陵城区60多里，山水相间。醴陵荷田吴氏始迁祖宝公，清顺治末年自福建建宁迁此，400余年。吴氏宗祠初建于清嘉庆年间（1796～1820年），现宗祠为民国初年重修，坐南朝北，房屋占地面积485平方米，砖木石结构，硬山顶，封火山墙，墙上有垛，垛上用泥塑饰弥勒佛、花瓶，现存5个。有7对石柱，4个天井。整个房屋面阔三间两进，左右各一厢房共4间。2001年进行过一次全面维修。

吴氏宗祠建筑风格比较独特，结构精美，同时也是我市祠堂中唯一还保存有族校的祠堂。

2012年1月，吴氏宗祠被列为醴陵市市级文物保护单位。

古风鉴赏

◆ 主体建筑中央包括"入孝"和"出悌"，辟有3门。中间大门分两扇各绘一幅彩画门神，顶盔贯甲威风凛凛，两侧青砖门墙，石柱上镌刻着门联：祖业恢弘，几经风雨根基稳；贤裔奋发，一举整修祖德深。

◆ 从大门跨入门厅，感到视觉格外空阔，一眼就能望到内堂后墙摆放祖先牌位的"祖庭"。它沿大门中轴线，两侧各有6根高4米以上的方形大石柱，高高撑起跨过两旁天井的整个厅堂，置身其中，你不由仰望，会把脚步放轻。想象香烛缭绕中，一片庄严敬谨，这大概就是祠堂建筑带给人的第一个感觉吧。这对石柱把厅堂分为三进三开间。从门柱到第一对石柱是头进门厅，门厅过去是天井屈院，占第1到第4对石柱的位置。中间甬道宽阔平坦，两侧天井各宽约一个开间，上架长廊与门厅左右相联，所有地面一律青砖铺，与祠堂两侧燕尾翘角的青砖山垛墙风格统一，横平竖直的石灰抹缝令人赏心悦目，呈现一种特有的古典建筑美。天井的作用主要是采光和疏导雨水，兼种植花木、置放盆栽。过天井到第5对石柱是横厅，为第二进，与两旁天井廊道相通，照例是左置钟右架鼓的所在，中央顶部为一八角形斗栱藻井，下悬一匾题日"延陵衍庆"。第5对石柱到第6对及后墙止为第三进，也即进门就能看到的"祖庭"。每一对石柱，均大字阴刻楹联一副，或颂述祖先、或劝勉族人，朴实无华，语重心长。如第二对石柱刻的是：

创业维艰，虽丝粟勿忘先泽；守成不易，惟耕读可振家声。

第六对石柱则刻：

嘉庆前贤架殿宇喜建伟业，共和后人护穿庐乐承遗风。

看得出是民国初期后人重修所题。

彭氏牌坊

历史沿袭

彭氏牌坊位于醴陵市国瓷街道华塘村,清乾隆二十八年(1763年)开工,乾隆三十一年(1766年)竣工。系邑绅彭之冕为纪念父亲彭明俊和母亲袁氏而建的石牌坊。彭氏牌坊坐南朝北,高7.86米,宽6.28米,占地面积14.82平方米。共有二层四柱三门。历经二百余年风雨沧桑,现牌坊整体基本保存完好。它虽湮没在繁华市区的角落里,但以其尊贵的身世诉说当年的繁华。

2011年1月,彭氏牌坊被列为湖南省省级文物保护单位。

古风鉴赏

彭氏牌坊全用麻石砌成。歇山式顶,龙伏鸱尾,翼角高翘。四柱为方形,边长36厘米,柱下坐兽为八个仰视小狮子。牌坊正面中门牌额阴刻楷书"奉直大人彭明俊暨宜人袁氏之坊",其上为立牌坊的诰命,诰命之上有"圣旨"两个大字,字周边雕龙凤等吉祥饰物。所刻饰的龙凤、麒麟、人物、狮子滚绣球等浮雕生动活泼,栩栩如生。牌坊左边门额刻有"敦伦"二字,右边门额刻有"乐义"二字。字体遒劲有力。门额下左雕文官出巡图,右为武官出巡图。牌坊背面中门上部刻有"恩荣"两个大字,大字之下刻有牌坊主家人的姓氏名号、职务及建牌坊的题记。

典故轶事

现古牌坊,是中国特色历史文化建筑,是封建社会为表彰功勋、德政、科第所立的建筑物,株洲现存的古牌坊建筑,境内除了茶陵的龙氏牌坊,就数醴陵彭氏牌坊了。牌坊的修建者彭之冕,字义庵,因有六尺长胡又在兄弟中排行老三,被县人称为"彭三胡子"。为人豪爽,乐善好施。据《醴陵文化》载:彭氏家族地位显赫,世代为官,从牌坊现存的石雕图案,可见其恩荣非同一般。彭氏牌坊就是彭之冕为纪念父亲彭明俊和母亲袁氏功德,向乾隆皇帝请旨修建的功德牌坊。彭氏牌坊是醴陵仅存的一处牌坊,因为附着于牌坊本身的众多的历史文化遗迹,其蕴含的文化价值不可估量,便有一些人打起了收购彭家牌坊的主意。20世纪末,一个香港人企图整体拆买彭家牌坊,但彭家后人及村民不为金钱所动,严词拒绝,才让这一珍贵文物保存下来。

叶氏宗祠

历史沿革

叶氏宗祠位于醴陵市浦口镇仙石村，始建于道光二年（1822年）。民国六年（1917年）和1994年进行过修缮。该建筑系砖木石结构，三开间，二进式，三级封火墙，青砖地面，占地面积约318平方米，是醴陵境内保存较完整的清氏祠堂建筑之一。

2008年12月，叶氏宗祠被列为醴陵市市级文物保护单位。

典故轶事

叶氏始祖，叶公，字子高，也即成语中的叶子高，他非常喜欢龙，器物上画着龙，房梁上刻着龙，真龙知道了就到叶家拜访，把头伸进窗户，尾置于大堂，叶子高吓得魂不附体，这是成语典故中的叶公。真实的叶公系春秋时期楚国左司马沈尹戌之子，他才能出众，在楚惠王熊章执政时期（公元前488～前432年）被任命为楚国北边要邑叶邑的行政长官，因楚县尹通称为"公"，故称"叶公"。叶公曾在叶邑大力兴修水利，使当地的生存环境有了较大的改善，邑人"莫不钦戴"。其后裔以先祖封邑为姓氏，称叶氏，世代相传至今，叶邑由此成为叶氏祖地，叶公则被叶氏族人尊奉为得姓始祖。

醴陵仙石叶氏始迁祖道芸公，清顺治初年自江西龙泉迁此。族人分布于大屏山、清水江、萍乡。

泗汾刘氏祠

历史沿袭

泗汾刘氏祠位于醴陵市泗汾镇符田村，建筑面积1300多平方米。该建筑坐西朝东，砖木石单层结构，分三进，马头墙、梁架、顶棚、层面均保存完整。家训对联12副，分别阴刻在石柱上。该祠堂始建于明代，清光绪年间重修。每年的清明节刘氏后裔在此进行祭祖。

该祠堂建筑本体虽陈旧，但基本框架保存还算完好，其文化内涵也比较丰富。2008年12月，泗汾刘氏祠被列为株洲市市级文物保护单位。

古风鉴赏

祠堂内有家训对联12副，分别刻在石柱上，极具地方乡土特色。前堂高大宽敞，天花彩绘，是族人集会之地。中间是过厅，过厅与前堂之间，雕梁画栋，图案精美，楼台亭阁，山水花鸟，人物故事，栩栩如生。

典故轶事

醴陵刘氏始祖遐公，字成始，一字正长，号从远，仕晋安成太守，留居安福笪桥刘家巷。传十世至大年公，徙居和州永年公，世居笪桥；延公，徙安福龙云下村；洒公，徙安福石屋。延裔二十世又分为承勋、承嵩、承贵、承宾、承赆、承美六大支，后人散居醴陵、攸县、茶陵、湘乡、宜章、衡山、郴县、湘潭、酃县、邵阳、武冈及江西各地。裔孙中不少名人，如：庐陵清水派三十八世刘尧诲，临武下洞刘家村人，明万历时期，先后官至兵部侍郎兼御史中丞、两广总制、南京都御史、户部尚书等。醴陵义井派四十八世刘鹏年，前华东师大校长，还有醴陵清安铺派五十二世刘建绪，民国时任福建省主席。

醴陵刘氏始祖袍公位下，徙居醴陵各地，其泗汾符田刘氏始迁祖明德公，明洪武初年自江西安福迁此。族人分布于蛇符铺、茂田、仓卜里。

潘氏宗祠

历史沿袭

潘氏宗祠位于醴陵市明月镇水口山村，始建于清雍正十年（1732年），乾隆十一年（1746年）重修。现占地面积4000多平方米，三开间，砖石木结构。祠堂中多石柱，石柱上多阴刻对联。是醴陵境内建筑规模较大、保存较完整的乡村祠堂，吸引了不少游客前来观光。

2008年12月，潘氏宗祠被列为株洲市市级文物保护单位。

典故轶事

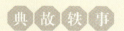陵东乡潘氏来自武冈三岚，远在明朝末年，由于社会动乱，战祸不断，疫病流行，民不聊生。九世祖应敕公之子友国公，为了生计，含泪悲伤告别父母，离开了生他养他的武冈三岚，跟随叔父应根、应本、应楚三公由武冈来到醴陵东乡兰宜、潼塘，艰苦创业，延展至今，已有三百多年。虽然经历了朝代的更替，但宗祧始终不绝，香火依然。清朝道光年间进士潘公晓潭，与曾国藩同科，道光二十三年续修族谱的时侯，曾国藩曾以同年和广西正主考的名义代为作序，其序至今留存在谱中。

应根、应本、应楚三公定居在富里镇潼塘。据传：当时扦标占地为"楚"。因潘氏晚来一步，误将标插入了外姓之地。外姓即将潘姓标丢入双江口河中，标随水而流，一直流到渌口上。于是，官府判定潘氏的管辖就以河为"楚"，以船为家，以捕鱼为生。因生计艰难，应根、应本、应楚三公的后裔流落他乡。友国公来到醴陵东乡后，在富里镇华埠定居。友国公生一子日龙公，日龙公生二子，长子时崇公，次子时峰公。时崇公在醴陵华埠村定居，时峰公在富里镇集群村兰宜坡定居。

友国公乃一孝子，常常思念先人，留恋故乡，每年清明，必回武冈三岚扫墓。临终仍告戒儿孙：勿忘家乡、勿忘三岚。其悠悠乡思，永激后人。也正因为如此，回武冈三岚扫墓的传统一直流传至今。

第七篇

红色建筑

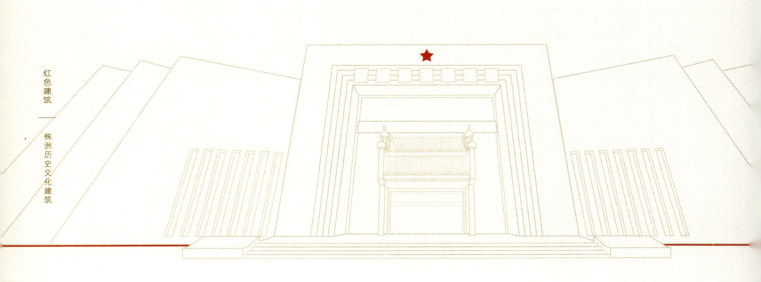

株洲留下了无数的红色文化遗产。如果从1927年秋收起义这个历史节点前后求索，株洲近代百年来可谓风云际会，发生了湖南哥老会起义、萍浏醴起义、湖南农民运动、秋收起义等。为什么影响中国历史的这么多重大历史事件会在株洲一带发生？这里面到底有什么深刻的地理与历史渊源？如果我们站在历史生态学的视角去解读，这些历史大事件的发生，与株洲独特的地缘关系、文化背景是紧密关联的，仔细梳理这些历史事件，其实离不开一个主题即：红色文化资源——革命建筑遗址。

株洲红色建筑遗址，刻上了弥足珍贵的伟人足迹，留下了感天动地的先烈故事。革命遗址既是我市亟待开发的重要红色文化资源，也是我市文化软实力的重要组成部分，更是传承红色株洲的有效载体。保护、开发和利用好革命遗址，对传承革命精神、树立社会主义核心价值观、建设先进文化、推动经济社会可持续发展、促进株洲文明建设，具有重要的现实意义和深远的历史意义。

本篇采集的红色建筑史料，不囿于建筑年代、建筑性质，而主要以红色文化为基调，向读者舒展波澜壮阔的红色文化内涵和可歌可泣的红色故事。

历史沿袭

茶陵县委大院位于茶陵县云阳街道办事处交通街。县委院内有四栋苏式建筑风格二层红砖瓦房办公楼。正中央的主楼，1957年建，现在是县纪委、宣传部、政法委、统战部的办公室。在主楼的东西两侧，各有一栋翼楼，都是在1958年建成，现在是县委组织部和县委办公室的办公驻地。常委办公楼，1959年建成，建筑坐北朝南，占地面积约650平方米，这座红色的小楼，在湘东乃至整个湖南，都颇有知名度——毛主席住过的地方。

修建于20世纪50年代的这四栋两层砖木办公楼，至今60多年里，只经历过两次小整修，古朴的院子绿树成荫，被称作"湘东最美办公楼"。

红色典故

茶陵县是井冈山革命根据地六县之一，是工农革命军进驻井冈山后打下的第一座县城，诞生了中国第一个县级红色政权。1965年5月21日，千里寻故地，毛主席重上井冈山，途经茶陵，在茶陵县委大院第25号房住宿一晚，当晚，酷爱读史的毛泽东阅读《茶陵州志》，一直读到凌晨三点才睡去。那一夜，他或许回忆起38年前在茶陵度过的那段光辉岁月，或许还在构思那首著名诗词《水调歌头·重上井冈山》的腹稿。这是中华人民共和国成立后，他唯一一次夜宿县城。第二天上午，就在这栋县委常委楼的前坪，与当时的13位茶陵县部委办领导合影。从1965年6月起，茶陵县委将毛主席住过的房间设为陈列室，房间里，只有一张两端高低不平的木板床，两把布沙发，一张油漆剥落的老式写字台。

鲜为人知的是，穿过国防教育展馆，下到地下三四米深处，是四通八达的防空洞，连接县委大院的每栋办公楼，有六个出口通向大院之外。从1969年开始，县委160多人，无论男女，不管职位高低，一下班就自觉来这里劳动，前后挖了4年时间。不管是县委书记、常委、一般干部，每天都要来，下班后都要到这里来，挖泥巴，挑土。今天透过防空洞的通风口，仍可望见县委大院里无处不在的绿色。这些树都是一茬又一茬在这个大院工作的人们种下的。

行走在这个大院里，今天的人们早已想象不出它最初的模样。多年从事当地文史研究的尹烈承走访过许多见证者，他描绘，这里原本叫乱葬山篾箕窝，听名字就知道，是一片坟头众多的荒山野岭。从1957年建县委大院算起，将篾箕窝建成花果山，这60多年来，茶陵县经历了20任县委书记。这60多年来，也没有一次搬迁和新盖办公大楼的动议。

"弘扬革命传统，争取更大光荣"。在县委常委楼门口，这两句题词是1951年毛主席送给茶陵人民的，盖这栋办公楼时就镌刻上去了。大楼前方的石碑，刻录着《水调歌头·重上井冈山》，最后两句是：世上无难事，只要肯登攀。在毛主席当年散步的院子里，"一挥台"上印着他在重上井冈山说的一句话：日子好过了，艰苦奋斗的精神不要丢了。

茶陵县委大院

古风鉴赏

县委大楼为二层砖木结构,红砖筑墙,楼面为木地板,广设窗户,采光和通风效果较好;建筑外立面为拱圈式窗,窗框线脚突出墙面,局部窗头采用叠涩的处理手法;圆形墙面运用壁柱来增强结构的稳定性等构造手法丰富了外立面的层次感,既美观又实用,是典型的仿苏式建筑的做法,有强烈的时代特征,是20世纪50年代建筑风格的典型实例,这类建筑,目前保存下来的不多。

历史沿袭

工农兵政府旧址位于茶陵县城关镇前进村三角坪，旧址原系南宋至清代的州（县）署衙门，始建于宋代中叶之末。1927年毛泽东先后两次挥师攻占茶陵城，并于1927年11月28日成立了第一个红色政权——茶陵县工农兵政府。茶陵县工农兵政府成立之后，以谭震林、陈士魏、李炳荣三位代表为核心的领导集体，始终心系人民，情怀家国，组织工作队深入农村，恢复基层各类革命组织，宣传、发动群众清算土豪劣绅的罪恶，开展"打土豪，筹款子"等活动，与反动派展开了艰苦斗争。茶陵县工农兵政府成立，为中国革命奠定了良好的群众基础，尤其重要的是茶陵县工农兵政府为今后的武装建政创造了光辉典范，在中国革命史，中国共产党党史上有着独一无二的地位，影响深远。

1928年，工农兵政府毁于战火，2006年，县委、县政府按照"修旧如旧"的原则在原址修复了工农兵政府，2007年11月正式对外开放，修复后的旧址占地面积18000余平方米，建筑面积4975平方米。2017年县委、政府对旧址红色陈展进行提质升级，新增安防、标识标牌、语音导览等基础设施建设。目前，工农兵政府旧址是国家AAA级旅游景点、国家国防教育示范基地、湖南省爱国主义教育基地、湖南省廉政文化教育基地、湖南省全民国防教育基地、湖南省省级文物保护单位、井冈山干部学院现场教学点等。

古风鉴赏

青瓦灰墙，圆柱方檩，画栋飞檐，高耸马头墙，属于徽派建筑风格，充分展现了中国建筑艺术和东方审美艺术之美。整个建筑空间设有头门、仪门、牌坊、大堂、二堂、三堂、廨舍、内宅、后花园等，它们依次排列。两厢房舍一一对应，内设吏、户、礼、兵、刑、工六部。

工农兵政府

这个院落，原系南宋的州（署）衙门，如今，这里成了茶陵县工农兵政府旧址纪念馆。古风古色的宋词余韵中，满是92年前那段激情岁月的厚重与感怀。1927年10月21日，工农革命军首克茶陵城，将红旗插上古城墙，唤醒了长期受压迫的民众，鼓舞了茶陵游击队的斗志，让敌人胆寒。作为井冈山的重要门户和天然屏障，茶陵城在当时有着优良的地理和经济条件，又有较好的党的工作和群众基础，这让毛泽东萌发了"经营茶陵"的打算。1927年11月18日，工农革命军由第一军第一师第一团团长陈皓、第一营党代表宛希先率领，以李炳荣为前导，第二次攻占茶陵城，随即成立新县政府。但由于思想准备不足和实践经验缺乏，陈皓不做群众工作，仍按照旧政府的样子升堂办案、纳税完粮。毛泽东当即给予严厉批评，指示成立工农兵政府，发动群众斗争。根据毛泽东的指示，经过民主酝酿，从工会、农会和士兵委员会中分别推选出谭震林、李炳荣、陈士魏3名代表，组成新政府常委，谭震林任主席。1927年11月28日，茶陵县工农兵政府召开成立大会，中国第一个红色政权由此诞生。

南岸列宁室

历史沿袭

南岸列宁室坐落在攸县峦山镇南岸村，于1930年由当地富户陈寿康所建，坐东北朝西南，青砖瓦，微翘檐，为典型江南民居建筑，总建筑面积为214.74平方米。1982年5月，攸县人民政府公布为县级文物保护单位。2008年12月，株洲市人民政府公布为市级文物保护单位。2011年1月，湖南省人民政府公布为省级文物保护单位。

红色典故

在1932年6月，为粉碎国民党军队对攸县苏区和湘赣根据地西翼的"围剿"，中国工农红军湘赣独立一师三团团部奉命驻扎攸县峦山南岸村。为组织干部、战士学习马列主义，向群众宣传革命道理，特将指挥所驻地左边一长屋辟为"列宁室"。在室内墙壁上书写了《国际歌》《少年先锋队队歌》和大量的革命宣传标语。"只有武装暴动，才能彻底肃清反动派"等革命标语近20条，至今清晰可见。这些歌词和标语口号是当时革命者的精神食粮和支柱，是苏区人民革命的有力武器，为苏区的建设起到了重大的作用。据说墙上大部分标语为肖克将军所书。红军撤离后屋主三子陈保元刻意保留，不准洗刷。土改时"列宁室"分给了贫农贺石生。

列宁学校

历史沿袭

列宁学校位于茶陵县秩堂镇毗塘村湖头岭，原来是一座古老的雩江书院。建于清嘉庆二十一年（1816年），建筑面积1136平方米。由前后梁栋构成一个院落。1932年春，列宁学校由小田村迁此，校长由当时县委书记贺碧如兼任，副校长邓礼耀。第一期学生60人，以后发展到130余人，培养了一大批革命军政人才。1933年6月因国民党军队进剿苏区而停办。

1949年，新中国成立后，停办了近16年的列宁高级小学得以恢复，并不断扩大规模，改善办学条件。1956年5月，时任共青团中央书记处书记的胡耀邦重上井冈山，返程途中经过茶陵县时，特别视察了该校，并亲笔题写了"列宁学校"校名。1953～2009年，县政府曾先后七次拨款维修。2006年，湖南省人民政府公布为省级文物保护单位。

红色典故

列宁学校是中国苏区最早的红军学校之一，为中国革命和建设培养了200余名优秀革命干部和红军将士。陈志彬少将、刘长希大校、被毛泽东主席誉为"模范团长"的陈冬尧烈士等，都是该校的学生，故列宁学校被誉为"红色革命摇篮"。战争中的列宁学校得到了当时党组织和政府的重视和关怀，陈毅、谭余保、肖克、刘道生等党和军队的领导人先后来校指导过。

20世纪80年代初，列宁学校与前苏联莫斯科卡拉梅舍夫斯基河岸街第二寄宿学校结为友好学校，与莫斯科列宁中央博物馆建立了联系，列宁博物馆给该校赠送了列宁的照片及数十万字列宁文选资料。

江家试馆

历史沿袭

　　距离红军标语博物馆几百米远的巷子里（炎陵县霞阳镇沿城村龙井组），就隐藏着一座保护完好的"红军标语楼"。这栋屋子叫"江家试馆"，建于清代晚期，是一栋典型的江南民居，土木结构，面阔三间，进深两间，硬山顶，台梁式构架的二层楼房。一进由厅和厢房组成，二进有后花园，二楼由厅楼梯上。过去是江西人聚集的客馆。1931年6月，李天柱、王震率中国工农红军湘东独立第一师第三团第一连在酃县城开展革命活动。红独一师驻扎在江家试馆。在此期间红军在内外墙壁上留下了大量标语，总量达50余条。这是炎陵发现红军标语最多的一幢房子。这幢旧房子，曾居住着两户三代二十几口人，因为担心墙上这些红军标语会损坏，几十年来房主一直未对房屋进行翻修改造。如今，这座"红军标语楼"已经"搬"进了红军标语博物馆内，原先书写在这里的标语也全部被揭取下来，按照原样在展馆内复制"再现"。现在江家试馆已经成为湖南省级重点文物保护单位。

红军标语博物馆

历史沿袭

红军标语博物馆的建筑历史很短，这里阐述它的历史沿袭不在于建筑实体本身，而在于它所承载的历史。它是一所专门装载一段沉甸甸历史的建筑物，坐落在洣泉书院隔壁。兴建这么一座独一无二的博物馆，是因为炎陵有独一无二的红军标语"资源"：保存至今的红军标语有151处、339条、4826字，数量之多在全国无出其右。

兴建红军标语博物馆创意始于1997年，时任国家文物局局长张文彬来炎陵县考察工作，在听取县委、县政府关于红军标语保护工作汇报和实地考察之后表示，兴建一座集展示、保护和研究为一体的红军标语博物馆十分必要，并当场题写了"红军标语博物馆"馆名。红军标语的保护受到省委的特别关注，经过几年的筹备工作，2006年12月红军标语博物馆工程建设指挥部成立，在国家和湖南省委、省政府大力支持下，博物馆于2007年批准立项，2008年开工建设，2011年5月建成开馆。随即省委宣传部将博物馆确定为"湖南省爱国主义教育基地"，省政府确定为"湖南省全民国防教育基地"，红军标语博物馆景区被列为"第二批全国红色旅游经典景区"。

红色典故

红军标语博物馆选址在当年毛泽东率工农革命军召开群众大会的炎陵县霞阳镇大操坪。整个景区占地面积13500平方米，博物馆主体建筑高16.2米，宽71米，占地面积1572平方米，建筑面积3892平方米。外墙通体为红色，正面造型为左右各三面红旗，寓意"边界的红旗始终不倒"，迈入序列迎面是大型浮雕"工农红军在炎陵"；大厅天穹镶嵌着巨大的红色五角星，象征中国革命。在红星的辉耀下，人们沐浴着红色的阳光和空气进入展室。博物馆的建筑设计，依据历史背景，突出标语主题。建筑风格在采用现代建筑理念和建筑材料与工艺的同时，融入了湘赣边界传统民居元素。整个建筑外观比例协调，优美大气，寓意深远，是革命传统与现代精神、历史文化与现代科技的有机结合。

【编者点评】红军标语博物馆列入历史文化建筑序列，不在于建筑物本身，而在于这座建筑浸透着红色文化。它装载的是一段波澜壮阔、风起云涌的中国革命奋斗史，每一条标语的字里行间都植入了书写者的理想、信念和坚不可摧的革命精神。它是红色建筑的精魂。

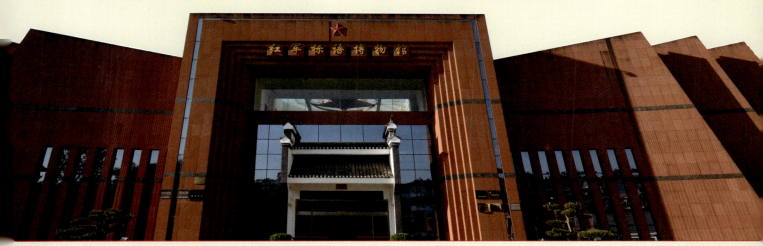

叶家祠

毛泽东主持连队建党旧址

历史沿袭

叶家祠位于炎陵县水口镇水南村米行组，旧址系晚清江南民居建筑，坐南朝北，面积为1479平方米，土木结构，小青瓦屋面，中间是堂屋，面阔五间，进深两间，硬山顶的两层楼房。1927年10月，毛泽东率领秋收起义部队来到水口，在叶家祠阁楼上亲自主持了连队建党仪式。系井冈山革命根据地时期革命遗址。1983年评为湖南省重点文物保护单位，2010年评为湖南省全民国防教育基地。

红色典故

在1927年秋收起义部队进攻长沙失利，毛泽东指挥部队向敌人统治薄弱的湘赣边界农村转移。9月，部队在永新县进行了著名的"三湾改编"，并决定将党支部建在连上。10月，红军经过长途跋涉，到达酃县（今炎陵县）水口进行休整。毛泽东意识到提高士兵觉悟必须解决信仰问题、核心问题，因此，发展士兵党员，并在连队建立党支部已刻不容缓。在水口叶家祠，毛泽东亲自主持了6名士兵的入党宣誓仪式。"支部建在连上"由决策转为实践，实现了"党指挥枪"的战略思想。

1927年9月底，毛泽东在三湾改编时提出将支部建在连上的原则。为进一步加强连队党的建设，毛泽东多次要求各连党代表加强思想政治工作，在士兵中发展一批工农骨干分子入党。在离开三湾的行军路上，毛泽东利用休息时间，找战士谈心，进行共产主义信念和革命前途教育，从中发现、考察、培养了一批入党积极分子。部队到达酃县水口后，有了一个相对安定的环境，各连党代表也在战士中发现、培养了不少工农出身的积极分子，毛泽东感到在战士中发展党员的条件已经成熟。特别是部队连续发生逃跑事件后，将支部建在连上已是一件迫在眉睫的工作。

10月15日上午，毛泽东主持召开连以上党代表会议。他在会上指出：部队连续发生干部和战士逃跑事件，其中一个重要原因，就是我们的思想政治工作完全抓不住士兵，一遇到困难，就经不起考验。总结其中的教训，我们只有把党的支部建在连上，把党的领导落实到最基层，才有可能提高士兵的政治素质和部队的战斗力。如果党支部能成为连队战斗堡垒，别说是个别干部动摇不了士兵，就是九头牛也拉不动士兵。在三湾，我们已作出将支部建在连上的决定，可是当时战士中党员很少，现在通过半个月的行军，发现和培养了不少入党积极分子，在战士中发展党员的条件成熟，今天的会议，就是要讨论在战士中发展党员的工作。会议在各连营党代表提名的基础上，通过了发展赖毅、李恒、鄢辉、陈士榘、欧阳健、刘炎等6名新党员。毛泽东要求散会之后，各连、营党代表要马上找他们谈话，填好入党志愿表，晚上就举行入党宣誓。当晚，在叶家祠毛泽东为6名新党员举行入党仪式。团党代表何挺颖和各连营党代表宛希先、罗荣桓、何成匈、熊寿祺、杨岳彬、李运启等参加了仪式。当晚，在一营二连成立了党支部。随后，其他连队也相继建立了党支部。"支部一建立，连队立刻有了灵魂"，从而，确保了党对军队的绝对领导。

万寿宫

毛泽东朱德首晤之地

历史沿革

万寿宫坐落在炎陵县十都镇，始建于清末，系江南商人集资兴建的集会经商场所，坐西朝东，砖木结构，分前中后三进：戏台、中厅、后厅，总建筑面积达624平方米。同时，万寿宫也是毛泽东、朱德首晤之地。1928年4月24日，两人在万寿宫就两军会师、部队整编和根据地建设等问题交换了意见。两人的此次会面，对井冈山革命根据地的建立与中国革命的顺利开展具有深远的意义。遗憾的是，20世纪70年代，万寿宫旧址主体因失火被焚毁，只剩下基址及部分残墙。

2013年6月，根据遗存资料，炎陵县启动修复工程，依照修旧如旧的原则进行复原，2014年8月份竣工。

古风鉴赏

万寿宫正门为牌楼式设计，石拱门，拱门上端题有"万寿宫"三个大字，白色祁阳石直碑，两侧刻有龙凤浮雕图案，整个建筑雕梁画栋，气势宏伟，造型美观别致，宫殿坐西朝东，为砖木结构，建筑面积为538平方米，进深39米，宽13米，由东至西依次为宫门、戏台、中殿、后殿，两侧为厢房。进入宫殿首先看到的是纯木料制作的戏台，台高2.5米，台沿高0.4米，周边设计成木葫芦造型的栏杆。在戏台与中殿之间设置了露天看戏台。两边则为普通观众看戏时的看台，戏台正对门则是达官贵人看戏的位置。中厅用六根大红木柱支撑，雕花屏风相连。屋面为歇山式，四角翘起，屋顶中央有三节葫芦顶，上面插着三把宝刀，并且后厅与中厅天井相连。整个建筑设计大方，布局合理，雕花精美，非常具有时代特色。在后壁的墙上还悬挂有《许旌阳斩蛟图》和《拔宅飞升成仙图》。两幅图画的主人翁都是一位叫做许逊的人物，他是江西南昌人，曾担任蜀郡旌阳县令，所以又称许旌阳。他赋性聪颖，博通经史、天文、地理、阴阳五行学，尤其爱好道家修炼术。在江南地区留下了斩蛟龙、根治水患、为民除害的传说。

红色典故

在1928年4月，朱德率南昌起义部队到达沔渡。4月下旬，毛泽东率部在县城接龙桥击溃尾追朱德部队的湘敌两个团以后，经坂溪、石洲到达十都。朱德闻讯赶往十都，在十都万寿宫与毛泽东第一次会面，商量了会师、部队建制和建设革命根据地等事宜。后在宁冈砻市召开会师大会，成立中国工农红军第四军，朱德任军长，毛泽东任党代表。

历史沿袭

朱家祠位于炎陵县水口镇水口村。旧址系晚清江南祠堂式建筑，面积为1558平方米，坐北朝南，砖木结构，硬山顶，封火山墙，由前堂和后堂组成，前堂有门廊和露天井，后堂两侧有厢房，天花设有八角藻井。1927年10月，毛泽东率工农革命军第一军第一师第一团来到水口，团部设在朱家祠。系井冈山革命根据地时期革命遗址。朱家祠现为湖南省级文物保护单位。

古风鉴赏

朱家祠由主体建筑和右后侧房两部分组成，主体建筑面阔三间，进深五间，正面有一外廊，由檐柱、梁、枋组合而成，有一大两小三门出入，大门门楣上方悬挂红底金字的"工农革命军第一军第一师第一团团部旧址"匾额，两侧嵌大理石标志说明碑。步入大门，由南而北依次为天井、后厅，内廊与外廊相互对称，内廊两侧有厢房，天井周围是走廊，共有10根内柱支撑屋檐，左右走廊各有板梯通往阁楼。天井内植有桂花树。后厅中央有6根内柱支撑着一个八角藻井，两侧有厢房。在后厅与天井之间有一拱形门通往右附属房。附属房由四间房和一个天井组成。附属房向东有拱形门出入。门首原有"紫阳私塾"匾式壁文。

朱家祠

红色典故

在1927年10月13日，毛泽东率工农革命军第一军第一师第一团从宁冈经酃县（今炎陵县）十都来到水口，在这里进行了自秋收起义以来最长时间的休整和训练。毛泽东住在水口桥头江家，团部设在朱家祠。

工农革命军进入酃县，沿途书写革命标语，部队在水口驻扎的消息很快传遍，酃县的党组织和革命群众欢欣鼓舞。10月14日，梁桥临时党支部书记周里来到工农革命军团部朱家祠，向毛泽东汇报了中共酃县特别支部和农民协会在大革命失败后遭敌人破坏的情况以及梁桥临时党支部的工作情况。毛泽东对临时党支部的工作给予了充分肯定，指示他们要发动农民恢复农会，搞武装斗争。

为了解酃县及周边的地形和敌情，毛泽东交待周里办三件事：一是画一张详细的酃县地形图；二是为部队找一名向导；三是去茶陵侦察敌情。周里回到梁桥后，向支部党员传达了毛泽东的指示，并逐一落实毛泽东交办的任务。

毛泽东从周里找来的报纸上看到南昌起义部队在广东潮汕遭到失败，下落不明。原一师师长余洒度和三团团长苏先俊不主张在井冈山建立根据地，与毛泽东的意见发生了分歧，来到水口时借口向湖南省委汇报执意去了长沙，脱离了工农革命军。

15日，毛泽东派团部副官艾成斌带着给袁文才的亲笔信，在向导酃县梁桥临时支部党员刘清黎的带领下，上井冈山茨坪与王佐联络。两天后，接到袁文才同意工农革命军上山的表态。应袁文才的要求，毛泽东在团部朱家祠派出游雪臣、徐彦刚、陈伯钧、金蒙秀等4名军事干部去袁部担任连排长，帮助开展政治工作和军事训练。

当得到周里从茶陵侦察到湘东清乡司令罗定带领1000多人分两路"进剿"工农革命军，一路走酃县西乡，一路走酃县城的消息后，毛泽东当即召集团、营干部会议，商定部队下一步的行动。决定兵分两路：一路由一营营长宛希先率两个连攻打茶陵，逼敌回撤；一路由毛泽东率主力上井冈山。

10月20日，宛希先率部离开水口，经酃县船形、塘田，绕道安仁，攻克茶陵县城。21日，毛泽东率部离开水口，经下村、大汾，27日到达井冈山茨坪。

文昌庙

中共攸县地方执行委员会旧址

历史沿革

中共攸县地方执行委员会旧址位于攸县城关镇珍珠巷文昌庙内，是一处明清风格的古建筑，始建于清道光十三年（1833年）。与谭震林故居、中间的文昌庙（中共攸县地方执行委员会旧址）和左边的仓圣庙连接为一个整体。1925年10月，中共湘区委员会派共产党潘鹏举到攸县发展党员，建立党支部，地址设在文昌庙后栋。为纪念革命先烈，1986年，攸县人民政府将旧址公布为县级文物保护单位。1996年湖南省人民政府将其公布为省级文物保护单位。

红色典故

中共湘区委员会于1925年派潘鹏举来攸县发展党员，是年冬发展小学教师余来、谭志道等攸县一批中共党员。1926年攸县第一个党支部成立。同年6月14日，在叶挺独立团组织的帮助下，成立攸县地方执行委员会，下辖7个基层党支部，发展党员60余名，由余来任总支书记。中共攸县地方执行委员会成立以后，为发展壮大党的地方组织，建立革命武装，开展农民运动，推进攸县革命运动深入发展作出了重要贡献，在攸县革命斗争史上写下了光辉的一页。大革命失败后，湘东保安司令部罗定率部杀回攸县，疯狂地屠杀中共党员和革命群众。1927年6月22日，中共攸县地方执委3位领导人余来、谭志道、刘谭豪牺牲，攸县党组织遭到严重破坏，蔡会文、谭震林、蔡南阶等跟随毛泽东上井冈山，其他党员转入地下活动。

文昌庙 东冲兵工厂 — 红色建筑 — 株洲历史文化建筑

东冲兵工厂

历史沿袭

　　东冲兵工厂旧址位于攸县峦山镇蒡泊村东冲组，原为程家祠堂。东冲兵工厂原为漕泊新联程氏家族所建祠堂。占地面积192平方米，坐北朝南，砖木结构，硬山顶，封火山墙，面宽三间，前后栋相连，中为天井。旧址墙壁上仍保留了当时"打倒帝国主义""消灭军阀混战""革命成功万岁""实行武装斗争"等10多幅革命标语。

　　1930年9月，罗炳辉、谭震林率红十二军攻占攸县，与攸县党组织举行联席会议，在漕泊成立了攸县革命委员会。建立苏维埃政权，开展游击战，创建"兵工厂"，命名为"苏维埃东冲兵工厂"。厂内有铁、木、银匠20余人，以制造来复枪、大刀、梭镖和松树炮为主，同时进行枪械修理，供前线作战。1932年冬，迁至江西省莲花县九龙山，后并入湘赣省军械厂。

　　1972年被湖南省革命委员会列为省级重点文物保护单位，1984年改为市级文物保护单位。2006年重新申报后，被省人民政府公布为省级文物保护单位。

古风鉴赏

　　东冲兵工厂是省、市、县一处重要革命遗址。但它的建筑初始是一座祠堂，是漕泊山区东冲程氏宗祠，只是大门外面与别的祠堂稍有不同，伸出的廊亭有三米多宽。廊亭似乎不堪屋面的负荷，被六根发黑的圆木柱支撑着。两边屋顶的风火墙，保留明清时期的建筑风格。进门有小天井，通过回廊来到上厅，两侧是厢房，厅中供奉着东冲程氏祖宗的牌位。

　　1963年，程家祠堂按照当年兵工厂的布局，恢复原貌。步入兵工厂内，即程氏宗祠上厅的两旁，陈列有锻造炉灶5套，每座铁炉子的旁边是打造台、木风箱，还有各种不同的铁钳、大铁锤、小铁锤、水桶、铁剪、刨锋器等工具。正中摆放一张工作台，三台木制车轮架，一台复制的松树炮。下厅有木匠工具、铜匠工具各一套。大革命时期，兵工厂的工匠们，就是凭借这些简单、落后的工具，打造出寒光闪闪的梭镖、大刀和雷火枪，让敌人闻风丧胆。

历史沿革

■ 东富寺位于醴陵市东富镇东富村，始建于明代。清嘉庆二十一年（1816年）重修，共有五进，占地3300平方米，为砖木石结构，硬山式顶。

■ 1926年秋，南一区第一乡农民协会成立，会址设在东富寺。1927年2月1日，考察湖南农民运动的毛泽东同志由县农协委员长孙筱山陪同，冒着严寒，从县城出发，步行二十五里来到东富寺，在这里停留两天多的时间。他在这里参加了三个会。一是有共产党员、农协骨干、农协自卫军队长、妇女和青年工作负责人参加的座谈会；二是南一、二、三区区委扩大会；三是出席在寺内大坪里召开的有各方面负责人及东富寺附近农民1000多人参加的大会，并在寺内的戏台上作了演讲。戏台至今保存完好。第四进左侧厢房前室为毛泽东考察农运时，召开一、二、三区农会干部调查会的地方。后室为当年毛泽东的住房，均保持原貌。1983年10月，东富寺被列为湖南省省级文物保护单位。

毛泽东在醴陵东富寺演讲

毛泽东在醴陵县城作农运考察。1927年2月1日，毛泽东在醴陵县农民协会委员长孙筱山的陪同下，来到了距醴陵县城约二十五华里的东富寺，这一天正值农历过年。当天晚上，除夕夜，在教师易克仁房里，南一区一乡农协会在东富寺第四进，召开了座谈会，大家向毛泽东汇报了全区各地农民运动的发展情况。第二天，大年初一，在醴陵东富寺前坪召开了群众大会，"出席大会的有各方面的负责人及东富寺附近一千多人"。毛泽东在这次大会上，肯定了醴陵农民的革命行动，号召大家团结起来，积极办好农会。那一历史时期，广大农民对神权有着根深蒂固的膜拜心理，对于神权不敢有一丁点反抗，而一些土豪劣绅，为了收租，玩弄神权，半夜派人到庙里换"签"，散布"神租"言论，阻止农协的减租运动。为此，毛泽东在这次演讲中专门讲了这一问题，毛泽东说：过去敬了几千年菩萨，没看得关圣帝君、杨泗将军等菩萨帮你们打倒一个土豪劣绅，现在你们想减租，我问你们有什么法子？是信神？还是信农会？

毛泽东在东富寺的这次演讲，通俗易懂，在座的农民哈哈大笑，明确了醴陵县农协"推翻菩萨，破除迷信"的正确性，极大地鼓舞了醴陵人民的革命斗志。

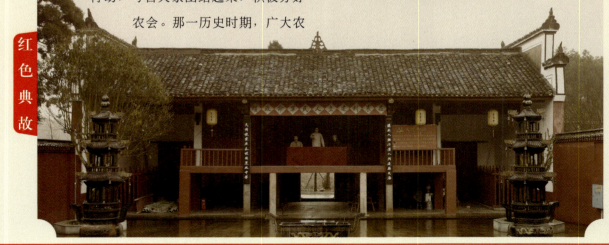

东富寺

毛泽东考察湖南农民运动旧址

古风鉴赏

■ 寺正中大门横额楷书"东富寺","富"字写成"冨"字,系仿山东曲阜孔府门联的"富"字写法,意为"富贵无顶"。东富寺有五进。一进,正面三张大门,进大门为戏台,戏台面向二进,两旁石柱有联:"演出善恶忠奸,分明报应;看破红尘得失,毕竟循环"。台前有坪,可容观众千余人。

二进为包公殿,殿前檐下设约2米高木栅。殿内有方形石柱4根。柱基覆盆方鼓形,红漆天花板成拱形。殿左有门通三进佛堂。佛堂左右有厢房、天井,中有圆形门通四进。四进中为厅堂,左右为厢房,厅堂与厢房间左右各一天井。五进地势较高,有砖砌踏步进入文昌阁。

典故轶事

"点"东富寺

醴陵城东二十多华里有个东富乡,这儿曾是醴陵最穷的一个地方。一位云游墨客在为当地的"东富寺"题匾时故意写了个无点"冨"字,并由此引发了一个世代相传的故事。

相传很早以前,东富方圆十里之内山不穷水不恶,老百姓也不死懒好吃,可是大部分人家却穷得响叮当,只有少数几个不事农耕的豪绅财主富得流油。可恶的是,这些豪绅财主们并不满足高利、高赁的盘剥,还总是想些歪主意给老百姓派款出粮,征集劳动力。一年,当地豪绅财主,以建包公庙为名,拿着缘簿家进家出,有的人家只有一餐早饭米,也要捐出来,没有钱、粮的,就要派工。一时搞得东富的老百姓怨声载道,苦不堪言。

几年工夫,在东富显眼处修了个前后五进,一正两厢的大寺庙,寺庙雕梁画栋,金碧辉煌,正殿前面戏台硕大,主殿包公神像居中,各殿还有很多菩萨泥塑金表,金光灿灿。豪绅财主们把这包公庙定名为"东富寺",意思是有包公庇护,自己更富。豪华气派的寺庙建成了,但不知耗费了东富老百姓多少锅中米、机头布。

主事的豪绅,在乡里乡邻文墨人中征集写匾写联的高人,可这些当地秀才都知道建寺苦了老百姓,富了豪绅财主,谁也不愿出场。一日,一位云游墨客到此,乡民们见他的翰墨不凡,推荐给了主事。主事便将他邀到东富寺,抬出匾联来,让他泼墨。云游墨客也不客气,先写一联曰"穷人自有出伸日,富老终临入化时",正楷书写,骨力不凡,苍劲秀美。主事连连称赞。只见他写匾时,将笔吸足墨水,运足气力写成"东冨寺"三字,只是"冨"字无点,主事是个文盲,没有发现"冨"字无点,便将匾挂在庙门之上,用红绸盖上。云游墨客写完联、匾,头也不回,分文不取,拂袖扬长而去。庆祝之日,揭匾之后人们发现"冨"字无点,便议论开来,豪绅财主十分不满意,请人在"冨"字上补上一点。虽然补上的这一点,相形逊色,倒也满足了豪绅们的心愿。

不知何因,补的这一点第二天就消失了。东富的老百姓慢慢悟到云游墨客写无点"冨"字的用意。但是人们追求发财致富的愿望不会改变,他们议论说,日后有包老爷庇荫,百姓会富起来的。他们又请人在深夜偷偷地给"冨"字补上一点,第二天走来一看,这一点又不见了,一些老百姓惊疑,灰心冷意地认为人意拗不过天意,命中只有八合米,走尽天下不满升。

乡中有个长者出了个主意,说:"大家齐心,推山代点,富有出头呢。"大家同意长者的倡议,老百姓择吉日开工,人多心齐力量大,挑土、抬石奋勇向前,不到一月,东富寺五进后面平地上垒上了一座小山,代替了富字这一点,这样既化解了财主的心结,同时满足了老百姓有出头的愿望。

历史沿袭

■ 毛泽东同志考察湖南农民运动旧址——先农坛位于醴陵市东正街。先农坛，又名神农殿（五里牌籍田旁），为古代祭祀神农而设。始建于清雍正五年（1727年），原址在城北郊。光绪三十一年（1905年）改建于城东现址。占地面积1289.32平方米，建筑面积950平方米，坐北朝南，砖木石结构。前厅有兰门，过丹墀为正殿，丹墀两边有近3米宽回廊连接前厅和正殿。先农坛东有启春(春牛)坪，为迎春时陈列芒神和春牛场地。整座建筑由坛台、前厅、回廊、正殿和庭院组成，红墙碧瓦，青砖地面，共有房屋12间。正殿为重檐歇山顶。

■ 第一次国内革命战争时期，醴陵是湖南农民运动发展较快的县市之一。先农坛为中共醴陵县委和醴陵县农民协会所在地。毛泽东同志于1927年元月27～31日在醴陵县城考察农民运动，在先农坛食宿五天，并在此召开了全县党支部书记和区农会负责人会议。1976年，在旧址内设复原陈列，在旧址右侧新建纪念馆，设辅助陈列室，主要陈列1927年毛泽东考察湖南农民运动事迹。

■ 先农坛是醴陵城区内保存最完整的古建筑之一。它具有革命纪念建筑和古建筑的双重性质。

■ 1983年10月，先农坛被列为湖南省省级文物保护单位。

古风鉴赏

◆ 先农坛，是旧时开农祭祀建筑场所，史载古代天子有"籍田"千亩，征用农夫耕种。每年春耕前，都要祭祀先农神，行耕籍礼。到明初，先农坛祭奠被列为大祭，后改大祭为中祭，皇帝不再亲临而派官员前去代祭。但有一整套神圣、肃穆的祭祀仪式。清朝更重视先农祭祀，皇帝多亲临祀典。春耕前，皇帝、诸侯、地方行政长官在先农坛开祭后，在殿前象征性执犁三耕，以示朝廷重农，为春耕开犁。在历朝历代中，清朝是皇帝亲祭先农坛次数最多的一代。和全国其他地方相类似，醴陵先农坛就是在雍正帝强化重农从本思想指导下奉令而建。

先农坛

毛泽东考察湖南农民运动旧址

1927年1月27日至2月4日,毛泽东来醴陵考察农民运动,曾在正殿楼上召开有党内干部、农运骨干参加的调查会,在此期间,毛泽东还曾到县总工会了解工运情况,去民众训练所作报告,出席在文庙前坪召开的工农群众大会并讲话。

整个大革命时期,先农坛都是中共醴陵地方执行委员会和县农民协会机关驻地。正殿左厢房为县农协委员长孙筱山卧室。前厅右侧室为农会接待室,左为县农协副委员长唐寄凡办公室兼卧室。从左室穿过道通中共醴陵地方执行委员会书记罗学瓒办公室兼卧室,也是毛泽东来醴陵考察农民运动时的卧室和办公室。

伏波庙 — 红色建筑 — 株洲历史文化建筑

伏波庙

毛泽东考察湖南农民运动旧址

历史沿袭

伏波庙位于株洲县渌口镇风景秀丽的伏波岭上。始建年代不详，相传为纪念伏波将军马援南征交趾在此屯兵而建，后被毁，清咸丰十一年（1861年）重修，民国三十三年（1944年9月），伏波庙被日寇焚毁，1968年按原貌恢复，旧址占地400平方米，有前后两殿，后侧有厢房。第一次国内革命战争时期，伏波庙为渌口一带农运活动中心。1927年2月3日，毛泽东来到伏波庙实地考察和指导株洲县境内的农民运动。庙内设有"毛泽东考察湖南农民运动陈列室"，陈列内容分四部分，以丰富的图片、文字、实物资料再现了毛泽东在湖南及株洲县考察农民运动的光辉历史。2011年1月被湖南省人民政府公布为省级文物保护单位；2011年11月被株洲市委宣传部公布为株洲市爱国主义教育基地。

典故轶事

马援，出生贫苦，为改变生活现状，从小和父亲习武，后成为东汉著名的军事家，因战功卓越被封伏波将军，封新息侯。马援是赵国名将赵奢的后代，他"少有大志，诸兄奇之"，常常对宾客们说："大丈夫志在四方，穷更加要坚强，老更加要威武。"马将军一生为国尽忠，最后战死疆场，真正实现了"只解沙场为国死，何须马革裹尸还"的志愿。雄踞在渌江之畔的伏波岭，因为他的到来而威名远扬，因为他的屯兵而名震三湘。而今，他离去有2000余年了，但是迈入伏波岭，那历史尘封的伏波庙总是与伏波将军马援联系在一起，仍然牵动着人们的不尽思绪，撩拨了人们的万古情怀。人们在细细品读那段金戈铁马的岁月和伏坡庙的变迁：后唐武安军节度使马殷，尊马援为先祖，奏请唐王恩准伏波将军马援为昭陵（灵）英烈王。后唐明宗天成二年（公元927年），马殷踞湖南时，在伏波岭立神祠，名曰"伏波祠"，又称"大王庙"。古庙分上下两进，中有天井，雕梁画栋，左右两侧各有厢房三间，右后侧有膳堂，供僧人食宿之用。前殿奉有关帝像，后殿为伏波将军塑像，金铠金甲，右手举鞭，两目圆睁，栩栩如生，乡民朝香礼拜，香火旺盛。

梁公祠

醴陵南四区苏维埃革命活动旧址

历 史 沿 袭

■ 醴陵南四区苏维埃革命活动旧址位于明月镇白果居委会境内。旧址建筑为梁公祠。梁公祠始建于清道光丙申年（1836年），民国三十五年（1946年）续修。建筑面积920平方米，三进式，分上下两层，共有房屋18间。大革命时期这里曾是共产党的活动场所。1930年，这里发生"夜袭梁公祠，智救党代表"战斗。

■ 2006年10月，在此创办醴陵南四区苏维埃纪念馆。主要陈列大障地区南四区牺牲的革命烈士事迹和革命烈士遗物。

■ 醴陵南四区苏维埃革命活动旧址是南四区苏维埃政府的军事委员会所在地，是南四区苏维埃政府保存下来的唯一的一处旧址，也是目前湖南保存不多的苏维埃政府革命活动旧址之一。现已成为爱国主义教育和革命传统教育的基地。

■ 2011年1月，南四区苏维埃革命活动旧址被列为湖南省省级文物保护单位。

梁公祠曾是南四区苏维埃政府军事指挥部，后来变为国民党的监狱，如今是革命烈士纪念馆，历史的转换让人唏嘘。纪念馆中央雕塑有革命志士手持长矛大刀奋勇向前的雕像，向参观者诉说着这里曾经悲壮的历史。走进这座三进式土木石结构建筑，不由得步履沉重，缅怀墙壁挂着1001位烈士的简介，油然而生一种肃然起敬的肃穆感。陈列室里摆放着南四区革命斗争的相关资料和纪念物。一件件鸟铳、梭镖、马灯，都是烈士的珍贵遗存。触摸任何一件遗物，都凝结着血与火的故事，铁骨铮铮的情怀。

角落里是烈士李用桂用过的那只麻篮。1928年4月12日凌晨，李用桂被捕，当时已有身孕，国民党的刽子手，把梭镖直接刺入她腹中。李用桂心疼腹中之子，死命用手抓住梭镖，手指几乎被割断。被杀害时，李用桂年仅22岁，时为中共地下党联络员。

秋收起义受挫后，中共醴陵县委及时将革命重心转移到乡村，在乡村发展和壮大党的组织，建立工农武装和苏维埃政权，开展游击战争。1927年年底，在南四、二、三、西一区建立了有10多万人、数百平方公里连成一片的武装割据根据地，西二、北二、南一、东三区等地也形成一些赤色区域，都有工农革命军或游击队的武装保卫，割据区域比较巩固，具备了建立苏维埃政权的条件。

2010年，梁公祠被列为湖南首批13家民办博物馆之一，也是其中唯一的革命烈士纪念馆，其纪念的对象是1926年至1927年大革命期间牺牲的1001位烈士。

中共八叠支部旧址

历 史 沿 袭

■ 中共八叠党支部旧址，位于芦淞区枫溪街道燎原村，1924年9月23日，中共八叠党支部成立，是全省乃至全国最早的农村党支部之一。1927年，毛泽东曾来此指导农运工作。如今，这里是我省唯一留存至今的农运会旧址，先后有革命烈士汪先宗、汪起凤等在这里活动过。

■ 2015年，市文物局聘请湖南省文博设计研究院有限公司，编制了《中共八叠支部旧址修缮工程勘察设计方案》，并通过了省文物局审批，启动了中共八叠支部旧址修缮工程。

旧址修缮完工后，恢复了门屋、戏台、耳房以及正堂中堂屋，并修缮东西向侧廊；屋顶拆卸修复，拆补青砖墙，恢复木梁架，更换或剔补腐朽的构件，保存原有文物的历史信息，尽可能真实完整地保存中共八叠支部旧址的历史原貌和建筑特色。

■ 修缮后，布置了农民运动陈列馆，用老照片、实物等展示湘东地区轰轰烈烈的农民运动，中共八叠支部旧址与周边的汪先宗、汪起凤烈士墓连成一体，形成我市又一处精品红色文化景点。

在 1924年9月，中共八叠党支部成立，最早的党支部成员有易春庭、汪先宗、汪兴堂、汪春华等，易春庭任党支部书记。在八叠党支部组织下，八叠乡成立了农民协会，带领农民积极开展平粜斗争。八叠乡农民协会一度成为湘潭县东一区（现为株洲市芦菽区）的农民运动中心。汪起凤、汪先宗先后为革命捐躯。

1927年，毛泽东为撰写《湖南农民运动考察报告》，还亲自到此考察并指导农民运动工作。

历史沿袭

■ 秋瑾故居"大冲别墅"始建于1893年，是其夫家专门为秋瑾夫妇置办的婚房，位于今株洲市石峰区清水塘街道大冲村。清水塘大冲当时属湘潭县三都，大冲别墅是秋瑾所有故居中最大最豪华的。这也是秋瑾与其丈夫王廷钧唯一拥有产权的住所，秋瑾亲自将此大宅命名为"槐庭"。新中国成立后，秋瑾故居曾作为当地乡政府的办公场所。1980年之前，故居保存仍算完好。之后由于缺乏保护，故居毁坏严重。2011年开始修复，修复故居总用地面积52.2亩，主体和门楼均为两层，总建筑面积4778平方米。主体长89.4米，宽44.1米，有各类房屋86间，天井10个，罩亭3座，封火墙8座，木立柱99根。2015年7月15日正式对外开放。现故居内有秋瑾生平事迹、修复过程及生活起居等三部分陈列。

古风鉴赏

■ 秋瑾生平事迹陈列馆，通过200多件老物件、1000余幅照片展现清末明初一个"土豪"的生活。秋瑾后人称，这是所有秋瑾故居中规模最大、史料最翔实、秋瑾身前最喜爱的。

■ 大师之作——鎏金雕花板：大户人家的床头装饰。相关人士研究表明，该木雕可能出自国画大师齐白石之手。土豪标配——"八步床"：整体布局的空间犹如房中又套了一座小房屋，为当时富庶大户人家所使用。价值不菲——黄花梨木八仙桌：故居饭厅里摆放着一张不起眼的八仙桌，是由价格昂贵的花梨木制成。

秋瑾故居

在1896年，19岁的秋瑾与王廷钧结婚。秋瑾的公公叫王黻臣，与曾国藩是表兄弟，是当时湘潭富豪"三鼎足"之一。王家在现在的石峰区清水塘街道大冲村为夫妇二人修建了豪华别墅（即现故居），秋瑾称之为"槐庭"，在此生下儿子王沅德和女儿王灿芝。秋瑾先后在湘潭和株洲生活9年多。在株洲生活时，她喜欢骑马上山，打拳舞刀，吟诗唱歌，经常到农民家里走访，劝妇女放脚、读书、争取自己的解放。秋瑾喜欢种植花草，在庭院中栽的桂花树与白玉兰，至今犹存。1940年，其子将"槐庭"及其部分田产捐献给新群中学作为校舍和校产。

1900年，秋瑾的表兄弟参加了义和团，她引以为豪。是年8月，八国联军进犯北京，北京失陷。秋瑾回到株洲，写有《霓人忧》一诗，其诗云："幽燕烽火几时收，闻道中原战未休。漆室空怀忧国恨，难将巾帼易兜鍪"。她知道中国军民和外国侵略者在北方交战，终日为国担忧。但迫于当时封建礼教和家庭的束缚，使她不能上阵杀敌，因而深感遗憾和忧虑。而后，她对帝国主义的侵略感到深切的愤慨，忧虑祖国的命运危在旦夕，毅然东渡，走向武装革命道路。积极参加反对清朝封建统治的革命活动，并加入同盟会，创办《白话报》，提倡男女平权。1905年，从日本回国后宣传革命，在上海组织锐进学社，创办《中国女报》，宣传妇女解放，倡导民主革命。1907年，组织光复会，与徐锡麟分头准备皖浙两省起义，后在安庆举义失败，事发后被捕，坚贞不屈，就义于绍兴轩亭口。就义前顺笔写成"秋风秋雨愁煞人"七字，成为举世传诵的绝命之言。

李立三故居

历史沿袭

李立三故居坐落于醴陵市阳三石街道立三村，始建于19世纪80年代，坐东朝西，占地面积2355平方米，建筑面积922平方米，共有房屋32间，为土木结构的单层庭院式民居。主体建筑由槽门、正厅、起居室、横堂屋、厨房、碓臼屋等组成。八字槽门，门额题"芋园"。门联为"春华秋实，日升月恒"。正屋大门门额"李立三同志故居"，由时任中共中央总书记胡耀邦题写。

1899年11月18日，李立三诞生在这里，并在此度过了青少年时代。故居设7间复原陈列室，陈列了李立三及父母、亲属生活用具108件，同时设5个辅助陈列室，展出了李立三各个时期的实物、图片、资料230多件，展现了李立三同志的光辉一生。故居于1984年11月18日对外开放。2013年3月，李立三故居被列为全国重点文物保护单位。

人物简介

李立三（1899年11月18日～1967年6月22日），原名李隆郅，湖南醴陵人。无产阶级革命家，中国共产党的优秀党员和早期领导人，中国工人运动的杰出领导人之一。1919年9月赴法勤工俭学，1921年年底回国加入中国共产党。1922年领导安源路矿工人大罢工。1928～1930年秋，任中央政治局常委兼秘书长和宣传部长，曾一度掌握着中央的实际权力。1930年犯过"立三路线"的错误，六届三中全会被纠正。李立三很快认识并检查错误。在革命斗争岁月中，他曾经"死"过三次，组织和同志们为他开过三次追悼会。中华人民共和国成立后，他历任中共中央工委书记、中华全国总工会副主席、劳动部部长兼党组书记、中共中央华北局书记处书记等职，"文化大革命"中遭受残酷迫害致死。1980年3月20日，中共中央为李立三平反昭雪，恢复名誉。

李立三故居　耿传公祠　—　红色建筑　—　株洲历史文化建筑

耿传公祠

历史沿袭

耿传公祠（耿飚旧居）位于湖南省醴陵市枫林镇隆兴坳村。该建筑始建于清咸丰十一年（1861年），砖木结构，小青瓦屋面。整个建筑分为三进，由正堂、左右偏堂和左右厢房组成，有两连廊、三罩亭、十二天井，共计房屋81间。占地面积为3500平方米，建筑面积为2356平方米。它采用湘东地区典型的庭院式布局，融入南方明清时期建筑的文化理念，设计巧妙，规模宏大，建筑精美，是醴陵祠堂建筑的杰出代表。2013年进行了一次全面修缮。

1909年8月28日（清宣统元年农历七月十三日）子夜，耿飚在此出生，后来还在这里读了两年私塾。1922年，耿飚全家离开借居的祠堂，来到湖南常宁县水口山谋生。耿传公祠不仅是他的出生地，还是他童年时期生活、学习和劳动的重要场所。现在已成为耿飚在家乡醴陵的唯一旧居。2014年12月，耿传公祠被列为株洲市市级文物保护单位。

人物简介

耿飚（1909年8月28日～2000年6月23日），湖南醴陵人，中华人民共和国革命家、军事家、外交家。13岁在铅锌矿当童工。1928年8月入党。历任红四团团长、红四方面军第4军参谋长、解放军第19兵团副司令员兼参谋等职。中华人民共和国成立后，曾任中联部部长，中国共产党第十一届中央政治局委员，国务院副总理，中央军委常委、秘书长，第六届全国人民代表大会常务委员会副委员长，中共中央顾问委员会常务委员等职。

陈明仁故居

历史沿袭

　　陈明仁故居原名"良庄",位于醴陵市来龙门街道文庙居委会瓜畲坪116号,坐北朝南,始建于民国二十六年(1937年),占地面积1145平方米,庭院式砖木结构,主体建筑分前后两栋,各有两层。门厅与前栋、前栋与后栋之间均有庭院相连。四周用红砖砌成的围墙高至二楼的窗户,整个建筑共有房屋二十多间,小青瓦屋面,方形青砖地面。陈明仁将军每次回到醴陵,常居于此。在筹备湖南和平解放的过程中,这里是当时重要的活动场所。2006年5月,陈明仁故居被列为湖南省省级文物保护单位。

人物简介

　　陈明仁(1903～1974年),湖南醴陵人。1924年入陆军讲武堂,后转入黄埔军校第一期。1949年8月4日,陈明仁和程潜将军联合发出通电,宣布起义,和平解放湖南。中华人民共和国成立后,历任代理湖南省政府主席、湖南省军区副司令员、中南军政委员会委员、解放军第21兵团司令员、第55军军长、第一至第三届国防委员会委员、第三至第四届全国政协常委等职。1955年被授予上将军衔。

谭震林旧居

历史沿袭

谭震林旧居位于攸县联星街道雪花社区珍珠巷52号，始建于清道光十三年（1833年），占地面积1384平方米，为典型的明末清初建筑风格，是攸县县城唯一保存较为完好的古建筑群。系谭震林同志早期革命活动和工作过的地方，也是攸县革命斗争的发祥地之一。2001年被攸县人民政府公布为县级文物保护单位。2002年在谭震林诞辰100周年时，在各级政府的高度重视下，按原貌修复，在此成立了谭震林生平业绩陈列室并对外开放，现为市级爱国主义教育基地。2011年被湖南省人民政府公布为省级文物保护单位。

人物简介

谭震林（1902年4月24日～1983年9月30日），中国共产党的优秀党员，杰出的无产阶级革命家。1902年出生于湖南省攸县城关镇一个普通工人家庭，1926年加入中国共产党。历任茶陵县工农兵政府主席、红十二军政委、第三野战军第一副政委等职。中华人民共和国成立后，曾任中共浙江省委书记，中共中央书记处书记，中央政治局委员，国务院副总理，全国人大常委会副委员长，中央顾问委员会副主任等职。是党的第七届、八届、十届、十一届中央委员会委员。

杨得志故居

历史沿袭

■ 杨得志故居位于株洲县南阳桥乡三望冲村，已有百年历史，为株洲县爱国主义教育基地之一，省级文物保护单位。2011年元月，杨得志故居修葺一新并对外开放，同时在故居旁设立将军生平事迹陈列室，展出将军遗物和相关历史资料，供群众免费参观和瞻仰。

人物简介

杨得志（1911年1月3日～1994年10月25日），原名杨敬堂，是久经考验的无产阶级革命家、军事家，忠诚的共产主义战士。1928年参加湘南起义后上井冈山，同年入党。曾任红一团团长、冀鲁豫军区司令员、第1野战军19兵团司令员等职，为中华民族的独立和人民的解放事业建立了不朽功勋。他组织指挥了强渡大渡河、清风店战役、上甘岭战役等著名战役战斗，创造了永留战争史册的精彩战例，是智勇双全、威震中外的一代名将。中华人民共和国成立后，杨得志先后担任过志愿军副司令员、司令员，济南军区司令员，武汉军区司令员，昆明军区司令员，中国人民解放军总参谋长等职。1955年被授予上将军衔，荣获一级八一勋章、一级独立自由勋章、一级解放勋章。第1～3届国防委员会委员，第8届中央候补委员、委员（1966年递补），第9～12届中央委员、第11届中央书记处书记、第12届中央政治局委员，十三大中顾委常委。

何孟雄故居

历史沿革

何孟雄故居位于湖南省株洲市炎陵县中村乡龙潭瑶族村何家组，始建于晚清时期，系江南风格民宅。2011年，故居内珍藏有革命文物10多件，详细介绍了何孟雄的英勇革命事迹。2001年8月，何孟雄故居被定为市级文物保护单位后，一直广受外界关注。2006年，在炎陵县委、县政府的支持下，对何孟雄故居进行了重新修缮。2009年6月，被定为炎陵县党团员爱国主义教育基地。2010年5月，被授予株洲市爱国主义教育基地。同年，湖南工业大学在此挂牌成立了"大学生爱国主义教育基地"。

人物简介

何孟雄（1898年6月2日～1931年2月7日），湖南省炎陵县中村乡龙潭瑶族村人。中国共产党创始人之一，北方工人运动领袖，无产阶级革命家和政治活动家。全国最早的53名中国共产党党员之一。中国共产党第三次全国代表大会代表。与缪伯英结婚被誉为一对"英""雄"夫妇。1921年年底起，先后任中共北京地委书记、中共唐山市委书记、武汉市委组织部长等职。大革命失败后，曾任中共江苏省委常委、淮安特委书记、江苏省委常委兼农民运动委员会书记、军事委员会书记、南京市委书记、上海沪东、沪中、沪西区委书记等职。1931年1月，何孟雄在上海被捕，2月7日同林育南、李求实等23位共产党员一起英勇就义。

第八篇

古镇民居

古镇民居 —— 株洲历史文化建筑

航拍之下，在青山绿水花丛中，总有黑白相间、黑黄相间的老房子蹲伏其中。就像是一幅古朴、恬静的山水画卷：逶迤的山岭，蜿蜒的河水，袅袅的炊烟。连片的粉墙黛瓦，古桥祠宇点缀其中，寺庙塔楼呼应其外。株洲的古民居饱经风霜，她以沧桑的过往陈述着历史的记忆，她是历史的老人而又是历史本身。

除了粉墙黛瓦外，五县民居各显特色：有泥砖砌墙搭配木质阁楼，雕梁画栋，在当地被称作"五岳朝天"的高低错落的五叠墙或马头墙，有以竹丝木桩为芯夯实的黏土墙。高空俯视，山水之间这些民居也以其抑扬顿挫的起伏变化体现了株洲民居的独特韵律，崇尚本色，大气而朴实。老房子房梁屋角，装配些许饰物，代表着吉祥和丰收，体现了农业社会人们的共同愿望。

民居的内部分为厅堂、厢房、天井、耳房等不同布局，往往在进门之后便是厅堂，之后是天井，天井居中组成了整个房屋的厅堂与天井和谐对称，绘画与雕刻恰如其分，这是株洲民居建筑与装饰的重要特点。厅堂"井"指的是天井，而"雕花"则指的是株洲民居无所不在的楼阁配饰。如朱亭镇攸县泉坪村茶陵陈家大屋的木质楼阁，跨进居室目之所见，那华板、柱栱、

结构。天井不仅仅有着肥水不留外人田的意味，更多的还是一种上古之风，文化传承。

值得一提的是株洲民居的厅堂的厅堂文化元素。株洲民居厅堂陈设简洁，却包含着巨大的文化体量，宁静而不失庄严的氛围。还有包括门厅楹联，字字珠玑，传达着株洲人的理想和愿望，表达着人们对于文化以及美好生活的追求和向往。

"天地国师亲"，看似简单却蕴含着浓厚的历史文化气息。株洲民居厅堂的厅堂庄重而严谨，散发着浓郁的书香

写实，带有强烈的地方色彩，体现了强烈的艺术创造力。

在筛选的这些传统村落中，相当一部分古民居剔透玲珑的木、石雕刻是民居中的精华，甚至可以说是民居中的眼睛。它的内涵包括：人物、山水、花卉、飞禽、走兽、云头、文字楹联以及戏文故事等，还有一些几何图案，可以说是无所不包。这些都是当地人们生活的写实，带有强烈的地方色彩，也有写意变性抽象的，

莲花门、天井四周、屏门槅扇等，都是一些精美无比的木、石雕构件。

与这些古镇民居建筑风格相对应的是它璀璨的文化传承、民俗民风和丰富多彩的非物质文化遗产：亭阁码头、四合院建筑文化、石雕木刻、造纸艺术、夯土建筑、客家文化、祭祀活动、釉下五彩等，构筑了株洲古镇民居各具特色的文化品牌。

株洲历史文化建筑

196
197

历史沿袭

■ 有"三路襟喉"之称的茶陵，位于湖南省东南部，洣水中游，罗霄山脉中段，为株洲市远郊县之一。境域内群山环抱，丘谷纵横，一般海拔为500米以下。南来的洣水，带着井冈山的俊秀，炎帝陵的神韵，穿过重峦叠翠，汇集四乡溪流，从三面绕过县城，蜿蜒西北，出攸县、衡东，注入湘江。县境多样的地貌类型，温和湿润的气候，年平均气温17摄氏度。丰富的光、水、热及生物、矿藏资源，为经济社会的发展提供了天然的条件。

■ 茶陵历史悠久。早在6000年前，人类的祖先就在这里繁衍生息。汉高祖五年（公元前202年）置茶陵县，隶长沙国。元朔四年（公元前125年）改为茶陵侯国，系长沙定王之子刘欣的封邑。太元初年（公元前104年），茶陵侯刘阳（刘欣之孙）死，因无子承袭，遂废侯国，复置县。绍兴九年（1139年）升县为军，属衡州。元初废军为县，至元十九年升县为州，直属湖南道。明洪武五年废州为县。成化十八年（1482年）复为州。此后直至清代，均为州，隶属长沙府。民国二年（1913年）废州为县，属湖南省湘江道长沙府。1949年9月至1952年10月，为衡阳专区辖县。1952年11月改属湘潭专区，1983年7月改属株洲市辖。

■ 悠悠数千年，茶陵传炎帝之光，托祖先之福，承载着多少历史沧桑，蕴涵着多少华夏文明，造就着多少风云人物，积淀着多少神奇故事。所有这些，都是该县发展文化产业和旅游产业的重要资源、促进经济发展的新亮点。茶陵环境优美，古往今来文人墨客曾留下许多诗篇。解缙曾夜泊茶陵，吟诗咏怀："山绕荒村水绕城，箬篷藤簟枕滩声；秋风淅沥秋江上，人自思乡月自明"。韩阳路经茶陵亦深深感叹："好山千叠翠，流水一江清；有里民安业，诸村犬不警"。道出了茶陵山水奇特、人民安宁吉祥的情景。历代文化遗存更是源远流长。现存文物保护单位81处（其中国家级文物保护单位1处，省级文物保护单位11处），非物质文化遗产62项，各类馆藏文物753件（其中珍贵文物73件）。

茶陵古城

■ 茶陵古城有多座，现县治所在之古城，乃南宋之古城，是1232年前后刘子迈筑建的；还有史称为"吴楚雄关"的晓塘城和马王城，忠武王岳飞屯军的鄂王城等。这些古城数南宋古城保护得最好，不仅"内城、衙门、外城"格局依存，而且文物古迹众多。譬如，令莘莘学子向往的文庙，激人奋进的状元桥，清幽浓郁的州衙古井，绝似"云天一柱"的笔支塔，又有1927年11月28日毛泽东亲自组建的县工农兵政府，为中国共产党领导创建的中国第一个红色政权，现在旧址内陈列着当年中国工农革命军和英雄的茶陵人民创建这一红色政权的艰辛历程，已成为开展爱国主义教育的重要载体。始建于宋代的全石构古城墙，被称为"破解古代发明创造和工艺成果"的代表性建筑。在元代延祐年间被朝廷敕为"青霞万寿宫"的青霞观，于唐代咸通元年所建、被称为长生福地"古南岳"的云阳道观，被原国民政府主席、行政院长谭延闿题写"赤松坛"的赤松丹井，还有铙真人天心阁、胡真人寺、道纪堂、唐宋以来被称为"茶陵八景"的紫微叠翠、洣水环流、秦人古洞、灵岩月夜、赤松丹井、龙湖献灵、凤岗呈瑞、邓阜朝阳，均展显着南宋古城宗教文化和自然文化遗产之底蕴深厚，源远流长。王庭坚、解缙、韩阳、徐霞客、李祁、刘三吾、李东阳、林廷玉、谢铎、张治、夏良胜、萧锦忠等风流倜傥的历代名人讴歌题韵，加上城内的古街、古巷、古民居、古井、特色小吃、茶饮、及古朴民俗的采茶戏、湘剧、板凳戏、花鼓戏、渔鼓、花棍舞、客家火龙、舞狮板凳拳等，更彰显出茶陵丰厚的历史底蕴和文化内涵。

■ 茶陵南宋古城与井冈山、炎帝陵、南岳、韶山在同一条线上，东与湘赣根据地中心江西永新县接壤，南与炎陵中村相邻，西与红色文化、自然文化遗产丰富的郴州、衡阳相近，古城的红色旅游景区已纳入国家第八条红色旅游线。得天独厚的地理环境、丰富多彩的旅游资源、积淀深厚的文化底蕴，使茶陵这座历史文化名城绽放出更加夺目的光彩。

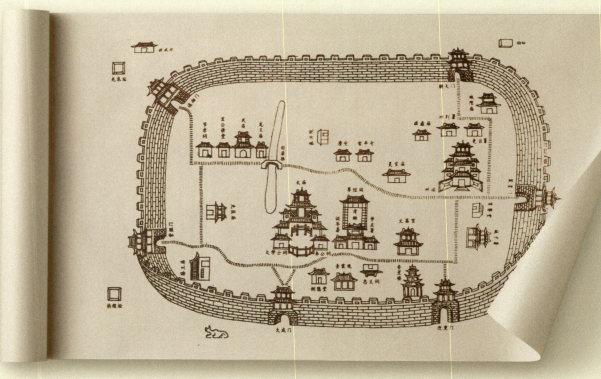

茶陵古城发展演变

汉武帝元朔四年（公元前125年）至宋为茶王城
位于县境东五十里今火田镇莲溪村，为茶陵侯址、县治所在；

北宋大中祥符（1008年）至南宋为金州城
位于县境北五里今思聪乡大兴村，为茶陵县、军治所在；

南宋绍定四年（1231年）始为南宋古城
位于今茶陵县城内，为茶陵军、县、州治所在。

至**民国**基本保持旧有格局，今仍保存一段600米古城墙，修复完好。

古城布局

茶陵古城的历史环境要素种类众多，有古街巷、古桥梁、古渡口码头、古井、古雕塑（南浦铁犀）、古建筑、古树名木等。古城街道定于宋兴于明，到清末民初成网络，内城有文星门（街名）、夜市街、小夜市街、洲门前路、南门上街、一总二总街、周氏马地，城外有三总四总五总六总七总八总街、孝子坪、茶亭巷、豆巷、猪仔巷、学门前街等，洣水和护城河的渡口码头众多，功能各异，与街巷联络成网。依其布局将古城区划分为六大历史文化街区：

东西主轴

一总二总历史文化街区	南门上历史文化街区

南北主轴

夜市历史文化街区	文星门历史文化街区
州门前历史文化街区	七总八总历史文化街区

茶陵古城

株洲历史文化建筑

190
191

现存古宅

■ 茶陵古城始筑于南宋绍定四年（1231年），后历经几个朝代的整修、扩建，其规模不断扩大，设施逐渐完备。城内有丰富的物质和非物质文化遗产，是茶陵悠久历史、深厚文化底蕴的重要载体。现存宋街2条（州门前街、南门上街），清街三条（一总、二总街；夜市街；七总、八总街），民国街道一条（文星门街）。古街道还保存着约130余栋古建筑，其中清代古建筑48栋，民国建筑87栋。

茶陵古城

株洲历史文化建筑

192
193

刘三吾墓
（省级文物保护单位）

龙家牌坊——含龙氏家庙
（省级文物保护单位、第六篇已作介绍）

月到岩摩崖石刻
（省级文物保护单位）月到岩摩崖石刻位于茶陵县严塘镇沙溪村灵岩山石窟，灵岩古寺始建于唐咸通年间，由严塘湾里人陈聪捐建，初为塾馆，其子陈光问在此读书教授生徒。唐天复元年考中进士后，出资重建，后唐时期，佛教南禅宗清源派僧人萧禅和辟为"灵岩寺"，又名"云岩寺"。尔后多次修建，最后一次重建于清光绪年间，改名"灵岩古寺"。2011年，湖南省人民政府公布为省级文物保护单位。

光泉石刻
（省级文物保护单位）相传南宋名将岳飞于绍兴年间（1131〜1142年），督师讨伐曹成，行军至此，时至天亮，见岩壁下清泉道涌。将士饮之，疲渴顿消。岳飞因之书"光泉"二字于岩后人仿迹镌之，并加题款。"光泉"二字，高2.66米，宽1.66米；题款每字约0.66米见方。2011年，湖南省人民政府公布为省级文物保护单位。

茶陵县苏维埃政府旧址
（省级文物保护单位，第七篇已作介绍）

茶陵县立列宁高级小学旧址
（省级文物保护单位）茶陵县苏维埃政府旧址（1930年10月〜1932年11月）位于茶陵县严塘镇湾里村。1930年10月由尧水南岸迁此。1930年冬，在这里召开了茶陵县苏维埃政府第一次代表大会，正式选举陈德发为县苏维埃政府主席。1931年3月，谭余保继任主席，政府机关设有劳动部、土地部、军事部、工农检查委员会、政治保卫局等机构；工会、妇女委员会、反帝同盟等组织亦设此间。2006年，湖南省人民政府公布为省级文物保护单位。

茶陵古城

茶陵国家级省级文物保护单位

茶陵古城墙（全国重点文物保护单位，第四篇已作介绍）茶陵古城墙，俗称"南宋古城"，是湖南境内至今唯一保存完好的宋代石头城墙。

茶陵铁犀（全国重点文物保护单位，第四篇已作介绍）茶陵铁犀又称南浦铁犀，位于城南河畔。至今已有700多年历史。

独岭坳遗址（省级文物保护单位）独岭坳遗址位于茶陵县城西南方向20公里处的界首镇火星村8组。2011年，湖南省人民政府公布为省级文物保护单位。

茶陵古城（省级文物保护单位）茶陵古城始筑于南宋绍定四年（1231年），后历经几个朝代的整修、扩建，其规模不断扩大，设施逐渐完善。城内有丰富的文化遗产，是茶陵悠久历史、深厚文化底蕴的重要载体。现存茶陵古城基本是清乾隆二十九年（1764年）大修后的遗址，并保留了明洪武二十二年（1389年）大修后的规模、布局。清乾隆二十九年大修后的规模、布局、形制是：城墙周长3353米，底宽7～10米，高6米，城门楼5座，月城5座，角楼4座，敌楼8座，更楼22座，砖砌雉堞1200个，马道7条；护城堤723米；城壕1700余米，宽22米，深5.3米；镇堤铁犀1座，水埠2座。后由于各种原因，茶陵古城遭受到不同程度的损毁。2001年，修复了迎湘门至铁犀长约484米的古城墙；2002年，湖南省人民政府将茶陵古城墙公布为省级文物保护单位；2005年，修复了迎湘门楼及角楼；2005年出台了《茶陵古城区保护与开发总体规划》；2006年，修复了城内的茶陵县工农兵政府旧址。

茶陵县烈士陵园（省级文物保护单位）茶陵县烈士陵园（始名烈士公园，1978年改现名），始建于1952年，建成于1959年。期间，先后建成革命烈士纪念碑、烈士塔及纪念亭3座，纪念阁一座，门庭1座。1959年，兴建茶陵县展览馆（1979年改为革命纪念馆），当年建成开馆。1989年，改建烈士纪念碑和东大门，现园区面积8.74公顷，其中瞻仰缅怀区（含烈士墓区）2.74公顷，林地6公顷。2011年，湖南省人民政府公布为省级文物保护单位。

茶陵历史人物与事件

岳飞与茶陵城

南宋绍兴二年（1132年），武穆王岳飞率兵八千追剿叛军曹成，兵临茶陵城。初始，岳飞派遣使者招降，曹成不从。后岳飞率部与曹成万余兵马激战于城北廓的旗山（今城关镇农林村境内）。最后曹军大败，活捉曹成，而岳家军也伤亡不小。岳飞随后奏报朝廷，为死亡将士建祠祀之。遂于城西廓青云山建祠，祠额为"旌忠祠"。将士遗骸以瓦罐封装，罐盖标有死难将士姓名、籍贯，合葬于祠旁，供后人凭吊。元末，"旌忠祠"毁于兵火。明弘治年间因旧址重建"旌忠庵"。后"岁久倾圮，日致湮没"。明正德五年（1510年）茶陵卫指挥使王表（袭父王廷爵之职）修复，仍为"旌忠庵"。正德十二年（1517年）僧圆证在知州张铖支持下，对旌忠庵扩建改造。据刘应峰（茶陵人，明嘉靖三十五年（1556年）进士，吏部主事）《旌忠庵记》载，"佛殿后有观音堂，堂之右有经院，堂之左置塔一座，以栖忠武之主（牌位）于殿之前，以示不泯"。至清代，"旌忠祠"因年久失修毁圮。1974年，在县机关幼儿园后挖防空洞时，发现了安放岳家军阵亡将士骨灰瓷罐的洞穴，内排列骨灰罐300多个，每个罐上都写有姓名、籍贯和职务，为保护古迹，随即封存。

李东阳与茶陵城

李东阳，字宾之，号西涯。明正统十二年（1447年）出生于北京，祖籍茶陵高陇龙集。明代中后期"茶陵诗派"领袖，著名书法家、文学家、政治家。明弘治八年（1495年）起，先后任礼部右侍郎，礼部、户部、吏部尚书，文渊阁、谨身阁、华盖殿大学士，参预内阁机务18年。

明成化八年（1472年）二月，李东阳陪同父亲回乡省亲，作生平唯一的一次故乡之行，往返历时七个月。在茶陵居住18天，祭祖扫坟，相会族中父老，写有荷木坪、雷公峡各二十韵等诗词及《茶陵竹枝词》10首。期间，应龙集族长李嘉祚、洞头族长李文映等人之邀，李东阳在茶陵城李氏宗祠（德望祠，坐落县城七总街，后改为茶陵湘剧团）拜祭祖先，并为龙集四修谱、洞头二修谱题写《序言》。尔后，又因知州董豫、学正江海及诸乡士之请，在州衙撰写《学校记》。

明嘉靖四年（1525年）《茶陵州志》"祀典"载，茶陵城设有"李文正（东阳谥号）公祠"（后撤除并入"乡贤祠"）。"城池"载，茶陵城有"街坊"44个，其中州南"学士坊，为李东阳立"；州西"大司徒坊，为李乐阳立"。清嘉庆二十一年（1816年）《茶陵州志》和清同治九年（1871年）《茶陵州志》"城池"卷中，均载有州南"学士坊，为刘三吾、李东阳、张治、彭维新立"；州西"大司徒坊，为李东阳立"。

茶陵古城

张治与茶陵城

　　张治（1488～1550年），号龙湖，茶陵秩堂毗塘人。明正德十六年（1521年）举进士，为会元。嘉靖元年（1522年）授翰林院庶吉士，后官至吏部尚书、礼部尚书兼文渊阁大学士。幼时，被督学张文定称赞为"前代文豪刘三吾、李东阳再世。"正德十一年丙子（1516年），张治在茶陵州城西青云庵（南宋"旌忠祠"故址）读书。著有《青云庵记》。后来，"青云庵"因张治中举、中进士而闻名遐迩。嘉靖二年（1523年）冬，张治心念八旬老母，借病还乡。不久，母亲病逝。嘉靖四年（1525年）张治守孝期间，因知州夏良胜之邀纂修《茶陵州志》，为茶陵第一部州（县）志。该志以正统旧志的抄本数页为基础，"尽力查核以发掘遗漏，遵循规范以除去固执，掌握原则以堵干求，谨慎踏实以求允当"，"数阅月而编成"（见明嘉靖四年版《茶陵州志》龙大有序）。后人称"其文简、其事赅""乃方志之宝"。后还编修《明伦大典》、纂修《长沙府志》。

　　张府假山，俗称"梳妆台"，位于县城三星庵（今城关镇前进村内）。梳妆台，据清同治九年（1871年）《茶陵州志》（卷十二·古迹）记载，"在通湘门内。明少保张文毅（张治谥号）故第久废，其后苑假山犹存。巨石垒高二仞，嵌空玲珑，叩之声如磬。巅石透一穴，围径四寸，隙光照地。正圆时，知为晌午云。"1982年秋，茶陵县文物普查，实地测量，其高2米，占地面积约12.3平方米。相传张治夫人常置镜于其上，照镜梳妆，故称"梳妆台"。

　　《茶陵县文物志》载："假山造型优美，千姿百态，陡壁悬崖，奇峰突起，数百年来不崩不裂，垒石如故，完整无缺，为我县一奇胜。"

太平军与茶陵城

　　太平军曾多次进入茶陵境内，三次攻克茶陵州城。

　　清咸丰二年（1852年），太平天国肖朝贵与曾水源、林凤祥、李开芳等率太平军先锋队2000多精兵，进军长沙。七月二十日（公历9月3日）从攸县攻克茶陵。几天后，返经攸县继续向长沙进发。八月上旬，太平军先锋队在长沙攻城受挫后，驻扎在郴州的天王洪秀全和东王杨秀清率全军北上赴援。入永兴后，分前、中、后三队陆续行进。后队于八月十五日（9月28日）攻克茶陵州城，活捉知州刘旭。八月二十日（10月3日），在尾随的清军到达前撤出茶陵，直奔长沙。

　　咸丰五年（1855年），广东何禄的天地会起义军（后加入太平军）陈荣、邓象、周培春部从郴州出发，经安仁攻茶陵，八月十四日（9月24日）击溃知州王宏漠军，占领茶陵州城。周培春率部前往江西永新，与太平军会合。九月九日（10月19日），岳州知府王葆生、统军赵焕联率部分三路反攻茶陵。陈荣为分散清军兵力，令军师何进德率兵攻占酃县（今炎陵县）。九月二十日（10月30日），起义军大破赵部。清军派大批奸细化装难民，混入茶陵城内。九月二十七日（11月6日）清军发动攻势，城内奸细乘机放火，内外攻击。陈荣率部突围，分途退至酃县和江西永新。太平军转战茶陵时，先后有州民数千人加入起义军。

茶陵将军

■ 茶陵人杰地灵，英雄辈出，据统计在民国时期以后共有将军61名。其中，共和国将军29名（中将7名，少将22名）；民国将军32名（上将1名，中将6名，少将25名）。

侵华日军侵占茶陵城

■ 1944年（民国三十三年）6月，侵华日军第三师团（师团长山本中将）的二神、松山、安藤、田中4支部队侵入茶陵。6~7月，日军飞机轰炸茶陵县城及附近乡村。6月下旬，步兵侵入县境。7月14日（农历五月二十四日）侵占县城，至次年2月26日撤离。近8个月时间，日军在茶陵烧杀掳掠，奸淫妇女，使茶陵人民遭受深重的灾难，人称"八月黑暗"。据1946年（民国三十五年）12月《湖南省抗战损失统计》载：茶陵在日军的蹂躏下，死9440人，伤16981人，直接经济损失1241亿元（法币，下同）。

■ 1944年（民国三十三年）6月2~5日、29日和7月1~2日7天，日军先后12次共出动30架飞机，对茶陵县城及晓阳、云虎、纲云、文江4个乡轮番轰炸，投弹138枚，县人被炸死1175人，伤2573人，毁房1624栋，连同生产、生活物资，共计损失39亿多元。其中，6月2日出动飞机3架，轰炸县城，投弹22枚，死459人，伤812人，毁房543栋，炸死耕牛31头，损失17亿多元。

■ 日军每到一处，烧毁房屋和树木，滥杀无辜。云虎乡西江村（今下东乡光辉村）有200间房屋，被烧毁198间；全村174人，被打死、杀死、吊死、活埋的有69人。1944年（民国三十三年）8月29日，日军闯入城郊芫上（今城关镇农林村）的龙家湖、毛里甲等地，见人就抓、就杀。除当场杀害者外，余者用长绳吊绑，分别集中到三口水塘边及一河滩处和一沙滩上，有的被推入塘中或河中淹死，有的被刺刀刺死，有的被枪击而死。5天时间惨死500多人，尸体多被丢入水塘与河中。后来，人们分别称这几处地方为血泪塘、血泪堪、血泪滩。1969年"战备教育"时调查统计，芫上村先后被日军杀害879人，有47户被杀绝。

茶陵古城

毛泽东与茶陵城

1927~1932年，中国工农红军（前身为中国工农革命军）及地方革命武装先后9次攻克茶陵县城。其中，第一次、第二次攻克茶陵城，都是受毛泽东指派，按照毛泽东指示开展行动。

1927年10月21日上午，工农革命军第一师第一团团长陈皓、党代表宛希先受毛泽东指派，率第一营二、三连共100余名指战员，从宁冈古城出发，经酃县、安仁及茶陵界首、枣市，化装成国民党士兵，突入茶陵县城，吓跑了县府官吏，击毙企图对抗的警察，砸开县署及监狱，解救出李炳荣等80多名被关押的农工运动骨干和群众，查抄没收县府银洋及部分报纸、文卷，焚烧县署部分房屋。遵照毛泽东吩咐，沿街以"中国工农革命军第一师第一团团长郭亮"的名义张贴布告、标语，下午4时许撤离茶陵城。次日，经严塘、和尚庄回到宁冈。

1927年11月16日，陈皓、宛希先率工农革命军第一团团部和第一营及特务连，根据毛泽东战前动员指示精神，离开大陇，由李炳荣当向导，开始第二次攻打茶陵城。当晚在茶陵坑口墟宿营，打了土豪。17日清晨，豪绅地主罗绍带挨户团赶来骚扰，工农革命军一举将其击溃。并随即经带江、马溪、洮水，向茶陵城逼进。入夜，进入茶陵城对河的中瑶村子里宿营。18日晨，部分指战员化装成赶早市的农民入城，尔后里应外合，打垮了罗定保安团，县长刘拔克逃往攸县去了，工农革命军占领了茶陵城。部队驻城一月余，先建立县政府，团长陈皓指派谭梓生当县长，谭梓生县长按照国民党旧政府那样，升堂审案，纳税完粮。党代表宛希先一面坚持同陈皓一伙作斗争，一面写信将情况报告给毛泽东，并向毛泽东请示如何建立红色政权。11月28日，遵照毛泽东指示信，成立茶陵县工农兵政府，工人代表谭震林当选为茶陵县工农兵政府主席。县工农兵政府设立民政、财经、青工、妇女等部门。茶陵县工农兵政府，是中国第一个县级苏维埃政府，是毛泽东关于中国红色政权建设的一次大胆的实践探索。12月26日，吴尚部俞业裕的"加强团"与罗定保安团2个连进犯茶陵。工农革命军及茶陵地方革命武装与之激战一昼夜后，主动撤离茶陵城。28日晨，毛泽东赶赴湖口，带部队向井冈山进发。

38年后，毛泽东重上井冈山小住茶陵县城。（茶陵县委大院）

历 史 沿 袭

■ **溯源渌田：** 渌田镇位于攸县南陲，有一脚踏四县之誉，称为攸县的"南大门"。它东界茶陵县，南邻安仁县，西抵衡东县，北靠菜花坪镇，距攸县城不足25公里。据湖南工业大学教授，省著名地名学家彭雪开考证：渌田得名与引渌溪水灌田有很大关系，与五峰山和渌溪有关联。据2004年《株洲地名志》记载：相传古代此地树木甚多，从五峰山发源之溪水，流经此地大坳，水清如镜，名为绿溪，素有治渌水灌良田之称，故名绿田。其最早得名当在宋靖康元年（1126年）之前。

■ 元贞元年（1295年），渌田全境属永平乡。清顺治十一年（1654年）分属景都和星都。民国初年属春江镇。民国十九年（1930年）称景字乡和星字乡。民国二十七年（1938年）分属渌田乡和枫仙乡。民国三十年（1941年），湖南省调整各县插花飞地，攸县将渌田乡的丫尖下街划归茶陵县，将渌田乡的东冲划归安仁县；茶陵县将下大洲及渌田街的萧家土坪、花明楼一带划归攸县。民国三十六年（1947年）属南屏乡。1949年9月，属攸县第六区。1950年属攸县第九区。1953年改称南联区。1958年和高和乡、菜花萍乡合并成立友谊人民公社，后更名为菜花坪公社。1961年从菜花坪公社划出，设渌田公社。1984年4月，撤社建乡，称渌田乡，1988年撤乡建镇为渌田镇。

■ **秀美渌田：** 渌田，山清水秀，曾有雅士撰文描写渌田"渌水长流，熠熠波光摇翰海，田园秀丽，雯雯瑞气绕沧桑"。

■ **贤达渌田：** 渌田人才辈出，贤名美扬，文星耀斗。渌田镇群新村刘沆（从江西吉州永新迁入），宋仁宗（1023—1056年）时期任宰相，他在任七年，忠于职守，任上殉职。《宋史》有《刘沆传》记载。明朝万历年间的蔡槐庭是有名的清官，名列朝廷十二重臣之一。民国的蔡仁祥是国民党高级将官，北京大学一级教授蔡仪是当代著名的美学家和文艺理论

渌田古镇

家。历史上渌田自1580年蔡槐庭考取第一位进士以后，连续四届科举考试考取四名进士。1586年，蔡思穆、蔡思和兄弟同进考场，思穆中第十名进士，思和副榜第一，双双荣登。皇上闻奏大喜，遂御笔特书"兄弟联登"匾，让其嵌于老家槽门之上，永作纪念，至今犹在。渌田学风蔚然，至清朝末年仅蔡氏家族就有进士、贡士、举人24人。

■ **红色渌田：** 渌田也是一方红色的土地，1925年北伐战争，叶挺率领的独立团，第一个有影响的战役就是在渌田打的。1928年3月底，湘南起义军攻占与攸县交界的安仁县后，攸县渌田、芷陂乡共产党员蔡阳和、徐元清等决定发动攸县南乡农民暴动，以策应湘南农军进攻攸县县城。4月4日，唐天际率安仁农军向攸县进军，攻打渌田和攸县县城。蔡阳和、徐元清立即带领千余名攸县南乡家军举行起义，配合唐天际部首先攻占渌田，暴动农军从渌田到攸县县城的沿途，到处张贴革命标语。农军进到攸县城郊，因隔着水河，无法继续前进，攻城未能实现。安仁农军撤回安仁，攸县南乡暴动农军回到南乡坚持斗争。

■ **古韵渌田：** 渌田是一片古香飘逸土地。江联、江口、群力、群新、大洲、大联数村，村庄田园星罗棋布，绿色的原野，簇拥的村庄，古祠、古寺、古桥、古树，点缀其中：现简略其中七大古迹。

【编者点评】 渌田镇入列本书古镇名居篇，在于其拥有众多的醇厚历史人文建筑。这里记述的七个历史建筑古迹，每一个都闪烁着人文的光辉，刘沆、蔡槐庭、蔡伫、蔡思穆、蔡思和、蔡之骏、蔡梦祥以及现代的蔡仪，每一个贤达都是闪耀在渌田大地的文星耀斗。千百年来尘封的故事：封建世袭、皇家赏赐、军事防御、商贾人流、家祠寺庙、连片古居。你都能在这些建筑遗址中找到印迹。虽色调苍茫、凝重沉静，甚至断垣残壁，但总能拨动古风依依的琴弦。

历史沿袭

刘氏家庙位于攸县渌田镇群新村祠堂湾组。始建于清康熙壬午（1702年），由刘氏永兴公主持兴建，后经乾隆、道光及民国几次重修。最后一次修缮于1935年。祠前牌楼三层，祠匾"名相世族"，坐北朝南，面间三拱，三进两天井，石木梁架结构，嵌碑记事，封火山墙，硬山顶，青瓦面，外观马头墙。南北长32米，东西宽12米，建筑面积400平方米。为当地典型的祠庙建筑模式。

现今刘氏家庙所保存的神龛、刘沆石像、各种碑文完好无损，渌田刘氏人才济济，清代7～9品官员12人，国学士6人。

典故轶事

刘氏家庙上的祠匾"名相世族"，据传是宋仁宗皇帝御书。这位"名相"指的就是刘氏家庙先祖、宋仁宗时期的宰相刘沆；"世族"，是指血脉相沿、世代显贵的家族。刘沆贵为宰相七年，后裔不乏高官，称为"世族"，题中之义。朱元璋统一长江流域后，于洪武年间下令组织人多地少的江西人迁往湖南、湖北，史称"江西填湖广"。刘沆后裔永兴、宸北、继兴三支刘氏，就是从明洪武至成化年间（1368～1644年），先后从外地迁入攸县大洲开基立派的。刘氏这一迁移过程，竟然长达100年左右。群新刘氏源于江西吉州永新，为宋哲宗时代宰相刘沆第十五代后裔永兴创建，其兄辰北公一道迁来攸县，居大洲。虽然各立其门户，但也曾共同修过一次群新的刘氏家庙。现今刘氏家庙所保存的神龛、刘沆石像、各种碑文完好无损，至2002年五修族谱，永兴公位下繁衍生息已有5000余人口。

名相世族祠
刘氏家庙

株洲历史文化建筑

202
203

西冲高楼

历 史 沿 袭

■ 耸立于渌田镇西冲下屋蔡烈公祠后面的高楼，高三丈，三层，横排六间相连，长24米，宽12米，占地面积390平方米左右，呈长方形，墙厚一尺五寸。每层有二尺多高，五寸宽的窗孔八个，前面紧靠祠堂后屋，相隔二尺五寸，只有一小门进入，平时由福王神龛堵住，除此任何人无法进入。该建筑于明朝隆庆年间由西冲始祖蔡佇始建于1620年，清乾隆年间修复重建，迄今200余年。

■ 因建筑牢固，距今200余年不见一丝裂痕。冷兵器时代高楼像碉堡，可以躲兵，窗口也可射箭自卫，1918年护法讨袁战争时，南北二兵打仗，全族300余人藏在里面躲过了兵戎，无一人受伤害，得以保全。

典 故 轶 事

蔡佇其人：西冲的始祖蔡佇是渌田蔡氏第五代懋公长子，生于1473年，自幼学文习武，武艺高强。长成例授长沙卫指挥，任职谨慎围城设岗，屡破犯匪，多次立功受奖，解组回乡后迁居西冲，重视耕读，建堡自卫，设堂开课，教子鞠孙，世代连延，明清两代考上举人、岁贡、拨贡、恩贡、优贡职贡等19人，其中，贡生14人，占当时渌田蔡氏贡生人数的14%。孙遇唐，道光癸巳副贡授主薄员外郎，五代孙而泰岁贡授训导，七代孙来衍岁贡授邵阳教谕，来征、来苏、来宣皆岁贡，八代孙上岱、上灏及十代孙贻福、贻震都是秀才。

兄弟联登

历史沿袭

"兄弟联登"石匾嵌于渌田下蛟塘牌坊拱门之上，是为蔡家八世孙思和、思穆两兄弟而立。"兄弟联登"是万历皇帝御笔特写牌匾，嵌于老家槽门。

典故轶事

蛟塘举人蔡甫生有思科、思和、思秩、思穆四子，思和作为家庭长子要帮助父亲管理家务，亲自耕作，只能让其弟读书，思和就农闲旁听，由于聪明过人，一听就能记住，年积月累，也精读了经典，到万历丙戌年（1586年），思穆赴考，思和伴送。临考前思和要求一试，获准后兄弟同入考场，皆对答如流。三朝张榜，思穆中第十名进士，思和副榜第一，双双荣登。皇上闻奏大喜，遂御笔特书"兄弟联登"匾，让其嵌于老家槽门之上，永作纪念，至今犹在。

思穆曾任四川梁山知县、广东道监察御史、浙江巡按御史等，为官廉洁，刚直耿介，秉公执法，铁面无私，诸贪望风而逃。据传在东宫任教时，因太子调皮大闹课堂受罚，逃入金銮殿躲在皇上背后，思穆追及，赶上三鞭，打得皇子嗷嗷直叫，皇上愠怒，欲加罪于穆，思穆刚性直陈："太子学不用心，藐视师道，顽性不改，将来怎能继承皇位，确保江山，对于顽性恶习只能严教而善之，不可迁就，故不打皇臣不成人，打了皇臣变好人……"皇上正在琢磨，一旁皇舅向前解围曰："皇子年幼，严教方可成器，顽皮被鞭，善哉，善哉！"皇上听了觉得有理，遂转怒为喜，曰："蔡爱卿平身，朕今赐你'殿中执法'匾额，回去悬挂于堂上，以示纪念。（此匾毁于日军侵华）"思穆由于勤奋履职，积劳成疾，久治不愈，英年早逝，享年三十有四。

思和初授四川叙州同知，后迁贵州同知兼监军，由于执法从严，一丝不苟，被奸党匪徒陷害而殁，不久案破后得以昭雪。

历史沿革

　　蔡仪故居，亦名上新屋，又名桥头屋，位于攸县渌田镇潞浦村（原五星村）上新屋组，东距潞浦村敬老院80米，北距118乡道40米，清末至民国民居。故居有三栋九拱并列，每栋上下三厅十间，二天井，民居普通、简朴。桥头屋因地处潞浦中段，东向茶陵，西至衡岳，南接安仁，北往攸城，是三市四县的交通要道而著名。

　　故居坐北朝南，平面呈长方形布局，东西长67米，南北宽38米，占地面积2500平方米左右。面阔17间，前后三进，砖、石、木梁架结构，两层。硬山顶，叠涩檐，小青瓦面。有房97间，天井18个，民间俗称"九栋十八天"。该房由蔡仪祖父和父辈四人接力建设，历时40余年。

　　故居规模宏大，整体保存完整，其中大量石、木雕构件，以及彩绘、墨绘和泥塑人物、动物、花草保存较好，在湘东地区民国时期民居建筑中有代表性，具有很高的历史和建筑艺术价值。蔡仪故居于2009年全国第三次文物普查过程中被发现，2013年11月8日，攸县人民政府将其公布为县级文物保护单位。

典故轶事

　　蔡仪其人：蔡仪生于1906年6月，曾祖父诚斋，学识满腹，性情淡雅，不图功名，为人正直，贤德传于乡里。曾伯祖父贞斋与曾国藩是同窗好友，并结为异姓兄弟。贞斋赋性真诚，纯笃优行，曾国藩组织湘军与太平军作战时邀请贞斋为幕僚，接风洗尘席间，曾国藩连下两道命令杀人，贞斋一惊，想起管子书中云，杀戮不足以服其心……杀戮众而不服则上位危矣。孟子说过："民为贵，社稷次之，君为轻"。贾谊说："夫民者，万世之本，不可欺"，于是美食难咽，停箸不举，他觉得曾国藩组建湘军效劳于满人皇权不值，荣华富贵用千百万人头叠起，居心何忍？故百般推辞。不趋炎附势，曾见不可强留，别时赠贞斋一联曰："苦忆家乡怀旧雨，饱看富贵过浮云"。后来贞斋考上了举人，授辰州教谕加国子监学正衔。任教数十年业绩非常。解组后回家耕作，广施义举。世人称钢筋铁骨。

　　蔡仪自幼以族内先贤为榜样，勤奋耕耘，1925年考入北京大学文学系，1926年加入共产主义青年团，1929～1937年留学日本，毕业于东京高等师范和九州帝国大学，1937年回国参加抗日救亡，1945年加入中国共产党，1948年受党指派参加上海青运工作，1948年任华北大学教授，1950年在中央美术学校任教授，并先后兼任北京大学、中国人民大学教授，1953年调文学研究所任研究员，文艺理论组长，研究所领导成员，1978年兼任中国社会科学院研究生院教授、硕士和博士生导师。它是我国著名的马克思主义美学家、文艺理论家，1920年代新文学创作有《莽原》《沉钟》等多篇小说和十多篇专著，在学术界、教育界产生了广泛的影响，八十高龄以后仍孜孜不倦从事《新美学》第三卷撰写，充分表现他的工作责任感，他八十生辰作诗二首：

蔡仪故居

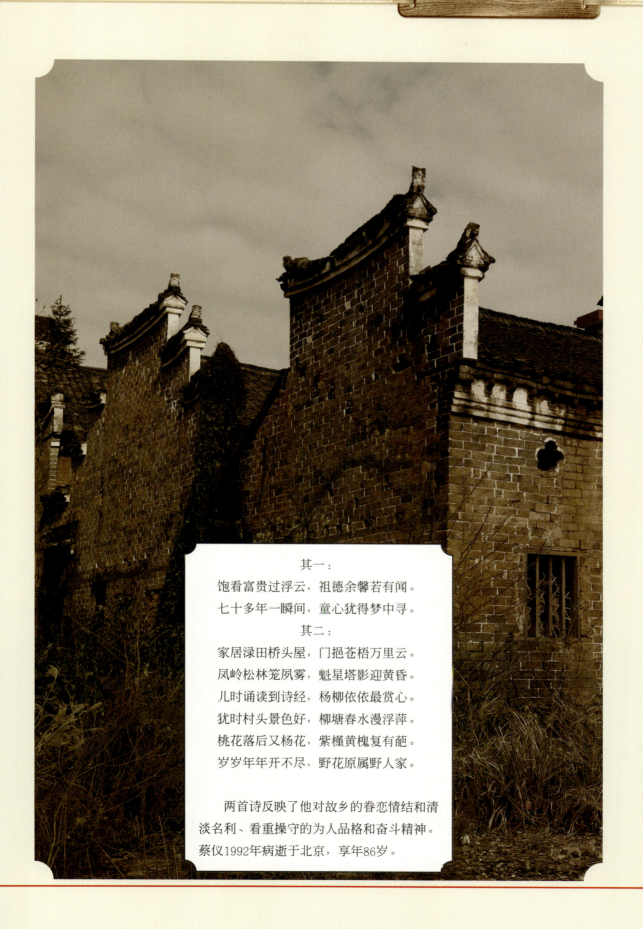

其一：
饱看富贵过浮云，祖德余馨若有闻。
七十多年一瞬间，童心犹得梦中寻。

其二：
家居渌田桥头屋，门挹苍梧万里云。
凤岭松林笼夙雾，魁星塔影迎黄昏。
儿时诵读到诗经，杨柳依依最赏心。
犹时村头景色好，柳塘春水漫浮萍。
桃花落后又杨花，紫槿黄槐复有葩。
岁岁年年开不尽，野花原属野人家。

两首诗反映了他对故乡的眷恋情结和清淡名利、看重操守的为人品格和奋斗精神。蔡仪1992年病逝于北京，享年86岁。

大夫第

历史沿袭

　　大夫第坐落在渌田村锡陵陇田垅湾，始建于明朝万历后期（1596～1620年），封建社会必须为三公九卿建房才能称"大夫第"。当时蔡槐庭官至大仆寺卿，完全符合大夫第之称谓。

　　"大夫第"在明崇祯戊辰（1628年）渌田蔡氏十代孙蔡之骏主持下重新扩建，将本族进士、魁元、亚元、贡士等人的匾兀挂满一堂，上下厅上共二十余块，满堂辉煌，炫耀乡里。

典故轶事

　　蔡槐庭其人：蔡槐庭名承植，号以仁，生于明嘉靖丁巳年（1557年）。五岁入学读经史，十岁潜心禅学，崇尚从善为本，乐善好施。明万历七年（1579年）考取举人，明万历十一年（1583年）考取进士，历任南直池州教授，福建建宁府推官，南京礼部郎中，嘉兴知府，广东按察副使等，最后以大仆寺卿致任（小九卿第三位），为官洁身自守、清正廉明、仇奸肃贪、执法如山、惩恶扬善、体恤民情，深受百姓拥戴和敬佩，同时也受到皇上的赞扬。

　　由于他生性淡泊，持身省约，为官数十年肃然与寒素无异，被誉为浙江"四君子"之一。评议为："清廉第一"。为劝人清廉，他在家谱中作"廉箴"云：

廉有分辨，取予公平，万钟一介，务要分明。
取非其有，损望不轻，显招耻辱，幽愧神明。

　　据传任广东按察副使期间，微服私访到江西某地，查得一恶少强抢民女为妻，横行乡里，酿成多起命案，审理中他依仗其父在京为宰官，无人敢动他，气焰嚣张，槐庭依律将其斩首，触动了他做京官的父亲，企图报复槐庭，槐庭告病回乡避祸。这京官诬告槐庭在家招兵买马，企图谋反，皇上派人到渌田核实，纯属诬告，皇上得知，不但不追求他的"未奏先斩"之罪，反而封他有"先斩后奏"之权。

　　明万历四十五年（1617年）槐庭因病辞退，回家后组织平民成立念佛会，每日以与众人背诵为趣。虽然退休不关心政事，但还关心民事，他主持倡修了安都毓陵，开渠40余里，引水灌田，旱涝保收。为了在湘潭开辟攸县装卸码头，以便攸县所产稻谷、木材等农产品运到湘潭能及时销售，他忍脚疾之痛，不辞劳苦到湘潭和当地协商，在湘潭新开了攸县码头，供攸县来往船只停泊，使运去的货物能及时起卸销售，深受乡人称赞。几百年来民间流传他当清官的故事，人们在茶余饭后还津津乐道地讲述。当代有学者为其撰写成小说，"蔡槐庭传奇"流传于世。

　　蔡之骏其人：蔡之骏字均房，号遇伯。蔡槐庭侄儿，生于万历辛卯（1591年），自幼称奇，聪明过人，天启元年举人，曾任浙江杭西督粮通判，广西柳州同知，三年后以监军功推升广西右江道台。在山高路远、民族杂居、土匪出没的地方，他悉心用智，剿抚并举，改土归流，利用土司团结各族人民促进民族融合，使粤西安定升平，深受上下敬佩，挂冠回归时，粤民勤石："循良镇邪恶，善政惠民生"，永志其德。

　　回乡后他亲自农耕，在修建大夫第右前建书屋一栋培养子孙，亲自教学。同时担任本族户长。按当今的比喻，一个地市级干部回家当个生产队长（村民组长），难能可贵。

官家桥亭

历史沿袭

　　官家桥又名随缘桥，位于攸县渌田镇五一村大屋组，东距村民蔡定美住宅200米，北距渌田至五一村公路400米，西北距渌田镇2公里，东南距五一村500米。单拱，直肩，红石与青石混筑，东西向。桥面平直，三合土加碎石铺筑，青石护沿与桥楣。红石桥拱，券砌，高3米，跨6米。从桥底观察，可发现桥拱分三次修建，每次宽3.3米左右。桥长11米，宽10米，高4米，建筑面积110平方米。桥上原有亭，后毁，尚存青石柱础四个，其余保存较好。1994年，当地蔡姓在桥东重修桥亭，风格有所改变。同治版《攸县志》有相关记载，官家桥始建于明初，明中期，台州通判蔡承贡在桥上建亭，用于施粥赈济，更名官家桥。随缘桥年代久远，建筑风格独具，相关史料翔实，具有较高的历史、人文及建筑工艺价值。

　　县志记载：随缘桥：在景都。明通判蔡承贲建。又于桥上建亭，为赈济所，竖碑有记，载艺文。孙永锡于桥左建关帝祠，置油灯田，继祖志。乾隆甲申年（1764年），贲裔兆元、协中、翼焌倡本房重修。暑月奉茶。今改为官家桥。

典故轶事

　　传说是蔡槐庭休闲筹资建桥亭，计划木桥改石拱，需要资金，缺口不少，正在谋划。突然一日有一乡绅买个知县，要经此去上任，槐庭得知，心生一计，整治一下他，届时上任县官前呼后拥而来，他扮作乞丐在木桥上坐，官轿来了不让，差役呵斥："哪来的叫花子，快滚开，老爷要过桥。"槐庭曰："什么老爷呀，老爷在城隍庙，怎么会来这里？"差役盛怒大骂："你叫花子可恶，叫你让路，不但不让还骂人，找死了。"举起杀威棍向前来打，槐庭立即脱下烂衣服，露出三品官袍闪闪发光，唬得差役傻了眼，丢下杀威棍就跑，知县在轿内一看不妙，慌忙下轿跪在桥头求饶。槐庭说："你愿打还是愿罚？"知县战战兢兢地说："打如何，罚如何？"槐庭说："打就要打死，罚就在这里修座石拱桥，桥头建亭一座，模样与你坐的八抬大轿相仿。还要自衡阳至茶陵修一条三尺宽的石板路。"县官捣头如蒜，口里喊："遵罚遵罚。"只得告假修路架桥。所以人们又叫官架桥。

　　蔡槐庭胞弟承贲考上举人，后任浙江台州通判。由于看不惯官场的贪污腐败，不愿同流合污，便辞官回家，仗义行善。将自己的积蓄在官家桥亭内每年春荒发放稻谷400石，然后收回不计利息，每年冬天无偿发放棉衣千件、棉絮百床，随到随取，看你缘分，所以又叫"随缘桥"。还有一说，由于古时文官到此要下轿，武官到此要下马去拜见主人，所以又叫"官躬桥"。后更名官家桥，由于官家桥出名，所在地上边屋场也习惯称"官家桥"。

历史沿袭

搭水桥原叫渌溪桥,是渌田镇的地标,始建于宋宝祐年间,远古以来就有木桥相通,但常年都被洪水冲毁,毁后只得涉水或架临时木桥。宋宝祐年间,渌田蔡氏贤士蔡梦祥带领族人捐资修石墩木板平铺桥,叫搭水桥,共用木石工役之费200两银钱,桥板固嵌于石墩之上,一般洪水不能冲走,车马畅通无阻,有攸县学长欧阳世作《渌溪桥记》勒碑刻石于桥头,表彰修桥人之功德。300年后,桥墩坍塌,碑石湮没,明万历丙午年(1606年)进士蔡槐庭,举人蔡承同及子兄弟侄联捐百金修成全石桥,石墩9孔,桥面8尺宽,全长80丈,两边竖有栏杆,上雕雄狮,蔚为壮观。清朝末期江西富商胡皮皋出资修吉安至衡阳石板路时对此桥也进行过整修。2009年坍塌两墩,在党支部的号召下,渌田八角亭王观生等集资重修钢筋水泥桥,勒碑记事,以昭后代。

典故轶事

搭水桥周边有五大屋场,第一大屋场蛟塘为蔡氏五代孙惠开发,据术士曾卜卦说这个塘内隐居一对蛟龙能翻云覆雨,源水不断。蛟龙常跃入陂坝戏水,跃过屋场,预言此地必有大人物出现。优雅境界出俊杰,果然在蛟塘到第三代出了名人甫,他颖敏异常,志向不凡,文才皆优,忠孝双备,满腹文字,24岁考取举人,授江西南城县丞,为了侍奉母亲,带母亲上任。在任秉公执法,体恤民情。一年天旱无雨,颗粒无收。百姓卖儿卖女以还租还税,他下乡巡视,亲悉此情,回县衙后与县令商议,一边上报减免税收,一边下令大户不得追债,他说:"人人都是父母所生,人人都做父母,卖儿卖女,莫过割肉"。于是百姓之苦得以缓解。隔年因其妻洪氏突发伤寒去世,他悲痛不已。因而上书求退,回家性静家居,服侍母亲,无微不至。除孝敬娘亲,还开办学馆,教授本族子弟,出了众多人物;有房侄思舜学成考取亚元,任四川良山知县;房侄思位也夺亚元;有进士承向、承甲等都是得益于他的教诲。四个儿子都学以成才。其中,思和、思穆同榜进士。第二个屋场锡陂又叫樟树下,以书香门第而扬名,最有名的即是蔡氏家族蔡思周,他七个儿子分别考取一位进士、四位举人、两位秀才,其中蔡槐庭考取进士,官至大仆寺卿。第三个屋场田垅为举人蔡遇佰创建。遇佰明末任广西右江巡抚,贤声清望。回归后办学教育子弟,使全族读书成风,秀才举人多多,同治年间曾有过48担书笼出外教学的盛况,人称这里是"举人湾,秀才窝",名不虚传。第四个屋场叫山门前,一个十多户的村庄,明清有一位进士,十三位举人,秀才不计其数,人称"文星耀斗"其中蔡思位当年带着儿子承甲去考秀才,儿骑父肩,考官问:"你为何带小孩"!其儿答:"我也来考嘛"!考官见他年小胆大,就说:"我出一联,你能对上免考"!承甲:"请先生出联"。先生曰:"子将父为马",承甲从父肩溜下答曰:"父愿子成龙"。考官:"对得工正,免考"!后来,父思位考上亚元,儿承甲考上进士,官至广东梅州知府。成为"父子科第"。还有一个隔江岸山丘屋场楼塘,明清也考取了两位进士。

搭水桥还有值得纪念的重大历史事件。1926年北伐战争中,叶挺独立团在渌田高岭与北洋兵作战打响北伐第一枪,将敌人从高岭经过搭水桥赶至铁丝坳激战,取得了以一个团的兵力,打跨北洋兵六个团的辉煌战绩。显示了中国共产党组建和掌握的第一支部队的威望。事后,叶挺亲到搭水桥视察并拍摄照片。

搭水桥

◆ 搭水桥沟通渌溪南北两岸，北向攸城，东至茶陵，西通衡阳，南往两广，成为交通要塞，汇集四方商客，逐步伸延街道，成为攸县五大集市之一。

◆ 搭水桥和街道将渌田分隔两片，下首为渌陂垅，良田数百亩，盛产水稻。渌陂垅末端有两座山丘隔垅相对，西为小塘山，东为栏门山，像狮形。因山下都有一口荷塘，秋日荷香恰如对狮滚球，渌溪因小塘山所阻与南湖小溪合流，从栏门山的山桠口转向流向北去，站在垅中见不到溪流出处。术士说这里是聚宝之地，所以渌田市街成为茶（陵）攸（县）安（仁）衡（山）四县商贾云集交流之地，世代繁荣。上首叫扬陂垅，是土地肥沃、旱涝保收、人杰地灵的地方。

历史沿袭

■ 朱亭，古称浦湾，位于株洲县南端，西临湘江，南接衡东。京广铁路一泻而下，京珠高速公路和211省道穿境而过。全镇面积88平方公里，其建制几经变革，1998年并入黄龙镇，2002年9月，经省人民政府批准，黄龙镇更名为朱亭镇。

■ 据湖南工业大学教授、湖南地名学专家彭雪开考析：朱亭原名叫"一苇渡"，相传宋代以前，这儿是湘江与水港（又名龙潭港、后称朱亭港）交汇处，两岸多芦苇。当地人就割芦苇晒干成束，然后困扎成排，用以渡人渡物，后人就"一苇渡"习惯叫成地名。一苇渡何时更名为朱亭，据有关史料记载，宋代理学家朱熹和张栻在游南岳后留宿在此，并相互对诗，尔后朱熹应其弟子之求，就在浩瀚湘江岸边结亭讲学，人们为记此事，遂将"一苇渡"更名为朱亭，为朱熹到此地讲学后而得名。

■ 古镇朱亭历史遗存十分丰富。拴马樟、朱张桥、龙潭书院、紫阳阁、挽洲岛、一苇亭、祖师殿、汪家井、天子岭和马蹄印等诸多历史景观，无不显示出千年古镇深厚的历史渊源和文化底蕴厚重扑面而来。2017年5月，朱亭镇入列湖南省历史文化名镇。

古风鉴赏

文化朱亭

一苇亭码头，当年朱、张二位先贤便在此讲学论道。朱亭有名的"系马樟"，据说已历经千八百年风雨。

古色古香的朱亭老街：

我眼中的朱亭一直是色调苍茫、凝重沉静的。须不知，待近日再次踏足朱亭之后，我突然涌起一种蕴藉心底的渊涵感，宛如那长长的又悄无声息的麻石古街、麻石马道，那滚滚北逝的湘江之水……

我眼中的朱亭又是深邃非凡的。翻开一页页沉甸甸的人文档案，还有那一个个蜚声神州大地的人文景观，无不传递历史文化的内敛幽香与憧憬袍思……

朱亭，一个因朱熹而得名的小集圩，一座穿越千年历史的古色古香古镇，一片超越了历史性与地域性的无可复制的文化圣地，如今已然一改那一片寂寞、沉静。

朱亭，一个久违又令人留恋的古镇，闪耀过往人们眼中的，不仅仅是历史人文景观的古街古建筑，如朱亭老街、麻石街、石拱门、古井、古民居、古码头群、古渡口，也不止于历史文物遗址，如万岭遗址、朱张桥遗址、一苇亭讲堂遗址、祖师殿、主一书院遗址、福音堂等。作为一个惯于探究文化之旅的游子，我步履沉重地踏上古镇古桥古道，弯腰拾遗的是一个个在心中深藏多日的深蕴古史典故。

据当地老人说，朱亭古称"蒲湾"，临湘江有港，港内弯曲多滩涂，因多生芦苇和香蒲得名。宋乾道二年（1166年），理学家朱熹偕友人张栻同游南岳，路经古镇时，趁兴作诗一首："下马驱车过野桥，桥西一路上云霄。我来自有平生志，不用移文远见招。"张栻见了，也和诗曰："便请行从马迹桥，何须乘鹤箠从霄。殷勤底事登临去，不为山僧苦见招。"后朱熹应其弟子之求，就在浩瀚湘江岸边结亭讲学，人们为记此事，遂将"蒲湾"更名为朱亭，以纪念朱子讲学一事。又说原"朱子阁"上的匾额，题写的是"朱停"二字，传说是一位姓朱的榜眼所书，大概是日后众人求简方便，而书成"朱亭"。为了

朱亭古镇

纪念朱熹、张栻古镇之游，人们还在沿港街蔡家码头上方，建了一座跨港桥，取名"朱张桥"。而在码头之上，又建有一座"一苇亭"，并有楹联云："车停朱子，榻下陈藩""昔贤曾一宿，古镇历千秋"。

镇北里许，濒江山丘之上，昔有朱子门生钟震所建的"主一书院"，又称"紫阳殿"。清道光二十六年（1846年）改建，改名"龙潭书院"，据说由左宗棠亲书匾字。镇南狮子山腰，现镇政府之左侧，就是有名的祖师殿，上下三进，雕龙画柱，殿内佛像成列，终日香烟萦绕。这千年古刹，以及寺中的梵音晚钟，无不以神韵的表迹，穆穆地、幽幽地，在山林江畔缭绕盘旋，吸引着南来北往的人们。在古刹前若干级古道旁边，长有一株庞大古树，枝虬干挺，高耸入云。

游离晃悠之际，一位随行老者指着坡上那株干粗数围、高十数米、姿态绮丽的古樟，娓娓道来一个又一个传奇传说。一说这株古樟已年长1800岁了；二说古樟颇有一番来历。相传东汉末年，三国纷争，刘备袭取荆州后，张飞率部溯湘江而上，泊朱亭，牵马登岸，战马即系于古樟，丈八蛇矛也依于树，随后，张飞入殿焚香，逾时不出。忽然间，其马长鸣不止，咆哮欲飞。张飞闻声奔出，非常惊异，便解釉登鞍。战马一跃而起，驮着张飞泗江而去，刚抵彼岸，吴兵已追入朱亭古镇。后人因有此段典故流传，古樟又有"系马樟""依矛樟"之说。朱亭古镇，因此又多了一个珍贵的文化元素……

佐证朱亭文化渊涵的故事枚不胜数。许多揽胜景观以至其中的个个传说，都披上了一层神秘神奇的色彩，于是才有了朱亭这怡美动听的名字和诗情画意般的史话。走进朱亭，与其去逐流舞动那份喧嚣和燥热，不如除却觥筹交错和人头攒动，一个人轻轻地叩访那一段段惊世骇俗、文化救赎的非凡岁月，去捡拾朱熹、张栻、张飞们的旅泊朱亭之魂……

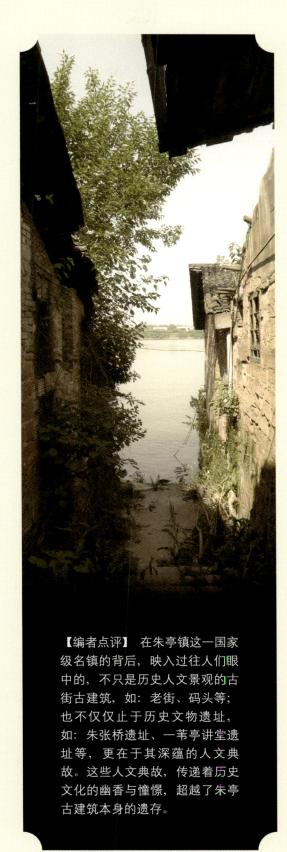

【编者点评】 在朱亭镇这一国家级名镇的背后，映入过往人们眼中的，不只是历史人文景观的古街古建筑，如：老街、码头等；也不仅仅止于历史文物遗址，如：朱张桥遗址、一苇亭讲堂遗址等，更在于其深蕴的人文典故。这些人文典故，传递着历史文化的幽香与憧憬，超越了朱亭古建筑本身的遗存。

历史沿袭

古码头群位于朱亭古镇的湘江河畔。古镇有着深厚的历史渊源和文化底蕴，早在三国时期就是一个兵家必争之地。始建于宋代，有官建码头，也有乡民集资修建的码头。最早的码头——一苇亭码头修建于宋代，为纪念朱熹、张栻在朱亭讲学而建。后至清雍正年间（1723～1735年），朱亭商业越来越发达，民间集资又兴建了莫家码头、肖家码头、谢家码头、大码头。呈"7"字形分布于正街、港街，全系麻石铺就。原码头石级多则70余级，少则60余级。古码头群的存在反映了朱亭古镇历代交通设施的建设和运输业的发展状况。它从一个侧面见证了朱亭古镇社会经济发展的轨迹，是珍贵的交通文物遗产。

古风鉴赏

朱亭，又有一说南宋以前称浦湾，历史血脉曾延伸到这里，繁华曾进驻此地。早在唐大历四年（公元769年），杜甫以船为家，携眷在湘江上漂泊，途经朱亭挽洲岛，并留下诗篇。临湘江有港，港内弯曲多滩涂，古时多生香蒲和芦苇，故名。朱亭古镇，码头林立，从朱亭火车站方向沿湘江东南自南向北而来，沿途经过第一个码头，叫油铺湾码头，20世纪五六十年代因兴建机械厂而被废弃，现仅存有少量麻石阶梯，偶尔有船只上岸卸货。往前至朱亭正街的湘江边，就是莫家码头，商人莫焕于清乾隆年间（1736～1796年）所建。莫焕是明初湘潭县知事莫玉后裔，当时在朱亭经商，热心公益的他，为方便水运，耗费巨资修建了这座麻石码头。继续前行100余米，到了新码头，又称古渡口。它位于正街中部湘江东岸，清乾隆年间，朱亭湘江两岸士绅倡导乡民捐田集资设公产，在正街中部新建过河码头，置渡船两艘，免费过渡，经费由公产提供。今已不见码头麻石痕迹，全是水泥被覆的路面，但仍是两岸过渡频率最高的码头。继续前行，前面是肖家码头，两边房屋被火烧毁，成了危房，码头也因此停用。沿街向南延伸，前面是"麻石为基、青砖为框、白粉糊面"的大闸门，上有"大码头"三个大字，旁边还有彩色的绘画。据载，大码头位于湘江与朱亭港交界处，建于民国初年，由时任湖南省参议员的何宝璜为首，何氏家族集资公建。码头全部由麻石铺就，中间有两个平台，50多级台阶直通小港底部，是朱亭九大码头中最大的一处，所以叫"大码头"。当年潭、攸、衡、醴四方商人蜂拥而至，在这里进行商贸交易。从大码头自西向东，依次为：官家码头、谢家码头（已废弃）、一苇亭码头。官家码头位于朱亭港水南岸，清雍正六年（1728年），湘潭县丞署衙移驻朱亭，在港街设立行署衙门，管辖湘潭县东南四区，后署衙在朱亭港南岸公建了一个麻石码头，称为官家码头，较一般码头宽，据说那时官员下来巡查要坐轿子上岸，所以必须建宽一些好上轿子。再往前就是一苇亭码头，位于朱亭港水南岸，因高僧一苇渡江的传说而得名。

朱亭码头

魏晋年间，佛教禅宗派达摩祖师六代慧能禅师弟子怀让，奉命云游四方，广传佛法。一日傍晚时分，来到湘江西岸荷包洲上，隔水眺望浦湾，只见在晚霞映照下，巍峨狮子岭像披上了一件金色的袈裟。山上古木参天，绿荫重重；山下房舍连毗，炊烟袅袅；街上人来人往，摩肩接踵，好一个繁华市井。怀让禅师急于过江，等不及渡船，随手在河边拔下一根芦苇抛向滔滔江水中，施展轻功，脚尖点着漂浮的芦苇一路飞奔，霎时飞过江来，鞋袜未湿，市民驻足观看，疑为高人。怀让在浦湾盘桓数月，宣讲佛法，后人为了纪念他，就在他过江上岸的地方建一六角草亭，名曰一苇亭。后来又在旁边新建一座麻石码头，叫一苇亭码头。

典故轶事

株洲历史文化建筑

历史沿袭

■ 朱亭古镇的名村——牌楼村，坐落于湘江河畔。村落历史悠久，源远流长，经千年而不衰。在汉代以来两千余年的历史长河中，作为军事、交通重地，牌楼村以其独特的地理位置、发达的水陆交通、秀美的自然景观和丰富的人文景观、深厚的古文化造就了一个长盛不衰的传统古村落。

■ 牌楼村依山傍水，气候温和，冬暖夏凉，四季分明。牌楼村地理位置优越，航道、公路、铁路临村而过，其距离株洲县县城40公里、距镇政府1公里、距京珠高速5公里，出行相当便捷。

■ 村落除保留了老街、麻石街、桌子街等古色古香外，也不乏古建筑群如祖师殿、主一书院、龙潭书院、福音堂、育婴堂这样内涵深远的旧遗址。汪家古井更是被评为省级文物保护单位，吕家古井也在2012年被定为县级文物保护单位。一苇亭码头、大码头也为这里增色添彩。

古风鉴赏

◆ 古村伴湘江而建，依山傍水，风景宜人，气候温和，冬暖夏凉，四季分明。今日村级道路基本都已硬化，村落中道路四通八达，但它的建筑肌理仍呈现着古风传承：几大古街或首尾相连，或遥相辉映。居民房屋多为苏式和徽派风格。村落后山体处西北方向，艮卦，代表山，其五行属土；霍童溪水流自西方而来，坎卦，代表水，其五行属水；村口原始森林处西南方，巽卦，代表风，其五行属木；村北部为大片农田，坤卦，代表地，其五行属土。这都喻示着牌楼村风水极佳。

◎一苇亭码头遗迹

朱亭古镇牌楼村

◎牌楼村风水极佳

朱亭古镇牌楼村 —— 古镇民居 —— 株洲历史文化建筑

朱亭古镇牌楼村

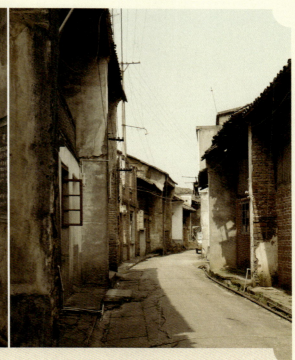

【编者点评】 街巷空间,麻石铺地,苔藓在石缝中比肩而生,那些柔柔地荡漾着暗香绵长寂寞的麻石板巷子,斑驳陆离的砖墙,隙缝中瑟缩了一撮撮细细的野草,一如茶马古道的沧桑。凭眺前方,便是湘江北去,丝丝细风掠过水面,波光粼粼,犹如一片水景长廊。千百年过去,朱亭牌楼村许多建筑,檐角向上轻轻翘起,雕梁画栋,设计精巧,工艺精湛,它向过往游人诉说着它的辉煌与落寞。褪色后砖墙青瓦虽然倍显沧桑,但古风犹存。

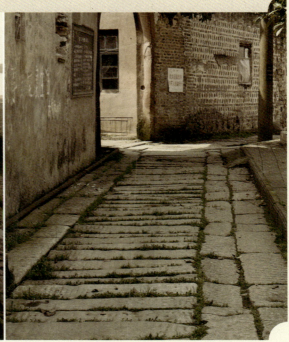

◎木雕艺人邹桂文

文化传承

◎邹桂文作品

牌楼村原古老的建筑上有许多精美的石雕木刻，雕刻手艺在古镇口口相传下来。朱亭镇牌楼村有一个远近闻名的木雕艺人邹桂文，他以浮雕、高浮雕、镂雕和圆雕等多种手法创作的各类题材作品已形成自己的风格，在周边县市的民间有一定的影响，求他做上门功夫的人络绎不绝。在2007年株洲县优秀民间艺人的评选中被评为"株洲县优秀民间艺人"。

端午节这一天，朱亭人不但要吃盐蛋、粽子、包子，还要进行划龙舟比赛。旧时的龙舟比赛，还要先举行祭庙仪式，龙王庙里神案上红烛高烧，香烟缭绕，在钟罄声中，桡手们将龙头恭敬地摆上神案三叩九拜，行祭祀大礼，祈祷龙舟竞赛获胜。

◎划龙舟比赛

朱亭古镇牌楼村

株洲历史文化建筑

220
221

◎苏式风格建筑

◎徽派风格建筑

◎建筑细部

历史沿袭

西草坪村位于炎陵县鹿原镇。西面与郴州市安仁县相邻,北面与南湾村相接,东面为11省道和武深高速。距鹿原镇人民政府7.3公里,县道贯穿本村,交通便捷。给水排水、电力电信、防火等基础设施建设完善。

村落地处丘陵地貌,多为生态林地和基本农田用地,植被覆盖率高,风光秀美。西草坪村水资源较为丰富,一条南北流向的河流流经整个村庄。地下水丰富,可满足农业生产和生活用水。村落处于亚热带季风湿润气候地带,温、光、水等自然条件较好。12世纪,张家祖先张仲广从江西迁入湖南,定居西草坪村。明洪武年间,张仲广后裔已过千人,为纪念始祖仲广公的伟业,张氏后人在鹏塘草坪上建张氏祠堂。之后祠堂经历四次大修,现今保存良好。因西草坪此处山灵毓秀,人杰地灵,十分适宜居住和进行养殖生产等活动,逐渐发展形成具有一千多人口规模的村落。2018年,西草坪村被列为第五批中国传统村落。

古风鉴赏

村庄中历史环境要素种类丰富,分布于各村民组内。水资源充足,有古井两口,丰水塘三个,河流一条,水渠一条,为生活用水和农业生产提供水源保障。

人工历史环境要素种类丰富,其中门楼一座,古巷道一条,古碑一组,这些要素依然屹立于村落的一方,为当代居民提供旧时的防护、交通、记载等功能用途,同时也象征着古代人们的智慧和信仰。村落内有百年古香樟树两棵,矗立于房前屋后。这些历史环境要素与村庄传统建筑交相辉映,共同构成一个古色古香、韵味十足的传统村落。

建筑皆为小青瓦屋顶,屋顶呈人字顶,梁、柱、石基、檐、窗等部位木雕和石雕丰富多彩,技艺精湛,具有独特的工艺特点和文化内涵。

古建筑

古门楼

古巷道

古井

记录张氏祠堂捐款者捐款数目
古碑文

门楣

西草坪村

株洲历史文化建筑

222
223

古风鉴赏

墙壁、顶棚、横梁雕龙刻凤，工艺高超，具有古代建筑的独特风格，极富民族特色和很高的建筑艺术价值。

西草坪村

四合院式建筑——张氏祠堂

六百年历史祠堂雄伟壮观,气势磅礴,分前、后两厅,建筑面积1680平方米,共二十四根顶梁立柱。

民国建筑四合院式建筑"大屋享堂"民居,前后分两厅。

前庭门屋檐四柱雕有吉祥物,屋内厅堂中央雕有龙凤。远观雄伟壮观,具有古代建筑的独特风格。

1950年此屋前面向鸡冠栋墙壁雕有铁拐李与吕洞宾活画像。现已经损坏,但墙上印花还在。顶梁雕龙刻凤,工艺高超,具有古代建筑的独特风格及艺术价值。

【编者点评】西草坪以其古色古香、中正十足的四合院建筑在株洲古镇民居中独树一帜,成为名村。村落以张氏祠堂,大屋享堂为标志,形成四合院建筑文化。透过四合院建筑似乎向人们传递着其亘古不变的价值观:尊卑有序的建筑空间、天人合一的建筑风水、中正仁和的建筑理念、雕梁画栋的建筑美学,生动地释放出封建社会的宗法制度、伦理道德、易经文化、儒家思想以及人们对幸福、美好、富裕、吉祥的追求。建筑物中心鸡冠栋墙壁雕、门窗额部彩绘,处处散发的是浓厚的民俗民风和传统文化。

历史沿袭

　　双元村位于湖南省株洲市茶陵县桃坑乡，西边与一望无际的东阳湖相连，北部与罗霄山脉、严塘镇接壤，南面毗邻桃坑乡境内最高峰——金岭栋，东面与上坪村交接，全村有17个村民小组。

　　双元村地形为山地，峰峦起伏，坡度陡峻，村庄用地沿入村主干道和山脚呈带状分布，水源充沛，村落所处的桃坑乡属亚热带湿润季风气候。

　　唐咸通十四年（公元873年），谭姓祖先携家眷由江西徙居茶陵军州十五都邓塘插草为标，占领土地创业定居，而后繁衍生息至今。清初以后，粤、闽等省的部分客家人，又逐年迁居至此。1932年以前，上芫和中芫隶属坑口乡中芫团，1935年废都、团制，两村隶属坑口乡中芫保，1947年中芫保划入严塘乡管辖；新中国成立后，属桃坑乡管辖。2016年上芫村和中芫村合二为一，称为双元村。2018年，双元村被列为第五批中国传统村落。

双元村

古风鉴赏

◆ 村庄的民居客家夯土房依山而建，就地取材，从山脚到山腰层次分明，错落有致，马伏江紧邻乡道456从西往东贯穿全村，村委会、新村幸福安居工程就位于溪流的终点，并且即将竣工的有客家风情的餐厅旅社、大广场、独具一格的乡村大舞台等等。

◆ 村庄以客家夯土房为主要民居，由石子路等各种小路连接，夯土房民居大都依山而建，山脚为稻田，背靠青山，层次分明，错落有致，淳朴大方，与自然合二为一。

◆ 双元村建筑类型有独栋和联排两种形式，均为二层建筑结构，客家夯土房为主要民居，就地取材，以石为墙角，上面筑以泥土为墙，并且加入杉木的木纤维，夯实成墙，楼以梁上置实木板而为楼板，木材绝大多数选用可再生的杉木，覆以青瓦盖顶。

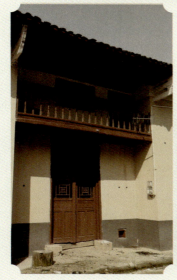

集福桥
清代同治年间的石拱桥,保存完好,为单拱石板桥

悠久亭
建于清代同治七年,采用山上大石头打磨堆砌而成

韩仙二王庙
在东阳湖畔,始建于清朝初期

古树——金丝楠木

双元村　古镇民居　株洲历史文化建筑

双元村

典故轶事

仙二王庙： 始建于清朝初期。相传韩湘子、何仙姑云游至此，看到茬水至双元有九罗十八墩，墩墩有湾，湾湾水绕，美不胜收，确是人间人财两旺之福地，于是湘子即兴拿玉箫吹奏，何仙姑和箫而舞，村民见是二仙，忙长跪礼拜，古人故在此地建庙纪念。

食水湖的故事： 相传金岭栋山中有一对金鸡，一雌一雄，雄鸡负责每天到山顶峰报晓，雌鸡担负在半山腰"食水湖"卵崽，直到今天山中还有一个似鸡形小湖，长年有山泉流出，其水甜、冰凉可口。

雷打朝的故事： 明朝年间，有一风水先生路过金岭栋，行至金岭坪看到山脉壮观，气势磅礴，打开罗盘一看，留下四句谒言"头戴金岭帽，脚踏中芫庵，谁人葬得中，代代出朝官"，后来，与双元村毗邻的带江村邹姓人家知晓此事，偷偷将祖先骨殖葬此山中，不久被雷击而露残骸，其地形成一洼穴，直到现在尚存形态，名曰雷打朝。

火龙舞

火龙舞是省级非物质文化遗产项目，传承良好的民俗活动，集舞、乐、娱于一体的大型综合艺术形式。

每年正月十二至元宵节，这里便要舞"香火龙"。这几天晚上7点至9点半，围屋内外到处灯火辉煌。每只"稻草龙"在院内插上香火后，变成了红彤彤的"香火龙"，在锣鼓声、鞭炮声中，经过各家各户，由各家各户用鞭炮迎至自家客厅或庭院，气氛热烈。

烧架香

烧架香是市级非物质文化遗产项目，传承已久的民间的祭祀活动，每年的正月十八是沿袭的烧架香日。"烧架香"是集工艺、音乐、祭祀、宗教信仰于一体的民间文化，由老百姓自发组成，一年一小烧，三年一大烧，其目的是广大信仰者向上苍祈祷风调雨顺、六畜兴旺、家庭平安、人寿年丰，驱除邪魔瘟疫，寄托希望的独特信仰文化。

【编者点评】 双元村是传统文化形态交融混合的范例。其特有的标签有烧架香、客家民俗和夯土建筑。烧架香是集工艺、音乐、祭祀、宗教信仰于一体的本土民俗文化，夯土建筑则是客家悠久的建筑文化。1100多年前谭姓始祖在此开基，300多年前客家人迁入，几百年血脉传承后，原始文化因子已经植入双元村的肌体，无论是带有客家风情的房屋建筑、餐饮旅社，还是悠久的本土节庆、祭祀文化活动，都已成为今日双元村特有的文化品牌。

历史沿袭

　　泉坪位于攸县莲塘坳镇东部山区，罗霄山脉中段西麓，为四面环山的山地狭长型溪谷平原，地理位置极为隐蔽。阳升江自大鸟山发源，西流汇入南水。蜿蜒流经泉坪时，形成两岸面积约为100000平方米（150亩）的狭长溪谷平原，适合农耕。山间木、竹茂密，野生动物资源丰富，适合少量人类生产和生存。

　　元末明初，当地刘氏和谭氏先祖因避战乱，分别自攸县峦山上坪和茶陵火田迁居至此，选择阳升江北侧坡地建房居住，并将阳升江两岸平原和缓坡地开发成为梯田。后又有汤姓迁入。刘氏先祖掌握有古法造纸技术，利用山间竹、麻等资源造纸，积聚了一定的财富。历经600余年，泉坪从最初的人口十余、草房数间，缓慢艰难地发展到今天近两百人口，房屋连片。村前有南方红豆杉一棵，树龄千年。这也是泉坪先民选址建房的原因之一。2018年，泉坪村被列为第五批中国传统村落。

古风鉴赏

　　外部环境：攸茶古道西来，从村前经过，东往茶陵和江西。自古为攸县东南诸乡往茶陵必经之路。始筑于宋代，明代铺筑卵石路面，历代维修。民国以前，此地尚有店铺，南来北往，商贩如织。新中国成立后，随着公路交通的发展，古道渐渐冷落。

| 攸茶古道 | 古红豆杉 |
| 念先桥 | 古代护坡 |

泉坪村

◎泉坪村航拍

街巷空间　　街巷古路
民国夯土建筑　晚清青砖建筑

泉坪村　古镇民居　株洲历史文化建筑

泉坪村

株洲历史文化建筑

古法造纸技术

湘造

泉坪村 — 古镇民居 — 株洲历史文化建筑

泉坪村

古风鉴赏

■ 攸县先民在东汉时期便已掌握蔡侯纸造纸工艺，有县城东"蔡公潭"为证。清同治版《攸县志》记载：蔡公潭，县东石牛山下。汉黄门郎蔡伦捣渔网取水造纸处。攸县的造纸业由来已久。通过县志记载的内容，结合攸县已知的古法造纸历史，按照手工业生产技术的传播普遍规律，我们大概可以还原这样一个过程：蔡伦的古法造纸术，在第一时间就传到了攸县。攸县的造纸工人为纪念蔡伦，将石牛山下的水潭命名为"蔡公潭"，并将蔡伦的古法造纸术传承至今。

■ 攸县土纸生产工序：备料、下氹、踩料、打料、抄纸、榨水、焙纸、打包。

■ 当地刘氏族谱记载，当地刘氏先祖于元末明初为避难自峦山迁居泉坪，泉坪的造纸历史由此时开始。最先生产的有书写、印刷、包装及冥用等纸张类别，取材主要是当地出产的构麻等多纤维树皮，少量采用竹和蒲苇。当地生产的书写、印刷和包装纸质量极好，可防虫咬，历数百年不腐，广泛应用于书写和印刷。鼎盛时形成产业，家家户户从事纸业，产品远销江西、茶陵、醴陵、安仁等地。是明清时期周边地区印刷用纸的主产地。村中少数老人仍掌握书写（俗称皮纸）生产技术，但因生产成本极高，又无人购买，近二十年极少生产，急需保护传承。

典故轶事

攸县民间谚语"峦山人造纸，替鬼扒世界"，说的一是攸县峦山造纸业发达，二是峦山纸多是冥用。在旧社会，冥用纸量相当大。据神话传说，玉皇大帝在天上得到峦山造的"冥封纸"，因质量好，纸质细薄，色泽光亮，玉皇大帝非常高兴，便发令"赐峦山土纸灵气"。因着"灵气"而攸县峦山造纸业大势兴起。

据记载，攸县的造纸始于唐代，经宋、元、明三代发展，清至民国年间进入兴旺发达时期。在清咸丰、同治年间（1851～1874年）有400多个纸槽，从业人员1600多人，年生产土纸1000余吨。有湘包、玉版、官堆、老仄、时仄、点张等纸张，产品远销湘潭、长沙、湖北、河南、江西、广东等地。《近代中国实业通志·上篇》载："湖南省从光绪二十九年（1903年）出口土纸，此时湘攸土纸已是驰名省内外的优质产品，湖南出的土纸中湘攸土纸占重要地位。"志书称赞的攸县土纸，就是指湘包纸、老仄纸。

【编者点评】泉坪村吸人眼球的，除了它的古树（古红豆杉）或者古桥（念先桥），更有非物质文化遗产闪烁出耀眼的光芒，它显赫的文化品牌——民间手工艺术造纸术。据攸县文化馆非物质文化遗产保护项目记载：泉坪村过去几乎家家造纸，人人都能造纸，有造纸"活化石"之称。是中华民族非物质文化遗产的组成部分。目前，泉坪民间传统手工造纸艺术前景堪忧，濒临失传。这里编者特意把这种独有民间手工艺术，从备料、下氹、踩料、打料、抄纸、榨水、焙纸、打包，等传统工序一一贴图，只想惊醒今天的人们，这一非物质文化遗产或许没有现代纸张的颜值、或许工艺老旧落后，但它是造纸业的文化之根，决不能任由自然消亡而让后人遗憾流泪。

历史沿袭

沩山村位于醴陵市沩山镇北部，是一个由古洞天而兴起的宗教圣地。坐落于崇山峻岭之间，南面望仙桥水库又为生灵增添了勃勃生机，大山的阻隔使此处环境清幽，形成了舒适独特的小气候，山脚平坦的地势又为人提供了活动空间。山岭夹道、湖面粼粼的景色使翻山越岭的探路者以为误入洞天仙境。

也因此相传为仙人花邱林和傅天师修炼之仙居。史料有记载者，自唐代起，因为此处山灵毓秀，人杰地灵，故而入册为全国三十六小洞天之一，一心向道者为修道慕名而来，便逐渐有人居住，后来，古洞天渐成佛道合一的宗教场所。

沩山从宋元时期开始建村，自清雍正七年（1729年），从广东兴宁移居醴陵的廖仲威在沩山发现瓷泥开始逐渐形成规模化的村寨，至今已有近600年。2015年，沩山村与东堡村两村合并，称沩山村，隶属株洲市醴陵市沩山镇。

历史上，沩山村的土地、山林皆为寺产，现存的钟鼓塘、钟棚塘、和尚岭等地名便与此相关。

这里拥有全国重点文物保护单位——醴陵窑，是我国罕见的保存完整的大型瓷窑遗址。醴陵窑核心区沩山村自宋元时期至20世纪80年代窑火不断，保存着各时期窑址84座，与制瓷相关的文物遗迹89处。醴陵民国县志记载醴陵窑核心区沩山窑区瓷业鼎盛时期有大大小小的瓷厂480家，是醴陵瓷业的发源地，釉下五彩瓷的发祥地，是名副其实的千年古瓷村。

沩山村于2010年被公布为湖南省第三批历史文化名村。2018年，沩山村被列为第五批中国传统村落。2019年1月30日，沩山村被列入中国第七批历史文化名村。

古风鉴赏

◆ 醴陵瓷业中心，釉下五彩瓷发源地。

◆ 沩山村地形为绵延起伏的丘陵山地，海拔为180～390米，盛产瓷泥矿，且品质上乘。

◆ 沩山村从宋代到民国，一直是醴陵的瓷业中心。兴旺时，沩山有瓷厂百余家，成为当时的醴陵瓷业生产中心，曾有"小南京"之美称，对推动醴陵经济社会发展进步作出过很大贡献。

◆ 2004年，株洲市文物管理处制定《醴陵窑大遗址保护方案》，并将其列入株洲市文物保护"十一五"项目规划。

◆ 2006年，醴陵窑由湖南省人民政府公布为省级文物保护单位。

◆ 2006年，"醴陵瓷器"被列入国家地理标志保护产品。

◆ 2008年，"醴陵釉下五彩瓷烧制技艺"被国务院公布为第二批国家级非物质文化遗产。

◆ 2013年，醴陵窑被国务院公布为第七批全国重点文物保护单位。

汈山村

株洲历史文化建筑

236
237

湖南省文保单位最多的古村落

◆ 沩山村保留了集中成片的传统古民居建筑:三合土夯筑地面、窑砖筑基、黄土夯墙、墙体中夹杂各时期瓷器碎片、雕花门簪、木质横梁及门窗、青瓦盖顶。保留下来的建筑年代从清代至民国时期。房屋布局简洁,多为一层建筑,两层楼前设有晒台,部分民居保留有墨色檐彩及动物形态的雕塑,技艺精湛。沩山民居极具湘东传统建筑特色,是集陶瓷历史和传统文化于一身的古村落。

◆ 沩山村以蕴藏丰富且品质上乘的瓷泥而成为醴陵瓷业发源地。坐落于四面山岭的盆地中央,盘龙溪蜿蜒而过、青石板桥静静伫立小河上、溪水清澈见底、山峦郁郁葱葱,瓷窑遗址掩埋地下、传统夯土建筑淳朴自然、古道车辙深深、瓷片俯拾皆是、古井形式各异、古塔庙宇交相呼应,构成一幅怡人的古风田园山水画。

沩山村——古镇民居——株洲历史文化建筑

汋山村

古遗址

包括古瓷窑址、采泥矿洞、练泥作坊、瓷片堆积及与窑址相关的瓷器运输古道、生活设施、古庙宇等其他文物古迹。截至目前，汋山窑区已发现包括各类窑址84座、采泥矿洞12处、练泥作坊6处、瓷片堆积34处、古建筑13栋、古庙4座、古塔1座、古井11口、古桥31座、古道3条、古戏台3处、古石碑6座。在汋山村境内，无论是在陆上还是水下，各种碗、碟、壶、酒盏、坛、钵等古瓷器的碎片俯拾即是，各个时期的窑具随处可见，各种瓷片到处堆积。古窑、古民居、古村落形成罕见的自然风貌。

水利练泥

采泥窑洞

古井

古晒台

樊公庙

典型传统建筑——月形湾窑址

汤山村

就地取材
窑砖筑基
土墙筑身
硬土地面
青瓦木檐
农乡古韵
风格素雅

古风鉴赏

——文化传承：釉下五彩瓷烧制技艺——国家级非物质文化遗产。

沩山村作为醴陵瓷都及釉下五彩瓷的发祥地，其历史文化价值具有重大的意义。

典故轶事

绿荫、宁静、悠闲是沩山村的主色调：树木葳蕤、流水潺潺、鸡鸣狗吠、鸭子浮水、虫声嘀咕。但这青山绿水下掩埋的是两千年窑火文明。

2007年，这里一个山包起火，树木成灰后是一座白花花的瓷山。村里人觉得平常，外面人却"拍案惊奇"：这里生产过瓷器，什么时候？与醴陵瓷业是什么关系？相继赶来的文物专家们考察得出结论：这是中国迄今为止出土的最大古窑群：有宋窑、元窑、明窑和清窑，还有与长沙铜官窑同期的唐代陶瓷碎片，甚至更早的。60余座古窑分布在以沩山为中心的约129平方公里范围内，被森林覆盖着。文字记载和地下遗存，还有亲历者都证明：这里是醴陵瓷业的源头。

村民蔡其伟年过七旬，瓷工出身，是醴陵古窑的管理员，满肚子"沩山瓷经"。在他的记忆里，沩山当年可是山山窑火，处处冒烟；草棚里是和泥、做坯、绘画的瓷工忙碌的身影；街道的旅馆里，是操着各种口音的瓷商；山脚下那条古道，独轮车唱着"吱吱呀呀"的歌，驮着竹篓子包装的瓷器，向东奔向前头的姜湾码头，瓷器就从那里装船，从渌江转湘江，然后出洞庭，过长江，进入城市，再进入千家万户。年复一年，渌江上重复着这样的景象：点点白帆，声声号子……醴陵瓷器就在这景象中扬名中国，扬名世界。

蔡其伟说，当年沩山号称"小南京"。民国时期，这里驻有收税机关，还有别动队，前者是"抽血"，后者是"抽查"。鼎盛时期，沩山范围内瓷厂几百家，居民、窑工、商贾等人口过万，戏台、绸庄、饭馆一应俱全。

来到瓷泥洞口遗址，蔡其伟说，你别看这里现在茅丛树遮的，先前可是沩山做瓷的中心，不仅出瓷泥，而且不远处就是醴陵古窑，是瓷工的聚集地，大戏台就建在这里。残垣上的仕女芙蓉，褪去了鲜艳色彩，可线条还是清晰的。

顺着山脚下那条"瓷器古道"寻访，它宽不到两米，顺着青山之麓，蜿蜿蜒蜒向东延伸，白中带青的瓷片一团团地露出地面，独轮车千百年辗出的车辙仍然清晰地刻在石板桥上。

60多年间的兴一衰一荣，沩山现在扬名了，可它仍然没有摆脱"世外桃源"之风。其实，沩山走向寂静不过60多年的历史。由兴旺走向衰落，再由衰落到名扬，蔡其伟就是见证人。他说，因为苍天垂爱，山里头都是瓷泥，烧土做瓷也就成了这方人们的营生。这里做瓷的人尊明代樊进德为先师，立庙祭祀，说明樊对这里瓷业发展起过重要作用。沩山瓷业再兴的功臣则是广东兴宁人廖仲威。廖生于制瓷世家，清朝雍正年间来到醴陵。

沩山村

重要历史人物

①廖仲威，原籍广东兴宁，清雍正七年（1729年）在沩山发现瓷泥，让沩山村从此步入瓷业发展的道路。

②文俊铎，字松坚，清光绪十七年（1891年）中举，光绪三十二年四月与熊希龄在沩山考察瓷业，为创办湖南官立瓷业学堂与湖南瓷业公司奠定基础。

③耿飚，曾在民国三十三年和耿在孝带领军队为抗日集经费而数次来到沩山，号召大小窑厂募捐，并处决了地霸罗二。

【编者点评】沩山村山清水秀，山水之间孕育了株洲工业文化的萌芽，它是株洲最早的工业品牌基地。沩山醴陵窑自宋代开始烧造瓷器，清代晚期达到了顶峰，并成功烧制釉下五彩瓷而成为中国釉下五彩瓷的发源地。中华人民共和国成立后，又因生产毛主席用瓷而享有"红色官窑"美誉。美轮美奂的釉下五彩瓷，折射着五彩醢纷的田园梦想，还有精耕细作、一丝不苟的工匠精神和不断进取、勇攀高峰的创新精神。

历史沿革

■ 万家大屋位于十都镇小江村马道组,始建于同治二年(1863年),为地方商人万正洪所建住宅。20世纪30年代,万家大屋由万正洪后裔万铭剑居住。

■ 万家大屋坐北朝南,青砖、马头墙、砖木石雕以及高脊飞檐、层楼叠院,布局协调,清新典雅,系典型的徽派民居建筑风格。旧址建筑面积为1120平方米,现仅存783平方米。

万家大屋

典故轶事

万正洪致富传说：

万正洪从小就爱学习，发奋读书，传说他读书一目十行，聪明过人。他不但爱学习，也爱劳动，决心要凭自己的双手发家致富，改变万家的贫穷落后面貌。不料万正洪读书是一块料，做生意却处处碰壁，加之年少资薄，做一行亏一行，有人嘲笑他"贩盐盐生蛆，做豆鼓豆鼓发芽"。发家致富总是无门无缘。有一年，万家突然暴富起来，村民不知其然。后来据民间传说，说的是当年某一天，万正洪在湘山寺祭拜返家，途中在濑水河边捡到一只木槽，他拿回家用作养猪食槽，谁知这不是一只普通的木槽，是神奇的聚宝木槽。装猪食猪吃完后会自动胀满，装谷子生谷子，装金银生金银，一夜之间助万家发家致富。万正洪父亲认为，这样子发家致富，不是劳动所得，不能理直气壮，不如把这神奇木槽带来的财富，助人为乐，行善积德。万正洪听了父亲的话，决定把木槽得到的钱财全部捐出来建桥、筑路与办学。他建了礼教堂、万家正公祠、万家大屋、卧龙大屋等，还在当地兴建了宝塔。这些行善积德举动，最终真正招来了四方风水、八面财源，万正洪靠人气和财气逐步富甲一方。据传万正洪一生俭朴，为民着想，为整个家族着想，做了大量的好事、善事，为整个万家的兴旺发达作出了无私的贡献。至今后人都怀念他，对他称赞有加。

历史沿袭

陈家大屋，当地人称为"石城大厦"，是茶陵县清代古民居群落，位于湖南省株洲市茶陵县虎踞镇乔下村岭上组，坐东南向西北，大门朝向为北偏西方向46度，背靠马鞍形的高山，前面有池塘和一大片稻田，两边是茂林的翠竹。据陈氏族谱记载，陈家大屋始建于清咸丰四年（1854年），由清诰封"奉政大夫"（系文官阶正五品）陈石城所建。

大屋占地3635平方米，建筑面积2830平方米，主体建筑呈中轴对称布局，由北至南，中轴线上依次分布前厅、中厅、上厅及倒厅，由中轴线向东西两侧延伸，分别分布有小客厅、横厅、厢房。大屋为砖木结构，青砖筑墙，青瓦盖顶，青石铺地，对称严谨，是典型的清代湖南民居，是迄今为止湘东地区发现的规模最大的古宅。

古风鉴赏

◆ **历史价值：** 陈家大屋主体始建于清咸丰四年（1854年），建成于同治三年（1864年），自建成至今一直为陈氏家族聚族而居之地，不仅是清代南方民居标本之一，也为现代历史考古学者进行地方家族史综合性研究和探寻提供了重要的样本和依据，具有一定的历史研究价值。陈家大屋建筑布局中轴对称、主次得当，体现了传统文化中尊卑分明、长幼有序的礼制，是湖南东部地区现存古建筑规模较大、保存较为完整的清代南方民居实物标本，为研究区域建筑风格特色提供了样本。

◆ **科学和艺术价值：** 陈家大屋是民居建筑中规模较大、保存相对完整的一栋建筑；建筑共有27个天井，是单栋建筑中天井数量较多的民居建筑。天井作为该建筑的一个重要组成部分，不仅在功能上有利于采光、通风和排水，而且在空间上起到分隔的作用，还在文化上体现了传统文化中尊卑分明、长幼有序礼制的重要表达方式，是人类智慧结晶的体现，具有一定的科学价值。陈家大屋之所以留存至今，保存比较完好，与它本身众多的天井是分不开的。陈家大屋的排水系统是由天井构成，分别往东、西、北三个方向排水，形成有系统、有组织、有效、科学的排水系统，最大力度地将雨、污水及时排放出去，防止建筑基础受潮严重；同时建筑墙基采用红砂岩做基础，也起到一定的防潮作用，因此建筑留存至今仍保存相对较为完整。建筑内部的石刻、木作等工艺技术精湛，雕刻栩栩如生；建筑共有7个藻井，藻井、木窗、木挂落等木雕图案，刻有莲花、龙纹、蝙蝠、花草、鸟兽等图案，寓意富、贵、寿、喜等美好和谐；还有一些石质工具等，反映出当时人类的智慧以及精湛的工艺技术等，将成为重点的研究对象，具有较高的科学和艺术价值。

◆ **社会价值：** 陈家大屋是湖南传统民俗文化中存留不多，具有典型文化标志意义的民居古建筑，修复后的陈家大屋，将对展示株洲市历史文化名城的建设、实施地区文化旅游战略发展起到增加新鲜活力、填补空缺的积极作用。

陈家大屋

◎陈家大屋鸟瞰

陈家大屋轶事：先辈相传，石城公为了择地建房，走遍了很多地方，最终才选了这块风水宝地——"飞龙探海"的龙口里。这里坐东南，向西北，依山傍水，后高前低，犹如一条飞龙展翅张口飞向前方的洣江。一条小溪经上颚流经口中，下唇有一口龙井甘泉，房前圆形水塘是含在龙口中的一颗明珠，两条青石板路是龙须，陈石城的子孙们都是从老屋里出生，喝龙井泉水长大，世世代代生活在这块风水宝地上。古屋装修陈设端庄、典雅。整个古屋以青色为主调，青砖墙壁不加粉刷，青砖或三合土铺地面，楼顶和门窗漆朱红色，两重金星"鼓皮"将大厅分成上厅、中厅、下厅，青白玉大门更显得端庄、高雅。倒厅为独家私塾，陈石城子孙有四代人在这里接受启蒙教育。大厅正中安放着金光璀璨的大神龛，左边是钟，右边是鼓。神龛前是香桌和大方桌，香桌上一对汉白玉小狮子驼着嵌花桌屏，桌屏两侧摆设一对青花大瓷瓶，方桌上有香炉烛台，桌前挂着大红缎绣花桌围，还有一只虎脚大月桌摆设在厅中。

古屋包括主房、书房、厨房、轿房、仓库等各式用房，占地面积6000平方米。保存完好的主房分6个单元（6户），共108间，户户相通，又各成一体。

陈石城当时有6个儿子，因此建了6厢房。建房时，陈石城还曾严格规定施工人员每担只能挑4块砖，一来是为了保证青砖的棱角不被碰损，二是严格控制建设速度，防止粗制滥造。

陈家大屋背靠马鞍形的高山，前面有池塘和一大片稻田，两边是挺拔的翠竹。整座古屋建筑全系砖木结构，结构对称严谨，布局采光合理，造型古朴、典雅、实用。采用青砖砌筑，青瓦盖顶，青石铺底，没有饰檐，地面平整，有梁无柱，是典型的清代湖南民居。

陈家大屋

◎ 排水设施

第九篇

工业文化

工业文化 — 株洲历史文化建筑

株洲是中华人民共和国的老工业基地，叙述着昨日的种种，近70个春秋，风霜雨雪会给人们留下什么？对于一个与共和国一同成长的企业来说，它可能是一辈子；对于一个新中国工业建设史上230多项第一，是一个因了共和国工业建设史而诞生的城市。"331"、"601"、"430"、田心这些带有特殊编号的称谓，代表的是株洲几家大型国有企业。在这些国企所在地，矗立着众多老房子，红墙绿瓦，藤萝扶墙。它们是时代的见证，历史的沉淀，是株洲在发展进程中的一个个历史符号。这些符号镌刻在株洲的史册，也镌刻在株洲人的心中。

随着城市的发展，它们却在逐一消逝。但它们的建筑历史和建筑文化，总是留存在株洲人的记忆中，因为它们是株洲发展之根。触摸着那些旧建筑、旧机器，当年参与建设株洲的几十万老产业工人和他们的后代，总是充满温情与感触。当你走进"331"、"601"、田心机厂、株洲电厂、株洲老自来水厂这些老字号国企的生产和生活区的时候，这种认识会非常深刻。

那些老建筑，叙述着昨日的种种，近70个春秋，风霜雨雪会给人们留下什么？对于一个与共和国一同成长的企业来说，它可能是一辈子；对于一个生活在这里的人们，与这些老建筑朝夕相处，人人都能说上一段它们的故事。每座企业建筑，都是人们记忆的底片，是一枚闪亮的城市名片，透过它能看到一座城市的文化底蕴，读懂这里的风土人情。

随着城镇化的快速推进和城市产业结构的升级调整，城市部分传统工业逐步退出了历史舞台。但是，工业遗产具有历史、文化及美学价值，是一个城市产业发展的见证，因此，当代人有责任保护和传承好株洲的工业文明遗产，重塑城市物质空间和城市性格。从某种意义上讲，留住老建筑，哪怕是选择性地保留，都将避免城市千城一面的雷同，让灵魂的归宿有所寄托。

历史沿袭

在城市最繁华的中心广场，以建设路和新华路交界处为起点，向南沿株董路穿过南环线，就可以看见一条笔直的马路，路边两旁一排两层的红色小洋楼。房前屋后满目绿荫。绿树红屋，交相辉映，别有一番景致。它们就是董家办事处所辖的建设一村和建设二村。红得娇艳的石墙，斑驳的阳光洒落在墙脚，风穿梭在一栋栋红房子之间。在20世纪50年代，无论是厂房还是居民住房，大多都是由苏联专家设计和援建的。红砖建筑，成片分布。红色的房，装裹了红色的城。从凤凰山顶向下望去，蔚为壮观。1951年，株洲331厂（即现在的中国航发南方工业有限公司）在南区（芦淞区）落成，作为国家"一五计划"156个重点建设项目中的一个，3000多来自天南海北的青年男女为一个共同的理想聚集到了这里，从此开创了中国航空动力的辉煌历史。建设村建于1953年，共12栋，原苏联援建，苏式风格，每栋单体建筑平面呈"凹"字形，长38.3米，宽10.1米，占地面积465平方米，建筑面积约为726平方米，均为二层砖木结构，红砖清水墙，红板瓦屋顶。2008年12月公布为株洲市市级文物保护单位。

典故轶事

株董路上的苏式风格建筑，承载着南方公司员工的记忆。现在的建设村共有12栋红砖洋房，是当年由苏联专家设计的职工宿舍，最初是供厂里干部和工程师使用的，每间房子大概50多平方米。据老员工回忆，这样的宿舍共有46栋，后面陆续被拆掉了。

苏运山是建设村居民中少数见过苏联专家的人，对苏联人办事严谨的风格记忆犹新。"当初厂里每周六搞完卫生后，苏联专家就会戴上新的白手套，摸那些机械设备，不能有任何的灰尘。"他说，这个传统后来被公司继承了下来，每次搞完卫生后要求做到机械设备"漆见本色铁见光"。在建设村那些苏式建筑上，也可见苏联人的严谨。"像那些砖的线路，都齐齐整整。"老职工指着楼房说。现在，很多南方公司的职工都搬进了新居，而一些老职工却不愿搬离这些红砖房。

他们说这些房子质量好，冬暖夏凉，这么多年了门窗几乎还和原来一样，但毕竟时代久远，这些苏式建筑经过风吹雨打，内墙尤其是电线等逐步老化。2011年10月，株洲市出资300万元，对南方公司建设一村、建设二村共12栋苏式建筑进行了翻新。翻新按照修旧如旧的原则，最大程度地保持其原貌。如今，这些苏式建筑是331厂区最亮丽的一道风景，不少到此的外地人，常被这些建筑吸引住。这道独特的风景也引起了政协委员的重视，株洲政协委员邹政权曾有提案呼吁保护隶属于工业遗产范围内的331地区的苏式建筑。邹政权认为，工业遗产是城市文化遗产的重要组成部分，具有历史、文化、科学技术、美学及生态科学价值，是我国历史文化的重要载体，也是株洲市工业产业发展阶段的见证。

331建设村

风格鉴赏

◆ 外来建筑文化的引进:"331厂"里这些苏式建筑结构独特而实用,底层有1米深的通风式架空层,冬暖夏凉,屋顶房梁呈双向金字塔形状,既隔热还防大雨大暑天气,屋面砖瓦均为20公分厚的红泥瓦,异常结实,即使是掉在地上也很难打碎。房间内的门窗、楼梯扶手及地板均为木质结构,至今仍有不少建造时的妙笔值得建筑界所借鉴。建设一村、建设二村、南华一村、南华二村等,都是有"三段式"结构特征的苏式建筑("三段"指的是檐部、墙身、勒脚三个部分)。

株洲历史文化建筑

历史沿袭

在一大片的红色建筑中，对于大多数厂子弟来说，记忆最深刻的莫过于南华幼儿园。1959年，株洲331厂邀请苏联专家设计兴建了这座南华幼儿园，占地11000多平方米，建筑面积7000多平方米，是保留较为完整的仿苏式庭院建筑，在国内并不多见。2010年，南华幼儿园进行了修缮，并本着"修旧如旧"的原则，保存了建筑群的外貌风格和使用功能。

风格鉴赏

这座苏式风格与中式园林相结合的幼儿园，分三进布局，前栋为值守房，中间为教学楼，后栋为大礼堂和生活用房，在中后栋之间，两侧有回廊相连，中间有假山、水池造景。苏联人设计的这座幼儿园，顶部有木质隔层，可以隔热，底部有0.5米高的架空层，可以防潮通风。风雨长廊的设计，保障了孩子们在下雨天依然可以自由往返礼堂上舞蹈课。

典故轶事

这座有60多年历史的幼儿园，曾是整个厂区唯一的幼儿园，因此基本上每个在厂里长大的人都在这里待过，不少家庭甚至出现三代都是"园友"的情况。中国南方航空工业集团有限公司员工刘婷回忆说，这里是她儿时的"欢乐小屋"。每个班级都是个大套间，木地板咚咚作响，摆满小板凳的教室，绿油漆装饰的围栏，雕刻着图案的顶棚。刘婷说，后院正中央的苏式小礼堂，庆典活动、文艺演出、公开课等都在此举行，也是孩子们最爱去的地方。

曾在这里度过童年时光，当了妈妈后，刘婷又把自己的孩子送到了这里。刘婷说，这种庭院式幼儿园的感觉真好，以后等孩子长大了，也会跟他的孩子说过去的故事。

南华幼儿园

株洲历史文化建筑

254
255

苏联专家楼

历 史 沿 袭

苏联专家楼建于1953年，是专门为来331厂工作的苏联专家建造的别墅式住宿楼。原有5栋，现存2栋。建筑均坐北朝南，两层，砖木结构，长21米，宽7.8米，高8.96米，建筑面积327.6平方米。红砖清水外墙，木三角形屋架，红色波纹瓦屋面，建筑风格古朴、典雅。苏联专家楼见证了中苏两国人民的友谊。2011年公布为省级文物保护单位。

苏联专家撤走后，"专家楼"在一个时期内，分配给一些中层干部居住，随着企业发展，为丰富职工文化生活，这座浸透历史文化的专家楼，又回归了它的文化本色，至今发挥着文化传承作用，用于职工文体活动，成为职工举行文化娱乐活动的场所，而红房子仍然保持着当初的模样。

苏联专家楼 消防瞭望塔 ｜ 工业文化 ｜ 株洲历史文化建筑

消防瞭望塔

历史沿革

消防瞭望塔是20世纪50年代由援华苏联专家指导设计建成。位于331厂区西北角，可瞭望监测全厂的火灾情况。消防瞭望塔坐北朝南，占地面积现为350平方米，平面呈长方形，长27.5米，宽5.5米，高18米。整栋建筑为砖混结构，高三层，一、二层为工作室，三层为望塔。清水砖墙，墙体外侧底部采用"三凸一凹"砌法。建筑风格简洁、古朴，是湖南省仅存建于中华人民共和国成立初期的苏式风格消防建筑。整栋建筑注重通风和采光，是湖南省乃至全国都十分罕见的工厂消防设施工程。2011年公布为省级文物保护单位。

作为消防瞭望重地，该塔楼不允许职工擅自出入。在20世纪五六十年代，18米高的消防瞭望塔塔楼是整个331最高的建筑。建筑所在位置既能环顾到各个生产区，也能兼顾到生活社区。判断火情就靠消防战士们在瞭望塔上轮流值班，日夜观测。

改革开放以后，随着公司技改加速，程控电话入户，消防瞭望塔的观测火情功能被逐步取代。公司将消防队迁至了现在的凤凰山脚下，而这栋建筑成了公司的一处办公场所。2012年5月，公司筹措资金，按照不改变建筑原貌的原则，对消防瞭望塔内外墙面、屋顶以及窗体进行彻底维护及修缮。

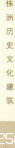

凤凰山防御工事旧址

历 史 沿 袭

■ 凤凰山防御工事旧址位于芦淞区董家塅。1936年，中华民国政府第十一兵工厂为了防卫需要，在周边设立防御工事。1979年，为迎接全国民兵高炮现场会议召开，331厂组织民兵在凤凰山上修筑三七高炮防御阵地。工事平面呈椭圆形，占地约3000平方米。用煤渣砖砌筑6个圆形炮位，中间设观察指挥所，炮位之间有地下暗道相连。2006年南方公司对阵地进行修缮。凤凰山防御工事是株洲市保存下来的规模最大的企业防护防御工事。2011年1月公布为湖南省省级文物保护单位。

典 故 轶 事

抗战时期，日军侦察到凤凰山下有一家兵工厂，曾集中火力对工厂进行狂轰滥炸，中国军人便利用这些炮台防御工事对日军飞机进行反击。这个军事重地曾经屡立战功，至今，炮台的火药存放处、掩体处仍清晰可辨。中华人民共和国成立后，兵工厂防御工事主体被加以改造利用，成为不可多得的研究民国时期军事建筑的珍贵史料。

如今，在政府的大力支持下，凤凰山已规划建成以国防军工企业发展与自然生态相结合的个性市级社区公园。沿着山脚的石阶而上，潺潺的小溪清澈见底，山中绿树成林、鸟语花香。山顶上，新添设计古朴的凉亭——"凤亭""凰亭"，与旁边古朴的青砖炮台相映成趣。

601招待所旧址

历史沿袭

在离新华桥约有2公里的地方，有一座被居民小区包围的工厂，在厂区内外有那么几栋红砖房，格外醒目，株洲康乐医养服务中心（601招待所旧址）就是其中之一。株洲康乐医养服务中心建于20世纪50年代，苏联援华专家住于此。坐东朝西，平面呈V字形，正面长20米，两边长30米，建筑面积3200平方米。招待所为苏式建筑，三层，砖木混凝土混合结构，硬山顶，屋面盖红色板瓦。广设窗户，屋顶设通风口，采光和通风效果良好，属于1950年代后期"反浪费"时期的简洁风格，砌筑工艺水平较高，冬暖夏凉，特别牢靠，由于苏联有漫长的严冬，因此墙体设计的厚度比我国南方地区一般外墙要厚上一倍，达40多厘米。这样的建筑冬天保暖，夏天隔热。这栋楼后改为601招待所，现为株洲康乐医养服务中心。2012年12月公布为市级保护文物。

典故轶事

作为苏联专家组的保卫人员，张昭进是最早一批进入这座"红房子"的人。60年了，周围景致都变了，苏联专家楼也从招待所逐渐变成了现在的康乐医养服务中心，然而，回忆起当年苏联专家在此生活的场景，张昭进依然手舞足蹈地比划起来。7年时间，54名苏联专家来此支援建设。

工地上挖掘机的钻头奋力钻入混凝土，车床卡盘上的钢棒被磨得锃亮，这些都得依靠硬质合金"发力"。硬质合金被称为"工业的牙齿"，面对中华人民共和国成立之初的这片产业空白，1954年，建设者们从祖国四面八方汇聚到湖南株洲走马塘，在这片野草丛生的土地上开始创业。祖籍黑龙江的张昭进就是其中一位。

1954年3月，国家计划委员会委托苏联铝镁设计院莫斯科分院，对株洲601厂编制工厂初步设计方案，一幅苏式风情的蓝图就此描绘。

从1955年3月破土动工，到1957年11月基本建成。从1953年到1960年的7年时间里，先后有54名苏联专家来到株洲601厂，参与厂址选择、基建施工、设备安装、试车生产和稳定生产等工作。他们帮助这座从零开始的工厂，解决设计、施工和生产中遇到的各项技术问题。建设者们依据苏联设计的图纸，在一片荒土上盖起17栋厂房，以及烟囱、水塔等建筑物。

历史沿袭

　　株洲自来水厂苏式净水车间位于第一自来水厂内，1956年由苏联专家参与设计建造而成，占地面积1039平方米，坐北朝南，两层，砖混结构，混凝土梁架，红砖砌墙，屋面盖预制混凝土板，室内布置有用于水处理的六座悬浮澄清池和六个滤池。大门上方用水泥砖铸"为人民服务"大字，落款"毛泽东"。净水车间是中华人民共和国成立初期苏联专家参与株洲城市规划、建设的遗存物，具有较高的历史价值。

株洲自来水厂

株洲历史文化建筑

260
261

历 史 沿 袭

■ 从冒"黑烟"到冒"白汽",电厂的发展史浓缩着株洲工业转型升级的全过程……多年前,逛街走在株洲街头,你如果分不清方向,那就扫视湘江东岸的大烟囱吧。它会告诉你所在的位置,这个指路标就是株洲曾引以为荣的发电厂——株洲电厂烟囱,它曾经是株洲工业繁荣的象征,傲立株洲苍穹60余年,已然成为最重要的城市地标。20世纪50年代,由苏联援建的多个项目扎根株洲,而电厂是所有项目运转的引擎——能源供给基础,成为助力株洲工业辉煌的核心力量。

■ 随着岁月更迭,城市几经扩建,曾经位于荒郊野外的电厂,如今身处城市中心地带,这也使得电厂一度饱受争议。为适应时代的发展,株洲从工业城市转型到宜居城市,对株洲电厂的多个烟囱进行爆破。电厂负责人介绍说:经过脱硫、脱硝、除尘等多次环保改造,现在,电厂烟囱冒出的已是"白汽",其主要成分是水蒸气。

■ 未来,作为株洲地标性建筑,电厂仅存的一个240米的烟囱将被永久保留。经过外观改造后株洲电厂的烟囱已成为湘江之畔的一道风景。

株洲电厂

株洲历史文化建筑

262
263

※ 拍摄于1959年，图中远处柱形建筑为永利水塔，今为神农阁位置。

历史沿袭

　　神农阁是在原永利水塔位置上重建的一座亭阁建筑。矗立在地处株洲市中心的神农公园奔龙山顶，卓然挺拔，华美壮观。阁高52.5米，共分九层，阁内既有拜谒先祖炎帝神农氏和探寻中华文明根源的"炎帝大殿"（二楼）、"中华寻根堂"（三楼），又有炎黄子孙祈愿事业蓬勃、身体康健、家庭幸福的"祈福钟楼"（九楼），还有缘福殿（四楼）、道福殿（五楼）、释福殿（六楼）、儒福殿（七楼）、和福殿（八楼），融汇了中华民族传统和福文化的精粹，是炎黄子孙们正在建设的"中华民族的精神家园"。

　　株洲有一座古老而充满神奇传说的地方——奔龙山。沧海桑田，光阴荏苒。1991年2月，株洲市人民政府顺乎民意，拨出专款，根据民间传说，在原永利水塔旧址上新建神农阁于奔龙山之首，并尊神农氏坐像其中，以纪先祖之德而聆万世之教，其意深远矣。

永利水塔与神农阁

典故轶事

相传很久很久以前，湘江流域瘟疫流行，百姓身染沉疴，苦不堪言。为拯民疾，炎帝神农氏四处采药。一天，炎帝神农氏采药来到"奔龙山"，发现半山崖上有一朵类似蘑菇的植物闪闪发亮，煞是耀眼，他取下腰间的神鞭，一鞭打去，"蘑菇"连根拔起，落入手中，仔细一看，原来它就是久寻不得的千年灵芝。正当神农氏因得能治百病的灵芝仙草而欣喜若狂之时，忽然"崩隆"一声，金光四射，山峰崩裂，一条金龙怒吼奔出，将神农氏团团围住。原来这是一条镇守灵芝仙草的金龙。但金龙感念神农氏采仙草不是为了自己，而是为了拯救广大黎民百姓的疾苦，不但没有为难他，反而甘为神农氏坐骑，共拯民疾。这便是民间流传已久的炎帝神农氏骑龙施药拯救百姓的传说。先民们为了缅怀炎帝神农氏和金龙的恩德，把金龙奔出的地方叫做奔龙山，又在奔龙山顶搭建瑶阁凭吊先祖，并称此瑶阁为神农阁。

神农阁是一座闪耀着神农文化光辉而又留下工业文化印迹的沉甸甸的历史文化建筑。神农阁的位置原来就是永利水塔。抗战时期，"中国民族化学工业之父"范旭东在株洲筹建永利公司，但因为战争，计划没能实现，只留下了永利码头和永利水塔。对于老株洲人来说，它是难以忘怀的记忆，在他们的心里有一座塔顶视角的株洲。"永利水塔以前就在这里。"在神农阁旁晨练的株洲老人把剑一收，指着巍峨的神农阁说。9层、52.5米的神农阁卓然挺拔在神农公园的奔龙山上。它不仅有一个久远的传说，身下也藏着一段关于民族工业、株洲工业的故事，见证着株洲工业的萌芽。

株洲是随着铁路的发展而兴起的工业城市。战争期间，工业内迁，株洲的地位更加凸显。国民政府曾筹划"工业株洲"，将株洲建设成为东方"鲁尔区"。1937年7月底，平、津沦陷。永利制碱公司总经理范旭东将自己的工业迁往大后方，他到株洲考察扩建新厂，认为贺家土地处湘江之滨，临近白石港最好湾船，交通便利，临近湘潭、醴陵，而萍乡煤炭丰富，于是拟定计划在贺家土筹建水泥、玻璃、硫酸和炼焦厂。1938年，永利公司在贺家土征地2800多亩。1944年，从美国进出口银行借款1600万美元。1946年开始施工，但由于战乱，计划夭折，湘江边上的"永利码头"和奔龙山上的"永利水塔"成了永利公司在株洲的绝响，也成了株洲工业文明的印记。

正如今日的神农阁，当时在永利水塔的塔顶可以俯瞰全株洲，"在塔顶可以看到整个株洲，整个城市都尽收眼底。"株洲市政协文史委员会一位老干部回忆说：在20世纪60年代登上过塔顶两次，他记得永利水塔30多米高，厚实的红砖墙壁，里面有1米多宽的螺旋式楼梯，可以沿着楼梯上到塔顶，"因为里面比较空旷阴森，进去的人不多。"白天，水塔是孩子们炫耀勇敢的平台；晚上，塔就成了年轻男女约会的地方。

1969年，当时全国进行"深挖洞、广积粮"，备战第三次世界大战，据说高塔容易暴露，成为空袭的目标，所以炸掉了永利水塔。

田心机厂老建筑

党委办公大楼

株洲田心机厂老建筑群概览

田心机厂老建筑群，位于石峰区田心地区，于1936~1948年期间先后建成。田心机厂老建筑起始于粤汉铁路株洲总机厂的建设，它是粤汉铁路全线贯通后第一个大型的机车修理厂，是中国机车生产的摇篮，是我国火车工业艰难起步的开始，先后创造了"中国第一台电力机车""中国第一台微机控制电力机车""中国第一台交流传动电力机车"等中国机车史上的12个"中国第一"。见证了我国机车生产从蒸汽机车-内燃机车-电力机车-高速机车四大历史跨越。是一部鲜活的中国铁路机车发展的历史书，具有重要的历史价值。

而承载这些历史价值的载体，就是今天仍矗立在这片土地上具有代表性的历史建筑群。该老建筑群，主要分为三大部分，即：粤汉铁路株洲总机厂筹备处、粤汉铁路株洲总机厂联合厂房、中车株洲电力机车有限公司党委办公大楼。三大历史建筑分别建造于1936、1937和1948年。这三大饱经风霜的历史建筑见证了株洲电力机车乃至整个株洲工业的萌芽、成长、发展和壮大。走进这片充满激情和梦想的工业原创遗址，笔者怀着崇敬的心情追寻这些历史建筑的起始、沿革和隐藏其中厚重的历史价值。

历史沿袭

中车株洲电力机车有限公司党委办公大楼于1948年竣工，坐北朝南，建筑面积1965平方米，总造价18.64万元。它是企业政治保障的重要中心。

该楼建筑平面呈"一"字形，中间3层（原为2层，后加盖1层），红黏土屋面，出檐；两端2层，略有突出，女儿墙，不出檐。小玻璃方窗与深红色的窗间墙形成水平线条，舒展明快，朴实的雨篷体现厚重，是传统风格与现代建筑语言相结合的作品，而整个红黏土屋面既象征着党的红色记忆，同时也激励着株机人不断前进。公司与时代共进，与改革同行，企业党建以红色引擎之力，将党组织的政治优势转化为企业的发展优势和竞争优势。

1985年，公司对大楼屋面及门窗进行了大修。1996年，公司对大楼室内及外墙进行了装修，对电气线路进行了改造。2016年，公司对大楼进行了一次整体装修。2018年，成功申报湖南省省级文物保护单位。现用作党群部门办公场所。

田心机厂老建筑

铁道部株洲总机厂筹备处

历史沿袭

铁道部株洲总机厂筹备处，原为粤汉铁路、浙赣铁路、湘黔铁路机车车辆后方基地，一直沿用至今。是中车株洲电力机车有限公司建造年代最早的建筑之一，不仅见证了企业80余年的发展历程，更见证了中国高端轨道交通装备行业的发展，具有重要的历史纪念意义。粤汉铁路株洲总机厂筹备处由前栋、过房和后栋三部分组成，平面形状呈"飞机形"，整栋建筑造型端庄大方，外立面简洁美观，注重采风和透光效果，体现了典型的苏式建筑风格，是研究早期中国工业建筑不可多得的宝贵资源，具有重要的时代建筑艺术价值。同时，也是进行爱国主义教育和科普教育的宝贵资源。

2008年株洲市人民政府公布粤汉铁路株洲总机厂筹备处为株洲市市级文物保护单位，2011年被评为《湖南第九批省级文物保护单位》。现为公司青年英语俱乐部活动室。

典故轶事

地缘及历史因素：株洲总机厂筹备处是株机诞生的母体，而总机厂筹备处的建立，离不开株洲的铁路交通枢纽地位。20世纪30年代，粤汉、浙赣、湘黔铁路干线交会株洲，湘江自南向北直达洞庭湖、长江，水陆交通十分便利；境内及周围矿产资源相当丰富，开发利用前景好。为此，当时的民国政府就做过"工业株洲"的梦想，想借株洲的交通优势，将株洲建设成为东方的"鲁尔区"。可惜，民国时期的中国积弱积贫，战乱频繁，工业发展受到掣肘，但近现代工业文明仍然在株洲留下了影子。

株洲总机厂的诞生：据现中车株洲电力机车有限公司史料记载：1936年2月21日，粤汉铁路整理计划委员会第三次会议决定：鉴于株洲地处粤汉、浙赣、湘黔三路交会要冲，对各路货车修理及配件供应均具有优越的地理条件，且毗邻湘江，物资丰富，取给便利，故将粤汉铁路总机厂由衡阳改设株洲。同年，铁道部批准了此决议，并调粤汉铁路运输处长程孝刚、机务处长茅以新主持筹建工作，同时下拨开办费4.5万元，另由中国银行团借款75万元作为国内用款，由英庚款委员会拨借15万英镑，作为订购外洋机器材料之用。同时将粤汉铁路管理局原拟在广州筹建西村机厂而到英国所购之厂房钢梁、机器及起重设备全部拨交株洲机厂使用。5月，株洲机厂筹备处成立，程孝刚、茅以新分别担任正、副处长，他们亲自来株洲选择厂址，几经勘察、比较后，在田心测得广约一千市亩的土地，作为建厂之地。

何为鲁尔工业区？ 鲁尔工业区是德国，也曾是世界重要的工业区。位于德国西部、莱茵河下游支流鲁尔河与利珀河之间的地区。通常将鲁尔煤管区规划协会所管辖的地区，作为鲁尔区的地域界限，其面积4593平方公里，占全国面积的1.3%。区内人口和城市密集，人口达570万，占全国人口的9%，核心地区人口密度超过每平方公里2700人；区内5万人口以上的城市24个，其中埃森、多特蒙德和杜伊斯堡人口均超过50万。鲁尔区南部的鲁尔河与埃姆舍河之间的地区，工厂、住宅和稠密的交通网交织在一起，形成连片的城市带。

鲁尔区的工业是德国发动两次世界大战的物质基础。战后又在原联邦德国经济恢复和经济起飞中发挥过重大作用，工业产值曾占全国的40%。现在仍在德国经济中具有举足轻重的地位。

历史沿袭

■ 粤汉铁路株洲总机厂联合厂房又名大铁房、机器厂，建于1937年。位于中车株机公司厂区主干道东南面。东西朝向，整座建筑物由4栋（第四栋为1959年扩建）不同跨度的单层厂房联合在一起组成，南北纵长263.128米，总跨度78.86米（其中，第一栋22.3米，第二栋19.5米，第三栋19.05米，第四栋18米），主跨檐高14.34米，附跨檐高略低，总建筑面积22383.5平方米。

■ 联合厂房系民国政府利用中英庚子赔款建成，其工程设计方案和主体钢构件均由英国提供，并由中国营建商所建成。车间主体为钢结构，其中主跨和第一附跨的柱、梁、屋架全部为钢构件。这些钢构件由英国凡尔康结构厂承制，在厂房的钢构件上留有"中英庚款"的字样，全部构件均铆焊成型，现场拼装，并用独立扒杆吊装成型。

■ 联合厂房见证了我国机车生产从蒸汽机车-内燃机车-电力机车-高速机车的四大历史跨越。为提高机车制造质量，净化环境，厂方对厂房进行了多次维护，文物本体保存完好，现仍作中车株洲电力机车有限公司生产车间使用。因厂房地处江南，空气潮湿，加之工厂位于株洲市工业区，空气有一定污染，不同程度地对厂房构件有一定的腐蚀，几十年来厂房一直用于机车生产，也有不同程度的磨损。联合厂房在1978年前用于生产、修理蒸汽机车、新制电力机车。1978年全面转产后，至今一直为公司电力机车研制基地。

■ 2011年，被列入《湖南省第九批文物保护单位》。2013年，为改善工厂工作环境，对厂房地面进行了改造。

历史价值

■ 联合厂房是粤汉铁路全线贯通后第一个大型机车修理厂，是中国机车维修、生产的摇篮，这里先后制造出"中国第一台电力机车""中国第一台交流传动电力机车""世界功率最大的电力机车"等数十个"中国第一"，见证了我国机车生产从普载到重载，从常速到高速，从直流到交流，从引进到出口的四次历史跨越，它是中车株洲电力机车有限公司的历史见证者、中国高端轨道交通装备行业高速发展的助推者，为株洲赢得了"中国电力机车之都"的美誉。堪称形象的中国铁路机车发展史书。

田心机厂老建筑 — 工业文化 — 株洲历史文化建筑

田心机厂老建筑

粤汉铁路株洲总机厂联合厂房

典故轶事

英式设计造型佳话

早期的联合厂房是1936年民国政府利用英国退回的中英庚子赔款建成的,其工程设计方案由英国提供,由中国营建商建成。钢材均从英国凡尔康结构厂定制,然后漂洋过海,再通过火车运回株洲,就地拼装而成。厂房设计造型体现了英式建筑特点,厂房两端为凸字形山墙,屋顶呈双脊形,高大挺拔,采光通风良好,为组装大型机车预留了条件。

十多年前,英国那家出售这个厂房的公司给南车株机(现中车株机公司)发来了一个报告,说明此钢构件的厂房已经过了它的设计寿命,不拆除的话,出了问题概不负责。其实,在这些年的使用过程中,南车株机对此厂房进行过数次大型的维修保养,确保厂房处于安全可靠的状态,而且还在两侧建起了附属车间,给其加了另一层保险。

退回庚子赔款建厂由来

弄清退回"庚赔"由来首先必须从庚子事变和庚子赔款说开来。庚子事变,也称义和团运动。1900年即:庚子年,20世纪的第一年,北京城迎来惊天动地的庚子事变,由于列强欺凌过甚,激起中国百姓普遍的愤恨,造成义和团的兴起,以"扶清灭洋"为号召,拔电杆、毁铁路、烧教堂、杀洋人和教民,最后导致八国联合组织攻打北京城,中国陷入空前灾难,险遭瓜分。庚子事变为中国人不堪外国人压迫之民族排外运动,不惜以血肉之躯与敌人炮火相抗,爱国精神可嘉,行动却愚昧。

中国的庚子义和团运动招致八国联军武力干涉,最终中国被战败。1901年9月7日上午,清廷全权代表奕劻和李鸿章与11国代表签订了《辛丑条约》。《辛丑条约》第六款议定,清政府赔偿俄、德、法、英、美、日、意、奥八国及比、荷、西、葡、瑞典和挪威六"受害国"的军费、损失费4亿5000万两白银,赔款的期限为1902~1940年,年息4厘,本息合计为9亿8000万两,是为"庚子赔款"。

1904年12月上旬,中国驻美公使梁诚就中国的赔款是用黄金还是用白银一事,与美国国务卿海约翰据理力争。谈话间海约翰透露出一句:"庚子赔案实属过多。"这一信息立刻被梁诚捕捉。这说明美政府已发现有关部门在上报庚子之乱的损失之中,有"浮报冒报"现象。梁诚非常机敏地放弃了谈判战略,在美国国会中四处游说退还不实赔款。最终迫使美国国会做出退回部分庚子赔款议案。

美国的退款,产生了很大的国际影响。第一次世界大战爆发后,北京政府于1917年8月对德奥宣战,并停付庚款。大战平息后,中国也涉足于战胜国的地位,各国都表示愿与中国"友好",以便用和平的办法维护和扩张其在华利益,于是都紧步美国的后尘,陆续放弃或退回了庚子赔款余额。退款被广泛地应用到中国的教育文化事业和实业中。上述英国退回"庚赔"建联合厂房是其一例。

※ 钢架结构上留有"中英庚款"字样

第十篇

激越

株洲历史文化建筑

激越

翻阅150多个株洲历史文化建筑画卷，穿越千年文化古韵，我们仿佛听见历史在吟唱。悠悠古风，袅袅余音，是农耕文化孕育滋养了这方山水这方人，几百上千年的文化传承，酿造了这许许多多原生态农耕文化印迹：星罗棋布的历史文化建筑，夯土墙、青砖黛瓦、雕花窗、微翘檐。这一切都打上了一个音符：株洲历史文化建筑的咏叹调！但历史在不停地翻开新的篇章……

今日新颜——激越——株洲历史文化建筑

今日新颜

走过千年之路，星转斗移，今日株洲，伴随着新时代脚步的节拍，株洲新型城镇化建筑以传承炎帝文化为内核，谱写一曲曲现代化建筑音符，有如丝丝入扣的伴奏声转换为激越高昂的梦幻曲。

经济和社会的巨变，城市化进程、工业化建设及经济体制改革等给株洲现代建筑带来了新的标签：恢弘的气场、开放的视野、文化的积淀和功能的多样。由农耕文化的烙印渐渐蜕变，幻化为株洲新型城镇化和工业文明的华丽装饰。用多种多样的形式和建筑语言去释放多重功能，是株洲新型的商业、文化娱乐综合体建筑的特点，神农城是其杰出的代表，它用最具现代工商业创意的视角，将包括神农广场、太阳城、神农湖、神农大剧院、神农艺术中心、神农华人街等这一系列辉煌之作，雕琢成为一个个互为衬托、情景相依、功能互通的现代化建筑群。俯瞰今日神农城，如同空中花园一样的完美建筑，作为城市结构中重要的组成部分，完美地诠释了株洲从农耕文化到现代工业文化的华丽蜕变。

株洲神农城 激越 株洲历史文化建筑

株洲神农城

株洲神农城是株洲市委、市政府过去十年实施"城市提质、园区攻坚、旅游升温"三大战役的重大部署,也是继创建国家卫生城市、创建国家园林城市等一系列创建活动后,又一提升城市品位的重大建设项目。

神农城以打造炎帝文化景观为中心,以广场为核心区域,沿神农大道两侧拓展,总占地面积2970亩,其中核心区规划面积1620亩,拓展区规划面积1350亩。株洲神农城项目以神农文化为主题,是在原炎帝广场的基础上,对原建筑及城市森林带进行提质改造和升级。建设了生态水系、神农广场、神农太阳城、神农像、神农塔、神农湖、神农大剧院、神农艺术中心、神农大道、神农坛等一大批公共设施和景观,形成集文化、旅游、商业于一体的新型城市开放空间。

神农塔

神农塔，高293米，是利用现代技术，采用节能环保材料，将原有电视塔改造而成。神农塔作为神农城至高点，是整个景观中心的中央观景台，站在塔顶自空中俯看，可俯瞰株洲全貌，感叹株洲变化。为方便观光，神农塔有观光通道和塔顶观光平台。塔底的运动中心改造成神农文化展示馆及景区资料规划展示馆。

神农塔　神农广场——激越——株洲历史文化建筑

神农城建筑群

神农广场

神农城广场位于市天元区天台山路的顶端,为神农塔的主出入口,集文化、集会、娱乐、健身、休闲等功能于一体。主体建筑为巨型炎帝塑像,环绕巨型塑像有象征"太阳之神"的基台,寓意炎帝精神与日月同辉,广场两边设有音乐喷泉,融历史文化与现代经济于一体,以光耀始祖、宏扬炎帝精神为寄托,振兴株洲求永恒!

神农广场突出了神农像的统领作用,集瞻仰、旅游、节庆、市民休闲娱乐等多功能于一体。神农广场占地面积约10万平方米,广场地砖中有一万块刻有福字,又称之为万福广场。在神农广场,市民可以瞻仰神农像并向始祖神农献花。另外,在神农广场,可以通过4G信号及LED大屏幕与远在炎陵的炎帝陵进行联动。

株洲历史文化建筑

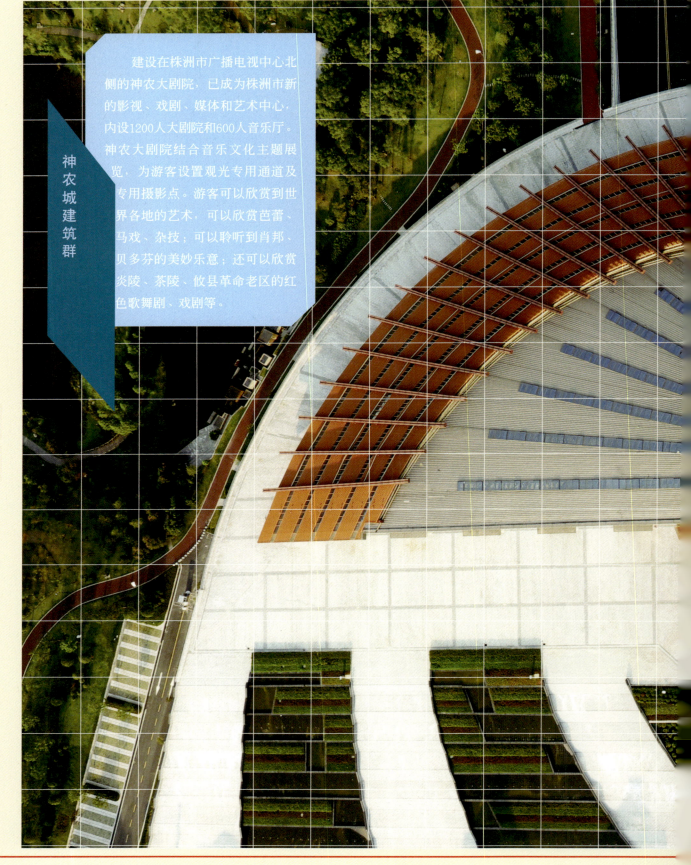

神农城建筑群

建设在株洲市广播电视中心北侧的神农大剧院，已成为株洲市新的影视、戏剧、媒体和艺术中心，内设1200人大剧院和600人音乐厅。神农大剧院结合音乐文化主题展览，为游客设置观光专用通道及专用摄影点。游客可以欣赏到世界各地的艺术，可以欣赏芭蕾、马戏、杂技；可以聆听到肖邦、贝多芬的美妙乐意；还可以欣赏炎陵、茶陵、攸县革命老区的红色歌舞剧、戏剧等。

神农大剧院 — 激越 — 株洲历史文化建筑

神农大剧院

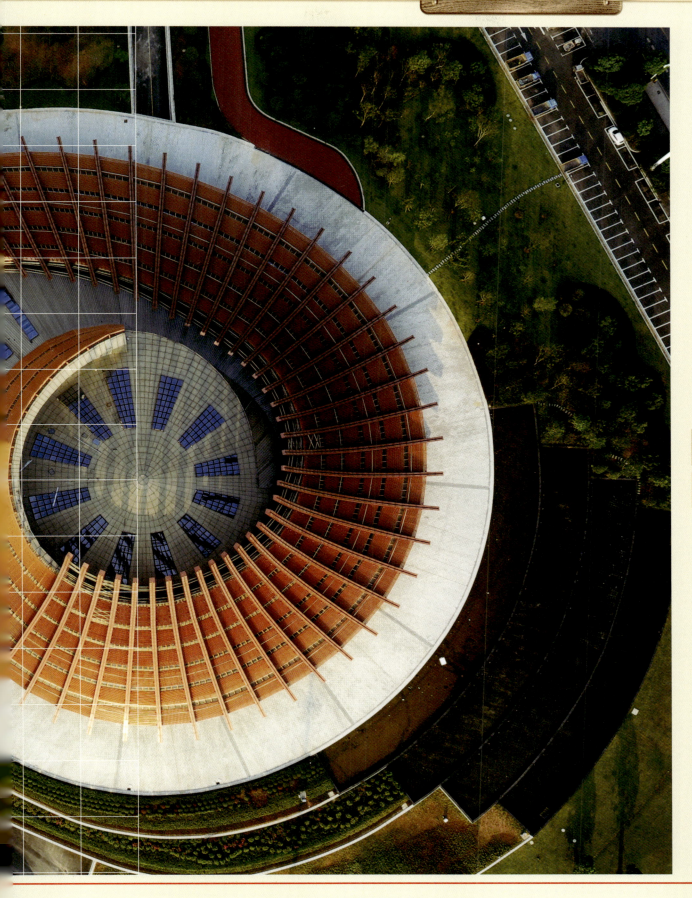

株洲历史文化建筑

278
279

神农太阳城

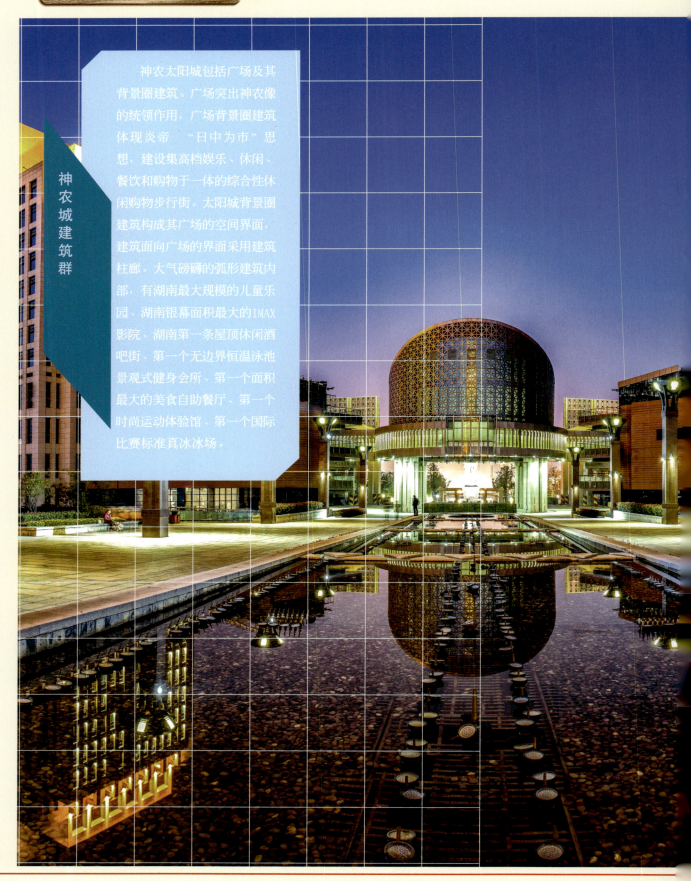

神农城建筑群

神农太阳城包括广场及其背景圈建筑。广场突出神农像的统领作用，广场背景圈建筑体现炎帝"日中为市"思想，建设集高档娱乐、休闲、餐饮和购物于一体的综合性休闲购物步行街。太阳城背景圈建筑构成其广场的空间界面，建筑面向广场的界面采用建筑柱廊。大气磅礴的弧形建筑内部，有湖南最大规模的儿童乐园、湖南银幕面积最大的IMAX影院、湖南第一条屋顶休闲酒吧街、第一个无边界恒温泳池景观式健身会所、第一个面积最大的美食自助餐厅、第一个时尚运动体验馆、第一个国际比赛标准真冰冰场。

神农太阳城 炎帝像 激越 株洲历史文化建筑

炎帝像

炎帝神农氏是中华民族始祖之一。史籍记载，炎帝生于烈山，长于姜水，葬于炎陵。炎帝像塑于1997年，高19.97米，基座高7米。炎帝头饰牛角，身背药篓，手持耒耜。炎帝像前的"中华大地之土"，采自包括台湾在内的全国三十四个省级行政区。基座上镶嵌三山五岳之石，寓意炎帝站在山岳之上，俯瞰中华大地，赐福炎黄子孙。

株洲历史文化建筑

神农城建筑群

神农湖水面开阔，景色优美，大型水幕电影讲述神农故事。交通组织注重人文关怀和环境保护，采用人车分流、公交优先的交通体系。鼓励步行、自行车交通，围绕景点、设施布置的慢行道系统贯穿整个用地。湖中设置了多种亲水、近水平台和丰富的水上运动项目。美丽的湖面将利用声光电等高科技技术，建设水秀、火秀、灯光秀、舞台秀、音乐秀、船秀组合表演及水幕电影。

神农湖——激越——株洲历史文化建筑

神农湖

株洲历史文化建筑

292
293

后记

编写、整理这本有关株洲历史文化建筑书画册，是我市一项意义非凡的文化工程，它填补了建筑行业在这一领域中的历史空白。酝酿这项工作起始于2018年5月，最初的设想是做一本株洲古建筑方面的资料汇编，梳理一下株洲的历史建筑家底。

这一设想得到了市委、市政府领导的高度重视和充分肯定。阳卫国市长在审读古建筑资料汇编中提出了新的创意：高起点站位，拓宽视野，编辑出版《株洲历史文化建筑》书画册。目标确定后，卫国市长全程关注并推动、指导这一工作的开展，先后作出批示，要求我们在资料汇编的基础上进一步完善和提升，组织相关专业人员编成一部资料性、学术性、可读性三者兼顾、图文并茂的书画册公开出版发行。

编创工作的动力源，除了市长的推动、鼓励和鞭策，还有就是职业的敏感度和责任感。城建工作是通过钢筋水泥铸造和书写历史、造福百姓的千秋伟业，在住建旗下的城建档案馆，我们感知并目睹了许许多多优秀建筑实体，它们以图纸、照片的形式沉睡在铁皮柜里，或躺在虚拟的计算机空间。其实这些建筑，成就于不同的年代，它也必然打上了那个年代的烙印。它的前世今生总是有着不同凡响的故事，它的建筑细节和风格总是蕴藏着某种文化密码和文化传承，破译这些文化密码，挖掘其文化精髓并将之展示出来，让这些建筑灵气外溢，它会像穿越于历史与现实的韵律，使今天的人们感受到历史文化的灵动感。

将美好的愿景付诸实施是一个艰辛的过程。整体策划、资料收集、图片拍摄、史料分类、真伪鉴别、典故索源、文字打磨、构图创意、版面设计、图文呼应等，每一个环节都需要耗费不为人知的人力物力。苦尽甘来，一分耕耘一分收获，这本洋洋洒洒近20万字的图文书画册业已告成，其中苦乐，无需言表，但编写、编辑中有关事项除在《编者手记》中已有所记载外，这里还作些许补记：

关于版面安排方面，整体以原策划方案为基本框架，但资料调配方面依情而定，其中有些篇目跳出了原整体策划中的体系布局，而进行了合情合理的调整：

一是因本书画册重点内容突出古镇民居的记载，所以凡涉及古镇民居中的古塔、古庙、宗祠、桥梁等，都集中放在古镇民居中来编写，以凸显名镇民居的历史厚重感。

二是为彰显从农耕文化到现代工业文化的华丽转身，将炎帝文化原生建筑与打上炎帝文化标签的现代建筑进行切割，首尾呼应，从大处着笔到亮处收篇，用对比的手法把所要张扬的主题和盘托出。

三是有相当一部分寺庙、祠堂建筑，因近、现代历史的演变，所承载的文化基因打下了红色文化的烙印，因此这些寺庙、祠堂自然归入"红色建筑"板块。

关于图文呼应方面，一般的书院、文庙、塔楼、桥梁、家祠、寺观殿宇、红色建筑等，基本是一图一景，一景一文，图文呼应。而重大建筑、炎帝文化、古镇民居、工业文化等建筑，尽可能对其细部进行深度解读，破解其文化密码。如：在工业文化篇目中，有一张田心机厂"联合厂房"的老建筑图片，图片中有"中英庚赔"字样，编者将"中英庚赔"的来龙去脉一一道来，使今天的人们对这一历史建筑有更深的感悟。

中共株洲市委书记毛腾飞，对历史文化建筑的保护开发极为重视，尤其对加强历史文化名镇名村保护和开发调研课题作出了专门批示，是我们编辑此书的重要推动力；市委副书记、市长阳卫国和省住房和城乡建设厅领导对该书编写工作给予了极大的关注、指导和支持。中国作协会员，湖南省作协原副主席、名誉主席聂鑫森为此书写了"为株洲历史文化建筑立此存照"的序言，借此机会表示衷心谢意！

原湖南省政协副主席武吉海以"守护好株洲的历史文化瑰宝"为题作总序，使本书锦上添花。特别鸣谢！

由于成书时间仓促，编者水平有限，错漏之处在所难免，敬请读者批评指正。

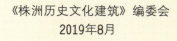

《株洲历史文化建筑》编委会
2019年8月

资料来源索引

第一篇 炎帝文化

    神农坛，摘编《株洲晚报》、株洲新闻网

第二篇 书院文化

    洣江书院，摘选2012年12月2日《株洲晚报》作者：胡乐

    石山书院，摘选中国文艺出版社《话说攸县》133~135页

第四篇 城墙塔楼

    古城墙，古风鉴赏，摘自《防洪防御合二为一 宋人构思启迪后人》作者：李景业

    湘山宝塔，摘自中华图书出版社《千年游记》154页，作者：周新发

第五篇 寺观殿宇

    宝宁寺，古风鉴赏，摘选《宝宁寺志》73~82页，主编：攸县地方志编纂委员会

    阳升观，古风鉴赏、典故轶事，摘选《千年古寺阳升观》作者：谭特立

    龙门寺，摘选2018年3月26日《株洲日报》《袁树勋：从放牛娃到两广总督》作者：佘意明

第六篇 宗祠牌坊

    朱氏宗祠，典故轶事，摘自1948年石印本《湖南炎陵朱氏族谱十三卷》，朱贤海等编修

    陈氏家庙，谭氏家庙，龙氏祠堂，作者：谭穆喜

    小车贺氏总祠，资料摘选，供稿：刘大元

    香山刘氏宗祠，曹泊洪氏家庙，南田夏氏宗祠，均摘选中国文艺出版社《话说攸县》作者：刘大元

    吴氏宗祠，典故轶事，摘选《湘东文化》《从吴氏宗祠看醴陵祠堂文化》作者：丁水生

    叶氏宗祠，典故轶事，摘选《成语词典》及岳麓书社出版《湖南氏族迁徙源流》叶氏专页

    潘氏宗祠，典故轶事，摘选《世界潘氏文化研究会》常务副会长潘富云潘氏宗祠贺词

第七篇 红色建筑
　　茶陵县委大院，摘选湖南卫视《最美县委大院》解说词，茶陵县委宣传部供稿
　　列宁学校，红军标语博物馆，摘选湖南地图出版社《湖南之窗》公共信息86、106页
　　万寿宫－毛泽东、朱德首晤之地，历史沿袭，摘选2014年10月27日《株洲日报》戴凛报道
　　中共八叠支部旧址，历史沿袭、典故轶事，编辑摘自2016年6月26日《株洲日报》《建党95周年纪念特刊》刘毅报道
　　秋瑾故居，古风鉴赏、典故轶事，节选2015年7月16日《株洲文明网》《先烈故居 珍贵的历史文化遗存》
　　作者：高晓燕

第八篇 古镇民居
　　茶陵古城，资料提供：茶陵县城乡建设局、史志局
　　渌田古镇，资料提供：攸县渌田镇刘分粮、霍秉政
　　朱亭古镇，古风鉴赏，选自2018年11月2日《株洲日报》副刊《文化朱亭》作者：刘奇叶
　　朱亭码头，古风鉴赏、典故轶事，摘选2019年2月22日《株洲日报》作者：姜满珍
　　泉坪村，非物质文化遗产，摘选攸县文化馆2015年6月21日《文化的根　回家的路》
　　沩山村，典故轶事，摘选2014年7月11日《湖南日报》《曾记窑火耀千年》作者：文热心

第九篇 工业文化
　　331建设村等四建筑，编辑摘选2017年5月21日《株洲日报》全媒体，记者刘震等
　　601招待所旧址，摘选2014年12月3日《潇湘晨报》作者：周帙恒 龚道龙
　　田心机厂老建筑，摘选周煦惠、佘意明文稿，其中：铁道部株洲总机厂筹备处，摘选2016年4月14日《株洲日报》《乡愁株洲之工业记忆》 作者：佘意明
　　粤汉铁路株洲总机厂联合厂房，资料提供：中车株洲电力机车有限公司党委办

第十篇 激越
　　神农阁，摘选2014年7月29日《株洲新闻网》《永利水塔倒塌神农阁挺立留下东方鲁尔区蓝图印记》
　　作者：唐兵兵 胡锐